国家社科基金艺术学项目"我国改革开放以来文化建设指导思想研究"（08BG55）最终成果

当代文化建设的
理论与实践

田川流 著

中国社会科学出版社

图书在版编目（CIP）数据

当代文化建设的理论与实践/田川流著. —北京：中国社会科学
出版社，2017.10
ISBN 978 - 7 - 5203 - 1155 - 7

Ⅰ.①当… Ⅱ.①田… Ⅲ.①文化艺术—建设—研究—中国
Ⅳ.①G12

中国版本图书馆 CIP 数据核字（2017）第 244800 号

出 版 人	赵剑英
责任编辑	卢小生
责任校对	周晓东
责任印制	王 超

出 版	中国社会科学出版社
社 址	北京鼓楼西大街甲 158 号
邮 编	100720
网 址	http：//www.csspw.cn
发 行 部	010 - 84083685
门 市 部	010 - 84029450
经 销	新华书店及其他书店

印 刷	北京明恒达印务有限公司
装 订	廊坊市广阳区广增装订厂
版 次	2017 年 10 月第 1 版
印 次	2017 年 10 月第 1 次印刷

开 本	710×1000 1/16
印 张	18
插 页	2
字 数	282 千字
定 价	78.00 元

目　　录

第一章 坚持社会主义文艺建设的 总目标与总方针

第一节 "二为"方向与"双百"方针的 历史演变与发展

"二为"方向与"双百"方针的建立、完善与发展，是中国共产党人基于中国社会的历史与现实，根据社会主义文化艺术建设的需要，在长期的社会主义建设的历史进程中完成的，经历了复杂和艰难的探索过程。它建立于新中国成立初期，在改革开放以来得到新的阐释和深化，又在我国进入社会主义市场经济以来获得持续发展，迄今为止，已成为中国共产党和各级政府领导文化艺术建设的重要纲领和总政策。特别是在我国进入社会主义市场经济体制以来，党和政府历次重要会议和文件，始终把坚持文艺"为人民服务、为社会主义服务"的方向和"百花齐放、百家争鸣"的方针作为基本纲领加以重申和强调。"二为"方向与"双百"方针是中国共产党人对马克思主义文化建设思想和理论体系深入研究与不断探索的结果，它极大地丰富了马克思主义文艺思想及其理论体系，是对马克思主义文化建设思想的重要继承与深化，为马克思主义的当代发展做出了显著的贡献；"二为"方向与"双百"方针的确立与成熟是中国共产党人集体智慧的结晶，不仅是对中国传统优秀文化思想的继承，更是对中国当代社会文化建设与发展的科学审视与把握，它在建设中国特色社会主义历史进程中得到持续完善，为中国特色社会主义文化建设理论体系的逐步形成提供了极为重要的思想，已经成为马克思主义中国化的重要组成部分。

一 "二为"方向与"双百"方针的由来

随着1949年中华人民共和国成立，中国共产党人开始了社会主义时期革命与建设的伟大探索，其中包括在文化艺术建设方面的长期探索。但这一探索历尽坎坷，特别是经历了"文化大革命"，中国文化艺术的发展遭受重创。改革开放初始，一系列文艺建设的重大问题摆在人们面前，其中文艺为什么人的问题再度被理论界和党的领导核心所关注。"二为"方向的传统提法，源于抗日战争时期。1942年5月，毛泽东在延安文艺座谈会上发表讲话，后经修订，以《在延安文艺座谈会上的讲话》正式发表，提出了"我们的文学艺术都是为人民大众的，首先是为工农兵的"①，是"为革命的工农兵群众服务的"②，"文艺服从于政治"③等基本思想，成为我党在根据地实施文化建设的重要指针。新中国成立后，由此而引申出来"文艺为政治服务"，与"文艺为工农兵服务"一起成为党的核心文艺政策。伴随近30年间我国社会政治、经济和各阶层状况出现的种种变化，上述政策一直得以延续和强化，直到改革开放初始阶段，没有出现显著的变化。

而作为"百花齐放，百家争鸣"的文化发展基本方针的确立，是基于社会主义时期文化艺术与科技建设的新形势推出的，其生成大约经历了六七年的时间。首先，来自文艺界和科学界的人士经过热烈的讨论与争鸣，为这项基本文化方针的确立奠定了思想基础。在1950年11月底至12月上旬的全国戏曲工作会议上，就有人提出"戏曲要百花齐放"，得到毛泽东同志的赞赏。1951年4月，毛泽东为新创办的中国戏曲研究院题词，采用了"百花齐放，推陈出新"八个字。这八个字的提出基本回答了关于传统文化的继承问题，即对所有属于传统文化的艺术形式，都要在"取其精华、去其糟粕"后加以继承，不能盲目否定，也不能全盘接收。到1956年，毛泽东在最高国务会议第七次会议上正式提出实行"双百"方针。针对我国社会主义建设的开展和社会矛盾的变化，他指出不仅要"百花齐放"，也要"百家争鸣"，"百花齐放、百家争鸣的方针，是促进艺术发展和科学进步的方针，是促进我国的社

① 毛泽东：《在延安文艺座谈会上的讲话》，《毛泽东选集》第三卷，人民出版社1991年版，第863页。

② 同上书，第856页。

③ 同上书，第866页。

会主义文化繁荣的方针。艺术上不同的形式和风格可以自由发展，科学上不同的学派可以自由争论"。①

　　提出"双百"方针是中国共产党领导集体包括相关部门领导人的集体智慧和共同努力的结果，体现了党的中央领导成员共同认识和探索达到的理论与思想高度，毛泽东为之作出了最重要的贡献。这一方针的提出，使当时的文化艺术界出现了良好的环境与氛围，得到广大文艺工作者的衷心拥护。但是，由于各种原因，毛泽东未能真正贯彻自己提出并建立起来的"双百"方针。特别是1957年大规模的反右派斗争在全国的展开，促使这一方针走向偏移。此后，许多人对"二为"方向和"双百"方针曾经予以这样和那样的阐释，但在事实上，"二为"方向遭到一定曲解，"双百"方针则未能真正执行。

　　从1959年下半年至1962年党的八届十中全会召开，我国陷入严重的三年困难时期，而正是在这期间，文化艺术却得到难得的宽松。面对严重的经济困境，党和政府采取了一系列的调整性政策，与此同时，文化艺术界也在一些政策的认识与把握上获得调整。在对"二为"方向，特别是"双百"方针认识上，从政府高层领导人到大量基层干部和艺术工作者，都有了更为深刻的理解，从而使文化艺术的创作出现了前所未有的良好局面，三年间，推出了较多优秀的和比较优秀的艺术作品。

　　然而，自1962年9月八届十中全会重新强调阶级斗争，认为阶级斗争必须"年年讲、月月讲、天天讲"开始，再次封闭了文化艺术相对宽松的大门。随着各种批判运动的开展，以及文化艺术领域极左理论的盛行，"二为"方向被予以极端化理解，"双百"方针更是荡然无存。"文化大革命"的爆发全面否定了"双百"方针。有些人无视艺术规律，将众多优秀的文艺作品定为"毒草"，迫害广大文艺工作者。认为所谓百家，说到底就是两家，即无产阶级一家，资产阶级一家。强调对资产阶级必须实行全面专政，毫不留情地予以批判和打倒，对资产阶级、修正主义、封建主义的思想和文化必须彻底摧毁。这时，"双百"方针已经连摆设也不是了。

---

　　① 毛泽东：《关于正确处理人民内部矛盾的问题》（1957年2月27日），《毛泽东文集》第七卷，人民出版社1999年版，第229页。

可以说，自"双百"方针的提出到"文化大革命"结束，"双百"方针并没有得到真正的贯彻和执行。直到"文化大革命"结束后，党的十一届三中全会制定了"解放思想，实事求是，团结一致向前看"的正确方针，"双百"才再度被提出。关于"二为"方向和"双百"方针，在改革开放初期，已然成为文化界、理论界人们关注的重心之一。

二 "二为"方向与"双百"方针的科学认知

自改革开放以来，"二为"方向和"双百"方针获得重新认识，并突破重围，得以贯彻执行。其实施中的艰难与曲折表现出党和政府在文化建设指导思想方面的不懈探索和深化。改革开放之初，在激烈的思想碰撞与研讨中，人们深刻地探析与反思了多年来我国文化艺术发展指导思想的问题，当时的中央领导以及文化艺术界的领导同志十分关注这一讨论，对长期流行的"文艺为政治服务""文艺从属于政治"等命题进行了深刻的反思。

1979 年 10 月 30 日，邓小平在为中国文学艺术工作者第四次代表大会所致《祝词》中指出："我们要继续坚持毛泽东同志提出的文艺为最广大的人民群众、首先为工农兵服务的方向，坚持百花齐放、推陈出新、洋为中用、古为今用的方针，在艺术创作上提倡不同形式和风格的自由发展，在艺术理论上提倡不同观点和学派的自由讨论。"① 同时还提出："对人民负责的文艺工作者，要始终不渝地面向广大群众……力求把最好的精神食粮贡献给人民。"②"人民是文艺工作者的母亲。……人民需要艺术，艺术更需要人民。"③ 他还特别强调"我们的文艺属于人民"。"党对文艺工作的领导，不是发号施令，不是要求文学艺术从属于临时的、具体的、直接的政治任务，而是根据文学艺术的特征和发展规律，帮助文艺工作者获得条件来不断繁荣文学艺术事业，提高文学艺术水平，创作出无愧于我们伟大人民、伟大时代的优秀的文学艺术作品和表演艺术成果。"④

正是在中央最高领导层的推动之下，中国文学艺术工作者第四届代

① 邓小平：《在中国文学艺术工作者第四次代表大会上的祝词》（1979 年 10 月 30 日），《邓小平文选》第二卷，人民出版社 1994 年版，第 210 页。
② 同上书，第 211 页。
③ 同上。
④ 同上书，第 113 页。

表大会基本确定了以"文艺为人民服务，为社会主义服务"的口号来取代传统的"文艺为政治服务"的口号。次年初，邓小平在深入思考之后指出：我们"不继续提文艺从属于政治这样的口号，因为这个口号容易成为对文艺横加干涉的理论根据，长期的实践证明它对文艺的发展利少害多。但是，这当然不是说文艺可以脱离政治"。①邓小平的论述，为党中央正式提出新时期社会主义文艺的方向奠定了理论基础。不久，中央对此做出正式决议。这一决定在多个层面上匡正了传统的极"左"思潮影响下的文艺的基本方向，肯定了社会主义初级阶段文化建设的基本任务，并据此完成了从"为工农兵服务"到"为人民服务"，从"文艺为政治服务"到"文艺为社会主义服务"的重要变革。这是中国文化艺术的历史性转折，同时也是对马克思主义文艺思想的重要发展。

1980 年 7 月 26 日，《人民日报》发表社论，正式确认了"文艺为人民服务，为社会主义服务"的口号。自此，"文艺为人民服务，为社会主义服务"便成为我国社会主义文艺的方向，为全面贯彻"双百"方针，促进文艺创作题材、主题、形式、风格的丰富多彩，铺平了道路，明确了目标，端正了方向。

应当说，"二为"方向的转换与"双百"方针的重新强调，不仅在当时，即使在当下都具有极其重要的意义。"文艺为人民服务"，也就是为所有工人、农民、军人、学生、商人等社会主义的建设者服务，是为所有热爱社会主义、拥护社会主义，热爱国家、热爱人民的人服务；"文艺为社会主义服务"，也就是说，文艺应该与社会主义建设密切结合，以经济、政治、文化等重要领域为基础，以工业、农业、科学、教育、军事、商业等各条战线为依托，将全体人民为之献身的社会主义建设事业作为最基本的表现内容，努力促进这一伟大事业的发展。这实际上也就是否定了文艺为政治服务的主题思想，肯定了文艺真正的服务对象、社会使命与意义价值。在"二为"方向和"双百"方针重提后的几年间，出现了文艺快速复苏的景象。大量刊物复刊、戏曲节目复演、著名艺术家获得平反，期刊、出版、表演、影视等各个行业都开始复苏。一大批优秀的文艺作品如雨后春笋般竞相推出，并受到广大观众、

---

① 《邓小平文选》第二卷，人民出版社 1994 年版，第 255—256 页。

读者的好评。其中一部分文艺作品不仅具有深刻的思想性、反思性和改革意识，同时体现了较高的艺术成就，将社会生活中具有典型性的课题和形象呈现在广大观众面前，引起舆论的关注，吸引了众多人的讨论，并为此后的文艺发展与深化奠定了基础。

可以说，"二为"方向和"双百"方针的重新提出，是党的第二代领导核心以"实事求是"的思想为基石，对文艺与政治的关系进行深入思考后的理论总结，是在文化艺术管理方面遵循历史唯物主义和辩证法的理论品格、坚持马克思主义与中国文化建设实践相结合的具体体现。同时人们也认为，不再使用"文艺从属于政治"的口号，并不是要使文艺脱离政治、超越政治，而是要使文艺与社会主义政治正确地结合起来。过去一味强调文艺为政治服务，形成了对政治与文艺的关系的扭曲。而在实质上，政治从来都对文化艺术具有举足轻重的作用，文艺对政治的影响也是不可忽视的。政治和文艺是相互影响和相互服务的，要求文艺单向地服务于政治，是违背艺术规律的。文艺作为社会活动的重要组成部分，在社会发展和前行中，特别是在社会发展的重大关键时期，不可能超然度外和无动于衷，文艺在一定的时候必须发挥其重要的宣传大众、鼓舞大众的巨大作用。即使在正常发展的年代，文艺也可以通过自身的功能，充分发挥其教育大众、宣传大众的作用，历史上人们强调的教化与文以载道正是如此。无论哪个国家或政党，都十分重视文艺对政治的巨大作用，总要通过文艺政策乃至经济和政治策略的推行，使文艺的发展方向与自身的政治方向相一致，不使文艺偏离甚至危害其政治方向。所以，强调文艺与政治无关，同样是十分幼稚和错误的。

然而，文艺活动及其创作的样式和形态是多种多样的，不可能要求各种各样的文艺品类、文艺题材和主题的作品都与政治活动、政治方向密切相关。作为国家和政府，要求文艺对政治做出积极的反应和影响，特别是要求对社会起到主导作用的各类艺术样式及其作品应当坚持正确的政治方向，无疑是正确的。但是，如果要求所有的艺术活动及其创作均要直接服务于政治，这就扭曲了文艺活动的本质规律，同时也偏离了文艺作为社会审美活动主体的基本方向和宗旨，使文艺陷入单一的和狭窄的空间。

从改革开放初始到 20 世纪 80 年代，与各个领域的改革开放相同步，社会主义文化与艺术建设也进入了改革开放的新时期。在邓小平及其第二代党的领导集体的努力下，"二为"方向与"双百"方针得到了全党和全国人民的高度认同，逐渐营造了有利于"二为"方向与"双百"方针贯彻执行的良好氛围与社会环境，获得了文化与艺术创作的丰硕成果，为满足人民大众的文化需求，做出了突出贡献，并以坚韧不拔的意志，为探索中国特色社会主义文化建设的发展道路付出了巨大的努力。尽管在这一时期，也曾出现过这样和那样的争议及曲折，但它更多是在建设和发展社会主义文化艺术的旗帜下，以及所进行的各种各样的探索中的不同意见和认识。一些尝试可能出现过一定程度的偏颇，但是可以在建设社会主义文化的共同信念之下，获得理念的提升与认知的统一，以及及时的纠正。而那些十分突出的不利于社会主义文化建设与发展的思想倾向，无论是从左的或是从右的方面加以表现，其实质都是对"二为"方向与"双百"方针的背离，是在改革开放的历史进程中出现的不和谐声音，曾对社会主义文化建设产生恶劣的影响。对此，人们也能够在争议中逐渐辨析是非，获得认识的基本统一，并能排除干扰，继续前行。

及至 20 世纪 90 年代，新一届党的领导集体在文化艺术建设方面提出了"弘扬主旋律，提倡多样化"原则，显然，这是对"二为"方向与"双百"方针的发展，它一方面坚持了"二为"方向与"双百"方针的基本原则，同时又对其核心的部分予以拓展与强化，特别是对艺术作品的创制的具体要求确立了基本原则。1994 年 1 月，江泽民在全国宣传思想工作会议上指出："坚持二为方向和双百方针，是对精神产品生产的具体要求，也是宣传文化事业的繁荣的重要保证。弘扬主旋律、提倡多样化，是坚持'二为'方向和'双百'方针的具体体现。弘扬主旋律，就是要在建设有中国特色社会主义的理论和党的基本路线指导下，大力倡导一切有利于发扬爱国主义、集体主义、社会主义的思想和精神，大力倡导一切有利于改革开放和现代化建设的思想和精神，大力倡导一切有利于民族团结、社会进步、人民幸福的思想和精神，大力倡导一切用诚实劳动争取美好生活的思想和精神。"① 这正是对"二为"方向与"双百"方针的进一步深化。

---

① 江泽民：《在全国宣传思想工作会议上的讲话》（1994 年 1 月 24 日），《论党的建设》，中央文献出版社 2001 年版，第 134 页。

　　21 世纪之交，世界形势发生了重大变化，特别是 20 世纪 90 年代以来出现的世界经济一体化态势的基本形成，以及以电子技术和数字技术为主导的高新技术革命，促使世界范围的文化产业、创意产业的蓬勃发展，带来了文化领域的重大变化，将文化艺术更紧密地与经济建设、社会建设系于一体，对文化艺术领域的建设提出了新的更严峻的要求。正是在这时，新一届党中央在提出繁荣文艺创作、发展文化产业的同时对文艺工作提出了新的要求，这同样是对"二为"方向、"双百"方针的深化与发展。

　　胡锦涛在 2003 年 12 月召开的全国宣传思想工作会议上指出："坚持一手抓繁荣、一手抓管理，坚持'二为'方向和'双百'方针的有机统一、弘扬主旋律和提倡多样化的有机统一，大力发展先进文化，支持健康有益文化，努力改造落后文化，坚决抵制腐朽文化"。① 2007 年，他又指出："要坚持为人民服务、为社会主义服务的方向和百花齐放、百家争鸣的方针，贴近实际、贴近生活、贴近群众，始终把社会效益放在首位，做到经济效益与社会效益相统一。"② 之后还在 2008 年 1 月召开的全国宣传思想工作会议上进一步强调："服务人民，就是要坚持以人为本，贴近实际、贴近生活、贴近群众，充分发挥人民主体作用，把人民是否满意作为根本标准，尊重差异、包容多样，努力满足人民多层次、多方面、多样化的精神文化需要，让人民共享文化发展成果，促进人的全面发展。"③

　　党的十八大之后，习近平等中央领导同志同样高度重视"二为"方向、"双百"方针的坚守与深化。习近平强调："社会主义文艺，从本质上讲，就是人民的文艺。文艺要反映好人民心声，就要坚持为人民服务、为社会主义服务这个根本方向。这是党对文艺战线提出的一项基本要求，也是决定我国文艺事业前途命运的关键。要把满足人民精神文化需求作为文艺和文艺工作的出发点和落脚点，把人民作为文艺表现的主体，把人民作为文艺审美的鉴赏家和评判者，把为人民服务作为文艺

---

① 胡锦涛：《在全国宣传思想工作会议上的讲话》（2003 年 12 月 5 日）。
② 胡锦涛：《高举中国特色社会主义伟大旗帜，为夺取全面建设小康社会新胜利而奋斗》（2007 年 10 月 15 日），《十七大以来重要文献选编》（上），中央文献出版社 2009 年版，第 28 页。
③ 胡锦涛：《在全国宣传思想工作会议上的讲话》（2008 年 1 月 22 日）。

工作者的天职。"他还指出："要坚持百花齐放、百家争鸣的方针，发扬学术民主、艺术民主，营造积极健康、宽松和谐的氛围，提倡不同观点和学派充分讨论，提倡体裁、题材、形式、手段充分发展，推动观念、内容、风格、流派切磋互鉴。"①

改革开放以来的历史表明，历届党的领导集体都把"二为"方向、"双百"方针作为文化建设的总纲领，并将对"二为"方向、"双百"方针的贯彻执行作为每个时期文化建设指导思想的核心，在此基础上，又继续予以深化和发展，充实新的内涵，使之始终保持鲜活的生命。多年来，"二为"方向、"双百"方针及其诸多新的内涵已经渗透于我国文化艺术活动的各个领域，指引着文化艺术建设一步步走向新的境界。在今后的文化建设进程中，社会政治、经济、文化的发展还会对文化艺术建设提出更多新的课题，人们将对中国特色社会主义文化的建设实践与思想体系不断予以丰富和完善。作为指导全国文化建设的基本理论与思想，将会随着时代的演变而不断发展，从来也不会停留在一个水准上。

三　"二为"方向与"双百"方针的成熟是马克思主义中国化的重要成果

"二为"方向和"双百"方针的成熟与不断完善，是改革开放以来党中央历届领导集体带领全国文化艺术界人士共同努力和探索的结晶，是中国社会主义文化艺术建设的重要成果，已成为中国特色社会主义文化的重要组成部分。坚持"二为"方向和"双百"方针，体现了中国共产党人坚定的马克思主义立场，以及实现马克思主义中国化的高度自觉与自信。

（一）坚持和发展"二为"方向和"双百"方针，是对马克思主义文艺建设理论与思想的重要发展，是将马克思主义文化思想中国化的重要实践

对马克思主义文化理论的研究及其理论体系建设是一个长期的重要的使命，其中既包括宏观文化建设的基本理论，也包括各个文化领域的建设理论，还包括对马克思主义理论队伍、管理队伍的建设。"二为"方向和"双百"方针的形成与不断走向成熟的进程，充分反映出党和

---

① 习近平：《坚持以人民为中心的创作导向》，《人民日报》2014 年 10 月 16 日第 1 版。

政府对马克思主义文艺理论建设所做出的努力。但也应当看到，我国在社会主义文化发展理论建设方面尚处于不断探索中，还没有一支具有坚实理论基础的马克思主义文艺理论队伍，对建设马克思主义文化艺术理论体系的研究还处于比较薄弱的阶段。因此，各级党和政府相关部门及其成员，需要认认真真地研究马克思主义的科学的世界观与方法论，深入学习辩证唯物主义与历史唯物主义，以及与马克思主义有关文化建设的一系列理论与思想，同时坚持与中国当代的社会实践相结合，探索中国特色社会主义文化艺术的发展道路。

1. 坚持马克思主义，就要恪守为最大多数人民大众服务的基本理念

社会主义是为最大多数人民大众谋福利的，代表了人民大众的根本利益，其中也包含着人民大众的文化利益和文化权益。这是对人民大众基本权益的最大尊重，同时也是以人为本的高度体现。

"历史活动是群众的事业。"① 人民群众既是文化艺术的参与者，同时也是文化艺术的创造者。一方面，历史上的文化艺术活动从来也离不开人民群众的参与。尽管在历史上人类发展的各个时期，文化艺术主要地成为统治者和上层阶级专享的活动，广大人民群众极少能够得到文化艺术的服务，但广大人民群众依然是文化艺术活动的参与者、创造者和接受者。特别是在漫长的农耕时代，除却宫廷艺术之外，还有更多属于大众自娱和体验的社会文化活动。人民大众始终作为文化艺术活动的主体而存在，没有人民群众的广泛参与，文化艺术就难以得到创新和发展；另一方面，文化艺术活动的主流形式长期以来基本成为上流阶层的专利，不顾及人民群众的需要，使之与广大人民群众相隔膜，很少出现表现和反映人民大众的意愿和审美趣味的艺术活动及其作品。但是，无论是哪个民族，均有一些具有人民性的文化艺术作品流行于世，成为历史的经典，为人民大众所欢迎。因此，强调文艺为最广大的人民群众服务，不仅完全符合历史唯物主义的基本观点，同时也是艺术活动内在规律与特性使然。在某些特定时期，突出为工农兵服务，也是合理的，其一，工农兵是人民中最大量的构成，为工农兵服务即体现了为人民服务

---

① 马克思、恩格斯：《神圣家族》（1844 年 9—11 月），《马克思恩格斯全集》第 2 卷，人民出版社 1957 年版，第 104 页。

的核心内涵；其二，工农兵在享受文化艺术方面最为欠缺，理应予以特殊的关注。而到了社会主义建设时期，人民的范畴有所拓展，人民大众的社会地位与文化素质获得普遍提升，强调为人民服务，而不再特别强调主要服务于工农兵，正是社会发展的必然要求。

2. 坚持马克思主义文化建设的基本理论，必须遵循文化艺术活动的科学规律

文化艺术的内在规律具有客观性，不以人的意志为转移，即使有人一时可以对文化艺术活动的基本规律加以扭曲，也不可能持久。在马克思主义经典作家有关文艺的著述中，曾对艺术活动的基本规律进行了深刻的论述。例如，关于文艺与人民大众的关系、关于文化艺术的继承与发展的基本规律、关于文化艺术活动的多样性观念、关于用艺术的方式掌握世界的观点、关于艺术发展与经济发展的不平衡性规律、关于坚持艺术民主的理念，等等，都曾经为马克思、恩格斯等所高度重视。"二为"方向和"双百"方针正是在深刻认识文化艺术发展的基本规律和特性的基础上提出的，它不仅反映了文化艺术建设与发展的客观规律性，同时表现出对马克思主义文艺思想和理论的遵循，也与当代中国文化艺术建设的基本状况相契合。

应当看到，在研究马克思主义各个领域的理论体系时，其文化艺术建设与发展的理论具有鲜明的特色。这一方面是由于人类文化艺术本身具有独特的规律性，同时也与马克思等在特定的时代和环境下对文化艺术活动规律的认识相关。正是以马克思主义的世界观及其方法论为基础，形成了对文化艺术活动客观规律的科学阐释。马克思主义的学说一再告诉人们，文化艺术理论与一般社会科学理论的构成不同，文艺是以审美的形象和情感作为自身基本构成体系，社科理论是以抽象的理论与概念作为自身的基本架构。试图以社科理论的研究模式来研究文化艺术理论，很难把握文化艺术活动本质规律。首先，二者表达路径不同，文艺活动是以艺术思维、主要是形象思维为基本方式，以丰富的情感呈现表达人类的精神，理论研究则需要采用逻辑的推理和演绎；其次，创造的结果不同，文艺活动的目的在于以其审美的形象和意境对人的精神予以表现，理论研究主要在于建立科学的理论或概念，为社会发展提供理论参照；最后，实现的目标不同，文艺是以潜移默化的方式对人们的精神予以陶冶和提升，而理论的实现则主要是以观念的输导和对人实施

教育。

还应看到，坚持马克思主义，建设中国特色社会主义文化理论体系也是十分艰难的，主要在于几个方面思想和观念的障碍。一是传统的对马克思主义教条化理解，没有认识到马克思主义也是在发展的。时代不同了，任何理论均需要创新。发展，既是对前者的局限予以部分否定，同时又是对前者的继承。二是对马克思主义的各取所需，凡是自己认为正确的就强调为正宗的马克思主义，认为是符合中国国情的；反之，就不认定是马克思主义科学体系的组成部分。三是割裂马克思主义与其他人类进步思想的衔接和交融。认为马克思主义是唯一正确的，与其他人类文化思想的建树没有关系，同时否定更多人们对马克思主义的继承和发展。坚持马克思主义，不仅有理论的自信，而且需要有博大的襟怀，必须充分相信自身理论坚守的科学性和对中国国情的适应性，而对一些不尽相同的思想，则需要有一定的包容，容许不同思想理论的讨论与竞争。

（二）坚持和发展"二为"方向和"双百"方针，是对当代中国文化艺术建设道路的科学把握

改革开放以来，历届党的领导集体坚持马克思主义的立场观念，对当代中国文化艺术建设的发展道路不断进行研究与探索，及时充实新的内涵，排除种种错误思想理论的影响与干扰，进行了不懈的努力。在"二为"方向和"双百"方针的贯彻与执行过程中，曾经出现种种曲折，可以看出，凡是对"二为"方向和"双百"方针贯彻执行较好的时期，文化艺术的建设与发展就会出现好的局面，广大艺术家就会心情舒畅，艺术创造力获得喷发，涌现大量好的与比较好的作品；凡是背离"二为"方向和"双百"方针，对文化艺术实施压抑，文化艺术的发展就会出现暂时的停滞甚至倒退。其中，认真对待和处理好几个基本关系，是能否真正实施"二为"方向和"双百"方针的关键。

1. 科学认识政治与文艺的关系

政治和文化及艺术，历来都是相互依存的关系，是相互服务的，而不能将文艺视作政治的工具与附庸。如此做，势必导致恩格斯所指出的那样，成为政治和意识形态的传声筒。事实上，许多人长期以来一直认为，文艺还是要为政治服务，或者坚信事实上是为政治服务。在他们看来，政治是高于一切的，作为文艺，当然要居于次要的地位。

马克思主义告诉我们，作为人类社会活动的重要领域，文化艺术与政治活动一样，都是社会活动的重要组成部分，两者密切联系，相互影响与服务。如若将文化艺术置于政治的羽翼之下，单向地强调文艺为政治服务，在理论上是与马克思主义相背离的。同时由于在我国长期以来过分强调文艺为政治服务，致使出现对文艺家的压抑以及对文化艺术基本属性的扭曲，使文艺的发展曾经出现长期的停滞。文艺为政治服务和为社会主义服务的区别主要在于，为政治服务比较狭窄，可以视作为政治路线、政治集团、主流意识形态服务等。文艺当然无法脱离政治，确实与政治有着十分密切的关系。但是，文艺毕竟属于具有独立品格与价值存在的社会现象，无视文艺的本质属性，势必导致文艺沦为政治的附庸。出现这种现象的原因是复杂的，既源于中国传统文化的影响，比如文以载道传统意识的根深蒂固，同时也与苏联的影响有关，列宁关于文艺要成为党的工作的齿轮和螺丝钉的论述，使人们很容易将其理解为工具论。中国共产党在长期的民主革命历程中，迫切需要人们将文艺服务于如火如荼的革命斗争。然而，战争时期与和平时代对文艺使命的要求确有不同。在社会主义建设时期，强调文艺为社会主义服务和为政治服务确实存在差异。首先，前者服务范围大大扩展，涵盖了为实现社会主义总目标的全部任务，以及所有与社会主义建设有关的活动；其次，前者包括与社会主义建设相关的各阶级和阶层。这样一来，文艺的服务对象就获得拓展。如果一味强调为政治服务，势必陷入政治斗争的领域，甚至走向以阶级斗争为纲，将阶级斗争泛化和绝对化。人们难以忘记，1963 年以后，几乎绝大多数文艺作品均浸染着阶级斗争的内容，而作为文化艺术创造者的大批文艺家，则被置于人民的对立面，陷入无休无止的思想改造与批判斗争之中。这些历史的教训，至今仍令人震颤。

2. 正确把握党性与人民性的关系

党性，是中国共产党的组织和每一位党员均应遵循的原则，而人民性，则是将人民大众的利益置于高于一切的地位。由于中国共产党代表着人民大众的意愿和根本利益，因此两者在本质上是一致的，不应出现突出的对立。然而，由于社会实践的复杂性，在历史上出现党性与人民性的矛盾并不罕见。人们时常出现的误区，即在于当党的一定组织和成员的利益与人民大众的利益发生碰撞与对立时，许多人不是如何积极地探寻原因，寻找两者统一的路径，而是往往置人民利益于不顾，而去满足党的某一组织甚至个别成员的利益。而在实质上，这种党的利益很大程度上并不代表中国共产党人的根本利益和奋斗目标，而是仅仅代表了少数人的或者一己一派的利益。中国共产党是无产阶级的政党，不仅应当是工人阶级的代表，而且由于其先进性，同时应当代表最广大人民群众的利益。因此，党性与人民性本来就是一致的，失去了人民性，党性就不复存在；没有党性，人民性也会失去正确的理解，党性与人民性的相互依存，才是党的根本利益和目标所在。在文化艺术活动及其作品表现中，党性与人民性也会出现碰撞和摩擦，实质上，凡是出现这种现象，基本属于两种偏误：一是将并不符合最广大人民群众最根本利益的观点与行为混同于人民性；二是由于对党性理解的极端化和绝对化，将许多真正符合党性原则和人民大众意愿的艺术表现视为非党性的表现，置于打压和批判之列。特别是在极"左"思潮和路线盛行的时期，最易出现这种现象。因此，清醒地认识和把握好党性与人民性的关系，是贯彻执行"二为"方向和"双百"方针的重要保证。

3. 深刻理解"二为"方向和"双百"方针的关系

在其本质上，"二为"方向和"双百"方针具有密切的和不可分割的关系，"二为"方向是社会主义文化艺术建设的总目标与总任务，而"双百"方针则是实现这一目标的基本保障和路径。没有"二为"方向，"双百"方针就失去了目标，没有"双百"方针，"二为"方向也就难以真正实现。

然而，长期以来，人们在努力建设社会主义优秀文化的同时，也出现了许多不和谐声音，时常将二者对立起来，或者以坚持"二为"方向为由，否定"双百"方针存在的必要性；或者单一地强调"双百"方针，置"二为"方向于不顾。这样两种倾向，都是对"二为"方向和"双百"方针的科学内涵缺乏正确理解与认识绝对化的表现，不仅会出现实施的偏误，甚至会导致文化艺术建设方向的偏移。如若继续坚持"二为"方向的传统认知，认为是为政治服务或者单一地为工农兵服务，势必导向对"双百"方针的怀疑或狭隘的认知，甚至将其视同虚设。在其实践指导上，也将出现不利于文化建设与艺术繁荣的态势；如果只看到"双百"方针的重要性而置"二为"方向于不顾，忽略了基本的方向和原则，也将出现文化艺术的无序与混乱，失去明确的目标与导向，甚至否定文化艺术的人民性及先进性，背离社会主义文艺的根本宗旨，即使出现表面的百花齐放，其实质也是芜杂的和败落的。

（三）坚持和发展"二为"方向和"双百"方针，就要以法律为基石，走依法治文、繁荣文化艺术的道路

坚持与发展"二为"方向和"双百"方针，就要坚持依法治文，制定和贯彻执行各项法律与法规。一方面，"二为"方向和"双百"方针的确立与贯彻执行，需要有规范的法律、法规来保障；另一方面，"二为"方向和"双百"方针的不断充实与完善，也需要以法律为准绳，在法律的框架下，科学制定各种有利于文化建设的法规与条例。

应使人们充分认识到，"二为"方向和"双百"方针是与宪法精神相一致的，是对民族文化艺术的传承与弘扬，也是对人民大众基本文化权利的充分尊重和保障。坚持"二为"方向，就要在坚持社会主义根本方向的同时，实行"双百"方针，就应当在宪法规定的范围内，保障学术自由和创作自由，鼓励解放思想，提倡兼收并蓄，尊重客观规律，只有以宪法为基础，以尊重艺术的客观规律为宗旨，"双百"方针才能得到真正的贯彻和执行，才能为艺术家不断创新营造良好的社会氛围和土壤。

法治不仅是对文化艺术活动的规范与制约，同时也是对文化艺术活动的保障和支撑。在文化艺术活动的大千世界里，哪些是应大力提倡的，哪些是可以容许的，哪些是应当予以批评的，哪些是必须予以排斥的，均需要以法律为准绳，以各种政策为依据，同时又以科学的文化艺术理论作为判别优劣高下的指导。即使是需要批驳和排斥的，也应遵循法律，不能轻易地对其人身加以管控和关押。如果不是在行动上对国家和他人产生直接危害，就不应剥夺其人身自由。在"文化大革命"发动的前前后后，文化艺术活动出现各种动荡、反复与创伤，均与法治的缺失有关。历史的经验告诉我们，只有在文化艺术领域真正实施法治，才能从根本上克服以人的意志或经验掌控文艺，或者仅凭意识形态的理论指导文艺的做法，才能带来文化艺术的全面繁荣。

四 总政策指导下制定具体政策的重要原则

在"二为"方向和"双百"方针这一社会主义文艺建设的总目标与总方针的指导下，还需制定和不断完善文艺发展的相关政策体系。长期以来，在这一总政策的指导之下，党和政府相继制定了一系列与之相适应的不同层次、不同艺术领域的具体政策。在当代制定具体政策的过

程中，尚须注重与中国国情相适应的各种原则。

（一）政策的同一性与差异性

政策的制定应以宽阔的视野和求实的精神，面对社会复杂与纷繁的现实状况。首先，中国地域辽阔，民族众多，存在着不同地域和民族在文化传统、审美习俗和艺术需求等方面的较大差异；其次，城乡之间，以及不同年龄、不同文化背景的人们也存在对文化需求的较大不同；最后，各种文化艺术样式之间既存在一定的相通之处，也存在一定的差异，即使同一种艺术样式，也存在着审美层次的差别，既有侧重于宣教性的艺术，又有美的艺术或纯艺术，还存在娱乐性艺术，各种层次的艺术存在着审美含量、精神含量或娱乐元素的较大差别。因此，政策的制定应顾及方方面面，既看到其间的同一性，又充分注重其差异性，不宜一概而论。实事求是与因地制宜，应成为制定文化政策的基本依据。

（二）政策的稳定性与可变性

文化政策是文化艺术活动应遵循的基本法则，作为国家和政府所制定的政策，既具有一定的法规效应，同时也并非长期不变，随着社会发展，政策将会不断予以修订与完善。首先应保持政策的基本稳定，这是文化艺术赖以持续发展的重要保障。只有在基本保持政策稳定的基础上，各领域从事文化活动与创作的人们才能队伍稳定、心态稳定，工作保持其延续性和一贯性，不致因政策的改变而中断或影响文化建设与各项活动；可变性则是指政策应随时代发展而发展，需要变时一定要变，这是推进文化艺术活动不断走向新的高度的必要举措，但也应注意到政策之间的可衔接性，避免因政策改变而可能出现的动荡。科学把握稳定性与可变性的统一，是领导艺术的问题，更是指导思想的问题。在以往，我国的文艺政策曾经长期出现较大的摇摆，成为文化建设的重要障碍。一放就活，一活就乱，一乱就抓，一抓就死，一死就放，构成一个怪圈，困扰着文化艺术界的各级领导。坚持稳定性与可变性的统一，方为制定政策的科学要素。

（三）政策的国情性与国际性

文化政策，需要充分适应本国文化艺术建设的需要，适应国情特点，同时也要与国际接轨。中国文化艺术建设既包括公共服务，又包括产业，既是宣教品，又是艺术，还是娱乐品，承担了较多的使命，与其他国家有一定的差异。作为文化艺术的建设与发展，既要为广大人民大众提供公共文化服务，尤其重视对农村和边远地区实施公益性的文化艺术服务，又要使文化艺术成为社会文化产业建设的重要一翼，在繁荣艺术创作、提升文化生产力，乃至促进国民经济增长等方面发挥重要作用；既要满足广大人民群众普遍性的文化需求，又要面对不同层次不同人群的要求，做出有针对性的服务；既要承担教育大众的文化责任，又要营造典雅的高审美含量的艺术精品，还要不断满足人民大众精神愉悦需求的作用。文化政策的制定，不能忽视以上各个方面的特性，这是由我国的基本国情决定的。同时又必须具有国际性视野，积极推进与世界各国文化艺术的交流，遵循党中央提出的"走出去"战略，在更多政策与规则上与世界接轨，适应当代世界文化交流与贸易的需要，提升我国文化在世界文化市场上的地位与份额。

（四）政策的指导性与指令性

作为国家与政府的文化艺术政策，有的属于指令性，即必须准确和全面执行，也有的属于指导性，即在其间具有一定的理解和操守的空间。作为指令性政策，例如，对国家文化安全方面的掌控、对违背法律法规现象的制约和治理等，必须坚决执行；作为指导性政策，则不宜强迫命令。例如，对具有学术和艺术之争的现象可予引导、疏通和强调，但不宜采取指令性，更不宜采取运动的方式，大加讨伐。应当看到，对艺术活动的领导与管理，首先应遵循艺术规律，而不是超越其规律自行其是，否则会落得适得其反的结果；其次应尊重人民大众的接受水平和习惯，而不是迫使人民大众接受自己的意志，对人民大众实施教化必须循序渐进和寓教于乐。例如，人民大众欣赏艺术，首先是为了娱乐，而不是受教育，对人民大众的教育放在首位通常是行不通的。对大众的教育不可能期望一个早上完成，也不能试图靠运动的方式加以解决。文化的提升是一个相当缓慢的过程，同时是一个不断涵养的过程，应当把握快与慢、动与静的有机统一。

（五）政策的当下性与前瞻性

当下性，即适应当下的或一个不长时期内的文化艺术建设需要的政策，应当要求有关方面准确理解和贯彻执行。但是有的时候，由于文化艺术活动所呈现出的某些内在的规律，以及预示出的基本趋势和发展前景，政策的制定也需具有一定的前瞻性，即适度考虑在未来一个较长时期的适应性，为政策的持续适用留出一定的余地和空间。作为文化建设的总政策，是与我国相当长时期内文化艺术发展的需要相适应的，既具有当下性，也具有前瞻性；而与这一总政策相一致的许多适宜于具体领域和部门的政策则具有鲜明的当下性，有的可能会在不长的时间里发生调整，甚至废止；还有一些具有较长时期适用性的政策，一般表现出突出的前瞻性特点，人们在当下更多地引为指导和参照。区分政策的当下性与前瞻性，既可以准确反映出大量政策的即时性和普适性特点，也可透视某些政策的可延续性，以及长效性，为政策得以更充分、更有效的执行奠定良好的基础。

综上，"二为"方向与"双百"方针是中国共产党人对马克思主义文化建设思想和理论体系深入研究与不断探索的结果，它极大地丰富了马克思主义文艺思想及其理论体系，是对马克思主义文化建设思想的重要继承与深化，为马克思主义的当代发展做出了显著的贡献；"二为"方向与"双百"方针的确立与成熟是中国共产党人集体智慧的结晶，不仅是对中国传统优秀文化思想的继承，更是对中国当代社会文化建设与发展的科学审视与把握，它在建设中国特色社会主义历史进程中得到持续完善，为中国特色社会主义文化建设理论体系的逐步形成提供了极为重要的思想，已经成为马克思主义中国化的重要组成部分。

第二节 "二为"方向的当代性意义

文艺为人民服务、为社会主义服务，是改革开放之初由党中央提出的具有丰富和深刻内涵的文化建设的总方向。这一方向是在原来的"文艺为工农兵服务""文艺为政治服务"的基础之上提出的，是对后者的重大发展与完善，也是在新的时期对这一方向的科学思考。它既与"双百"方针相互融合与作用，成为一体，同时又具有自身独有的特性。理解这一方向的科学性与规律性，是准确把握文化建设基本方向的需要，特别在当下，研究这一课题，依旧不失其重要的意义。

一 "二为"方向的确立是对我国文艺发展方向的匡正与发展

在中国，"二为"方向经历了一个重要的转换，即完成了由"文艺为工农兵服务""文艺为政治服务"向着"文艺为人民服务""文艺为社会主义服务"的历史性转化，这一转换，是中国共产党人在文化艺术发展中高度自觉的表现。由于战争年代的形势与战时文化工作的需要，以及我国在 20 世纪二三十年代以前，文学艺术主要表现为帝王将相、才子佳人，下层的工农兵的形象及其他们的思想和意愿很少得到表现和满足，这时，强调文艺从属于政治和为工农兵服务应当是非常必要的。

然而，在新的时代继续坚持这一提法，将不利于社会主义文化建设以及团结最广泛的人民大众。特别是由于极"左"思潮的影响与极"左"路线的制约，这一口号一直持续到"文化大革命"结束，许多党内外文艺界和理论界人士及时指出这一口号的局限性，认为已经不适应改革开放时代的要求。

第一，理论上有较大的局限，不符合文艺应有的地位。文艺与政治是社会活动中两个基本范畴，它们之间有着密切的联系，但是又具有各自的特点。政治，是社会一定时期具有主导性的国家行为，以及意识形态的主导行为，充分体现了统治阶级的意志和理想。文艺也应属于上层建筑领域，它与政治是平行的关系，但不是从属关系。文艺可以作用于政治，政治也可以作用于文艺，文艺可以为政治服务，政治也应为文艺建设服务。如若在理论上将文艺附庸于政治，不符合文化艺术应具有的社会位置，以及内在发展的客观规律性。提出文艺为政治服务，在理论上具有一定的偏颇。在中国抗日战争时期，中国共产党领导人提出文艺为政治服务，具有重要的时代特征，因为在战争时期，国家与社会的正常活动均要服务于战争，民族战争已上升为最大的政治。如果说，在战争年代强调文艺为政治服务，尚有一定的合理性，但是在社会主义时期继续强调文艺为政治服务，就会越来越显现出它在理论上的弊端。

第二，在实践上有较大的偏颇。如果在社会主义时期继续强化文艺为政治服务，势必导致文艺为政治集团、政治路线服务，成为政治斗争的工具。由于"十七年"间长期坚持这一观念，对文艺的发展以及艺术家的创作带来很大的危害，人们在文化观念上长期坚持文艺从属于政治，成为精神的禁锢，将本来具有多样性的文艺活动封闭于一个狭小的范围，艺术家的创作受到极大的制约，一些领域长期创作不出优秀的艺术作品，大量优秀艺术作品遭到严酷的批判与扼杀。同时，当年毛泽东在延安文艺座谈会上指出，"我们的文学艺术都是为人民大众的，首先是为工农兵的"①，但在社会主义时期，这一主张基本简化为"为工农兵服务"。只强调文艺为工农兵服务，就将工农兵以外的其他属于人民范畴的大众排除在外，将本属于人民范畴之中的人们分为三六九等，不利于调动最广大人民群众参加社会主义建设的热情和积极性。

第三，在极端化的阶级斗争理论影响下，文艺被沦为阶级斗争的工具。由于以阶级斗争为纲这一口号在 20 世纪 60 年代初期的提出，阶级斗争迅速得到泛化和绝对化。即无论在任何领域，均存在激烈的阶级斗争；无论在任何时候和地方，均要坚持以阶级斗争为纲。认为"阶级斗争一抓就灵"，将阶级斗争的作用极度夸大。在此背景下，"文艺为工农兵服务""文艺为政治服务"均赋予浓郁的阶级斗争色彩，更使文艺陷入其间，全面服务于阶级斗争。而到"文化大革命"时期，阶级斗争理论发展到登峰造极的程度，许多文艺创作直接服务于党内的阴谋集团，成为地地道道的阶级斗争的工具。

正是基于理论与实践的多元思考，党中央及时将"文艺为工农兵服务""文艺为政治服务"转化为"文艺为人民服务""文艺为社会主义服务"。这并非简单的口号转换，而是党的文化建设指导思想的重要发展。

首先，它是对文化艺术发展基本规律的遵循。在人类历史上，文化艺术有其自身发展的规律，诸如艺术的继承与发展的规律、艺术发展与经济发展的不平衡规律、艺术活动的自律性规律等。这些规律既具有客观性，也具有不可抗拒性，任何人为的力量都是难以扭转的。正是诸多文化艺术内在的发展规律，制约与推动着文化艺术随时代的发展而前行。艺术当然与政治有着十分密切的关系，但是如果将这一关系绝对化，强化到政治压倒一切的地步，就将对文化艺术产生极大的伤害，而作为极端化的政治也会走向反面。党中央及时地对"文艺为工农兵服务""文艺为政治服务"这一口号做出改变，正是对文化艺术内在规律的科学认知与把握。

其次，它意味着对历史上错误倾向的匡正。在我国，这一理论形成与几个方面的影响相关，一是中国传统文化中"文以载道""高台教

---

① 《在延安文艺座谈会上的讲话》，《毛泽东选集》第三卷，人民出版社 1991 年版，第865 页。

化"等思想意识的延续；二是苏联的影响；三是革命战争中强化阶级斗争及其对文艺产生的直接影响。由于这些方面的合力，使之成为党在文化艺术工作中的重要思想武器。在战争时期，这一理论发挥了十分积极和进步的作用，而到了社会主义建设时期，继续沿用这一理论，则相继出现较多问题，使之与阶级斗争的理论相链接，成为极"左"的文化指导思想的重要内容，在较长时期里对文化建设产生了十分不利的影响。改革开放以后对这一理论的及时匡正，是中国共产党人坚持实事求是精神的体现，它使广大文艺工作者心情舒畅，投身于新时期文化建设之中，也使广大人民群众看到了我国文化艺术发展的希望和前景。

应当指出，改革开放多年来，虽然党和政府长期坚持"文艺为人民服务""文艺为社会主义服务"的正确方针，而在一些领导同志那里，并未真正解决从"文艺为工农兵服务""文艺为政治服务"到"文艺为人民服务""文艺为社会主义服务"的转换，至今还在部分人群中存在这样和那样的疑义。有人虽然在理论上认为可以不再提文艺为政治服务，但是在实际上并未能真正理解这一问题，甚至认为文艺为社会主义服务说到底就是为政治服务。在实际工作指导中，以及在针对文化艺术作品的价值判定上，也是常常将其是否符合政治需要放在首位。这样的思想意识和工作状态，其实质即在于未能真正理解文化艺术建设的根本方向，对当下社会主义文化艺术建设与发展事业是十分不利的。

二　"二为"方向的确立是中国共产党人对当代文化艺术建设的重要贡献

文艺为人民服务、为社会主义服务，既是对全人类各民族文化发展与建设经验及其成果的继承，也是对马克思主义文化艺术建设理论的遵循和发展，是在文化领域实现马克思主义中国化的具体实践与探索。

（一）坚持"二为"方向，是对中国特色社会主义及其核心价值观的充分体现

文艺为人民服务，为社会主义服务，首先就要坚持社会主义的方向。在文化艺术活动中，一切工作的出发点均要环绕社会主义的方向、性质和目标而进行。应倡导一切有利于社会主义建设和社会主义价值观的确立与传播的文化艺术活动的开展，使之有助于推进社会主义理想与目标的实现，有助于提高人民大众文化素质与审美能力。国家和民族文化软实力的表征，最重要的即是国家整体文化生产力和艺术生产力的不

断增长，以及具有影响世界各民族文化发展的思想、学说及艺术作品的大量出现。没有高产值、高质量的文化艺术产品的涌现，以及众多闪烁着时代光辉与审美精神的优秀作品与艺术家的鼎立，国家的文化软实力是提升不起来的。而在期间，不可忽视文化艺术活动及其产品的精神性和意识形态性，任何不利于社会发展、有害于人的精神健康的文化产品只能抵消和削弱文化生产力的增长。因此，对一切不利于社会主义制度和党的领导，不利于各民族人民的团结和国家统一，不利于人民大众文化素质提高的低级庸俗的文化活动及其作品，都要坚决抵制。

文艺为社会主义服务，说到底是通过人民大众的接受而实现的。文化和艺术发展史表明，无论在任何时代任何民族，与一定社会发展进程相适应的文化艺术产品，都是其社会与人的核心价值观的体现。其间，最广大的人民大众既是文化艺术的主要创造者和接受者，也是文化艺术的重要审视者和把关者。正是由于人民大众的喜爱与否，影响着文化艺术作品的价值实现及其命运走向。

而在人类历史上，文化艺术的发展历经沧桑，呈现出十分复杂的状况。作为与时代和社会同步前行的文化艺术，一方面，在阶级社会里，文化艺术确有一部分是服务于统治阶级的，与人民大众无缘；另一方面，由于文化艺术所具有的审美的普遍性，以及人类精神世界中具有可以相沟通的部分，因此，作为文化艺术的主流，一般都是与其所处的时代基本适应，与该时期人民大众的文化需求基本一致的。可以说，无论是哪个民族哪一时代的文化艺术，凡是可以传承至今，既可以服务于本民族大众，同时也为其他民族大众所喜爱的文化艺术作品，一般均具有积极建康的意义。正是从这一意义来看，文化艺术在任何时代、民族或国家，都承担着服务于社会发展和人民大众的作用与功能。只是在长期的文化发展历史进程中，由于统治者与人民大众精神诉求的不同和对文化艺术要求的差异，致使文化艺术活动的基本倾向常常会划分为两极，成为不同阶级文化艺术的表征。历史一页页翻过，一方面，经由历史的沉淀和筛选，人们看到的大量具有较高历史与人文价值的文化艺术作品，主要是表现了人民大众的审美意愿与适应人民大众根本利益的；另一方面，在统治者与人民大众之间，也无可回避地存在可以沟通、可以共享、可以获得共同美感的文化活动，一般表现为对具有普遍人性和共同形式美感的文化艺术作品的接受与传承。

在历史上，虽然也有较多艺术理论家对文化艺术的功能及其服务对象做出这样或那样的阐述，但是，从来还没有像社会主义中国这样，对文化艺术的建设与发展方向做出如此鲜明的定位。正是将文艺为人民服务、文艺为社会主义服务的理念明确地镌刻在自己的旗帜上，方显得作为社会主义的文化艺术与社会主义根本性质的一致性。这表明，社会主义中国的文化艺术建设者们，正以其巨大的创造力和统一的意志，并以超越以往任何时代的驱动力，将社会主义文化建设推向新的境界。

（二）"二为"方向的确立，是对马克思主义文化与艺术理论的继承与发展

马克思主义自其诞生之日起，就将自己的旗帜高高地树立在最广大人民大众的基础之上，是真正代表人民大众利益和理想的科学理论。马克思所倡导的人的自由发展的思想，是文化创造的精神动力，只有充分地、全面地激发人们自由自觉意识的迸发，才能获得巨大的精神能源，铸就文化创新的基石。

坚持文艺为人民服务，就应将文化艺术活动与人民的利益紧紧连在一起，在文化艺术活动与创作中充分表现人民群众的生活状态，表达人民的意愿，反映人民的心声，同情人民群众的疾苦，让人民群众在艺术活动中印证自己的存在和价值；坚持为人民服务，就要调动一切力量，繁荣创作，为社会创作大量和多种形式、多种样态的文化艺术作品，让人民群众在丰富和多样的艺术活动中选择自己喜爱的作品，获得身心愉悦与精神陶冶；坚持为人民服务，就要不断提升艺术创作的质量，不仅要致力于表现社会生活的深刻意蕴，还要十分重视文化艺术活动形式因素的创新，在艺术语言、表现形式等方面进行探索，推出为人民群众喜闻乐见的艺术作品；坚持为人民服务，还要为人民大众打开视野，引进国外优秀的艺术作品，让人们在文化开放中领略到世界各国优秀的文化；坚持为人民服务，又应通过文化活动，培育人民大众的审美素质与创新能力，让人们在文化艺术活动中获得综合素质的提升。

坚持文艺为社会主义服务，就应将当代文化艺术活动深深融入社会主义建设的大潮之中，成为中国特色社会主义建设的重要一翼。自改革开放以来，我国的文化艺术活动及生产就紧紧环绕改革开放大业，呼唤各阶层人民的思想解放，为改革开放击鼓开道，作出了巨大的贡献。三十余年过去，我国正处在深化改革的关键时刻，文化艺术界理应在社会

主义建设中翻开新的一页，全面服务于改革，成为深化改革的生力军。但是应当看到，自我国进入社会主义市场经济以来，总有一些人基于自身的既得利益，对改革开放持怀疑态度，认为发展市场经济势必带来资产阶级思想与文化的泛滥，势必产生资产阶级自由化，对社会主义制度带来破坏，他们否定改革开放带来的巨大变化，否定社会主义建设中新的探索，对21世纪以来党中央大力发展文化产业的战略部署更是不理解，甚至抵触。面对这些倾向，更需要广大文化艺术工作者在文化建设中坚持正确的方向，毫不迟疑地推进改革开放，努力服务于社会主义文化建设大业。

三　坚持"二为"方向是对人民大众的文化权益的充分尊重

坚持"二为"方向充分体现出对人民大众文化权益的理解与尊重，有利于不断满足人民大众持续增长的精神文化需求和实现审美素质的提升。深刻认识"二为"方向的丰富内涵，需要在理解为社会主义服务与为人民服务的本质以及如何服务等方面做出努力。

（一）深刻理解为工农兵服务与为人民服务的关系

在一些人看来，为人民服务，就是为工农兵服务；而在另一些人看来，为人民服务，意味着对为工农兵服务的否定。其实二者都是有偏颇的。在漫长的封建社会，人民大众尤其是工农兵长期处于被歧视和被压抑的境地，很难参与文化艺术活动，也极少有人顾及工农兵的文化需求以及审美意愿，更难以将工农兵作为文艺表现的主要对象。因此在民主革命时期，重视工农兵的存在，把工农兵推向文艺的中心地位，并使工农兵成为文艺服务的主要对象无疑是正确的。作为人民的主体，工农兵登上历史的文艺舞台，正是马克思主义历史唯物主义的体现。

在本质上，为人民服务，不应当简单地理解为直接表现工农兵。工农兵是人民的主体，特别是在战争时期，中国共产党领导下的民主革命正是以工农兵作为革命的主要动力，同时也是将以工农兵为最大多数的人民的解放为最根本目的的，因此，在一定时期，特别是在抗日战争时期，当传统的文艺还不能够将为人民服务作为自己的自觉使命的时候，当文艺表现的主体还停留在才子佳人、帝王将相的时候，提出文艺为人民服务，首先是为工农兵服务，具有十分重要的意义，正是中国特定时期革命斗争必然要求的体现。但是，如果长期将文艺服务对象的基本目标定位于工农兵，就会产生负面的影响，不仅将曾经在民主革命时期做出重要贡献的民族资产阶级置于服务对象之外，而且将大量曾经是无产阶级同盟军的小资产阶级和农村的中农阶层也置于服务对象之外，这样，实质上就将人民的范畴大大缩小，加深了工人阶级、贫雇农与其他各阶层人士之间的矛盾。

当进入社会主义建设时期，继续延续这一方针，就难免生出更多局限。此时，人民的范畴发生了重要变化，除却工农兵仍旧应为文艺的主要服务对象外，作为人民的其他成员，例如知识分子、民族资产阶级、小资产阶级，以及农村的中农阶层等，都属于人民的范围，都是拥护和参与社会主义建设的，作为社会主义的文艺，也应将其视为服务对象；即使一些曾经属于敌对阶级的人们，当其改变立场，站在人民一边之后，也应包容在人民的范围，否则不利于调动所有属于人民范畴的各阶层人士参与社会主义建设的积极性。

但是，历史走向了极端。在以阶级斗争为纲的主导下，极左思潮占了上风，民族资产阶级很快成为革命的对象，小资产阶级与知识分子很快也成为改造、团结的对象，只有工农兵才被视为社会主义革命与建设的生力军。在这样的形势下，社会主义文艺的服务对象只能是工农兵。政治路线的偏执导致文艺思想和路线的偏狭。此时的文艺家则处在十分尴尬的境地，他们大都属于知识分子，理应属于改造的范围，而同时文艺创作又要求他们必须创作出适应工农兵需要的作品来，于是大量知识分子无异于戴着镣铐舞蹈。他们中有的人，既在不断忏悔与批判自我，以求获得艰难改造后的解脱，又以其创作的作品，来竭力表现其改造的成果。而在20世纪60年代初期，当中国共产党有的领导人非常负责任地宣布我国知识分子大部分已经成为工人阶级的知识分子，并为他们脱帽、加冕时，曾经获得无数知识分子的欢呼，感激之情溢于言表。然而这一形势很快就发生巨大逆转，知识分子重新陷入万劫不复的境地。历史表明，当社会关系发生较大变化时，继续强调文艺为工农兵服务，极易为极"左"路线所利用，特别是在大抓阶级斗争的岁月，更是成为阶级斗争泛化和极端化的具体体现。

（二）应当充分尊重人民大众的文化权利，既包括人民大众享受文化的权利，同时也包括人民大众创造文化和选择文化的权利

真正的马克思主义者，应当尊重人民大众的文化权益，尊重大众接受艺术和选择艺术的自由，为社会提供丰富的精神产品，满足人民大众

不断增长的文化需求。作为艺术管理者，是否在文学艺术方面真正想到人民大众的需要，思考如何生产和创作人民大众喜爱的作品，还是把人民大众仅仅当作教化的对象，这是考察人们是否真正坚持文艺为人民服务的重要标志。历史反复告诫人们，对艺术活动的掌控与管理，不仅要有历史使命和时代责任感，还应具有大众意识、人本意识，真正懂得人民大众的审美文化需求，包括娱乐性文化需求，为大众创作和提供优秀的精神产品。同时，需要时时把握社会文化建设的正确方向，积极引导大众，鼓励大众参与科学与健康的文化活动，逐步提升大众的审美文化水平。作为科学的管理，对大众的文化取向只能引导，不能强行扭转，这正是对大众文化权益的保护和尊重。

近年来，一些人在强调文艺为工农兵服务时，其服务的理念也是不准确的。他们认为，为人民大众服务，就要将文艺活动及其作品层次的定位降低到缺少文化知识的工农兵的水平；要直接和充分反映工农兵的生活；要大量使用工农兵习惯的语言；要对大众以教化为主旨；等等。其实，这些理解都是有偏颇的。

首先，文艺为人民服务，当然要适应大众的审美水准和文化素质，不宜过分强调其典雅而脱离大众的接受能力。但也不可一味地降低文艺活动及其作品的艺术水准，使之仅仅与人民大众的审美水准持平甚至更低，如此做，就失去了提升人民大众审美文化素质的意义。只有一方面倡导典雅艺术与通俗艺术的并存，同时把握即使是通俗艺术，也要适度高于一般大众的审美水平，为不断提升大众的审美素质奠定基础，才不失为正确的做法。

其次，对文化活动与作品价值的判定，不宜以是否表现了工农兵的生活为主要标准。在20世纪30年代以前，鲜有以工人农民为题材的文艺作品，此时强调让工农兵的形象登上舞台，是十分必要的。但在艺术发展史上，具有人民性的艺术作品未必一定是以工农形象为主体的。有许多不直接表现工农兵的题材，但只要符合人民大众的意愿，有利于人民大众的身心健康，深刻地表现了社会发展的规律，有利于人民大众审美文化素质的提升，同样应属于人民性的范围。同时不应将表现工农兵与表现其他阶层的人民分离开来，其实有很多题材，特别是重大题材，各阶层人士的形象都是交织在一起的。古典名著《红楼梦》并不以下层草根形象为主要表现对象，其写作动机也未必是为工农兵服务，但它由于充满着批判与进取精神，无愧为最伟大的文学作品，同样为大多数人民群众所喜爱。齐白石是诸多国家领导人最欣赏的画家之一，他的画主要表现自然风物与人的闲情雅趣，未必想过哪些人为主要服务对象，但可以给人们带来愉悦，因而也是为全体人民的。为谁服务，主要体现为内容是否积极健康，以及其是否具有思想的启示和深邃的意蕴。凡是人民大众喜爱的题材和生活，均应在倡导与表现的范围之中。

再次，为人民大众所喜爱的文艺作品，其语言也未必一定是工农兵生活中的语言。人类语言是由低级向高级不断发展的，作为文艺作品中的语言，既来自于生活，又经过艺术家的加工和提炼，使之获得审美的提升。即使是工农兵的语言也是如此。那些为人民大众喜闻乐见的语言一方面保持着生活的底蕴和魅力，另一方面又在艺术家的创作中获得新生，洋溢着鲜活的气息。事实表明，只有那些经过精心创造和提炼的人民大众的生活语言，才可以进入艺术作品之中，为大众所欢迎，而一些尚停留在较粗糙较原始层面的生活语言，还有待于整理加工与提高，不应成为艺术作品的语言。

最后，尊重人民大众文化艺术的需求，就应准确把握审美娱乐与教化的关系。文艺当然具有教化大众的功能，但是，应当依据寓教于乐的理念，将教化的意旨融入审美和娱乐活动之中，而不是通过强行的灌输的方式来实现。对审美和娱乐需求的恒久性，是大众艺术活动客观规律使然。强调艺术活动及其作品娱乐性、审美性和思想性、认知性的结合，是对艺术活动基本规律的遵循。尊重艺术，尊重大众的文化权益，就应创造性地为大众提供优质的审美娱乐性产品。当然，娱乐化不是精神淡化，不是庸俗化和游戏化，不应降低自身的创造性活动的层次，不应将娱乐内涵的表现成为对某些群众低层次精神需求的趋同。艺术家在其创作上，应时时考量其作品的精神含量与审美含量的高下与多寡，同时又要充分满足人民大众多样文化的要求，包括满足民众的娱乐化要求。应将艺术作品的娱乐性、审美性、思想性有机融合，重视各种特性的独立价值以及相容性。在其功能实现上，应将娱乐与教化相融合，而不是对立，对立的结果只能导致大众对具有丰富精神意蕴的作品更加隔膜。

总之，在真正大众化的艺术活动中，同样具有丰富的和较高层次的审美追求。将娱乐性与审美性，以及与思想、认知特性有机结合，是艺术家科学理念与审美价值的体现。

第三节 "双百"方针：繁荣文化
创作的必由之路

在当代中国马克思主义者的长期努力下，确立了以"百花齐放、百家争鸣"为主导的发展文化艺术与科学的总方针。迄今，无论人们还存在何种不同的理解，"双百"方针确已成为引导当代社会文化艺术建设与发展的指路明灯。"双百"方针的确立和坚守，是对中国特色社会主义文艺发展道路的积极探索，也是对马克思主义中国化的重要贡献。坚持"双百"方针，实质就是对艺术本质规律和特性的遵循，对艺术家创作和劳动的尊重，以及对人民大众文化权益的尊重。坚定不移地贯彻执行"双百"方针，使之成为长期与稳定的总政策，在文化艺术的建设与发展中发挥坚实的保障和促进作用，应成为所有艺术活动的领导者、管理者的自觉意识和行动准则。

一 "双百"方针与艺术发展规律的契合

建设与发展当代中国文化艺术，必须遵循文化艺术活动与创作的本质规律与特性，"双百"方针的确立，正是对这一规律的充分尊重与恪守。文化艺术的规律与特性既是复杂的，也是客观的，对"双百"方针的认识，应从对文化艺术的基本规律和特性的深入认知与理解切入。仅从艺术的多样性与多功能性来认识，即可看到"双百"方针与艺术内在规律的契合及统一。

（一）艺术的多样性

马克思在反对普鲁士书报检查令时说：你们赞美大自然令人赏心悦目的千姿百态和无穷无尽的丰富宝藏，你们并不要求玫瑰花散发出和紫罗兰一样的芳香，但你们为什么却要求世界上最丰富的东西——精神只能有一种存在形式呢？我是一个幽默的人，可是法律却命令我用严肃的笔调。我是一个豪放不羁的人，可是法律却指定我用谦逊的风格。一片灰色就是这种自由许可的唯一色彩。每一滴露水在太阳的照耀下都闪耀着无穷无尽的色彩。但是精神的太阳，无论它照耀着多少个体，无论它照耀着什么事物，却只准产生一种色彩，就是官方的色彩!① 马克思的论述深刻地告诉人们，艺术是多样的而不是单一的，是丰富多彩的而不是风格单调的。艺术的多样性既表现为不同地域、不同国家、不同民族的差异，也呈现出不同层次的差异。

作为不同地域的艺术，艺术活动及其作品创制充分表现了该地域或民族的历史文化、社会习俗，及其人民大众的审美趣味和习惯，是在人民大众长期的创造艺术和享受艺术的基础上逐步发展和衍变的。由于各地社会历史的沿革不同，地理条件、自然风貌不同，人们的生活习惯、人际交往的方式不同，所以，艺术存在多姿多彩的景观不仅是正常的，而且也是必然的。

即使是在世界逐步走向经济一体化的当代，人们看到艺术在迅捷的传播与交流进程中已经出现趋同的现象，甚至在一些领域出现同质化的特征，但是，从总体来看，艺术的发展并未随着世界经济一体化的进程而出现某些民族艺术迅速消解的现象。这一方面是由于艺术内在的规律使然，艺术活动内在的民族性地域性特征，不会随着经济一体化的进程而较快发生变化。同时，各民族艺术内在地具有强大的再生性特征。一些艺术样式与市场的流行的时尚的艺术出现了交融，但是，其内在的艺术特质仍会继续驱使其朝着既定的方向前行，顽强地表现出自身的生命力，仍会源源不断地生成表现了本民族艺术特质的因素，长期和持续支撑着民族艺术的存在。

当然，在一体化的进程中，不可避免地会出现民族艺术受到损伤的现象。越是这样，就越是应当倡导艺术的多样性，充分鼓励民族和地域艺术的竞相发展。

在另一个层面上，即表现为艺术的层次的差别。艺术活动及其作品创制，自有艺术以来，便表现出层次的差别，即通常表现出高雅与通俗之分。

（二）艺术的多功能性

众所周知，艺术的功能是多样的，人们的认识也是多样的，然而从总体来看，尽管人们的表述不一致，但大体都是围绕艺术的思想性、审

---

① 马克思：《评普鲁士最近的书报检查令》，《马克思恩格斯全集》第 1 卷，人民出版社 1995 年版，第 111 页。

美性、娱乐性等特性来阐释的，较多学者比较认同将其基本功能简约地概括为审美功能、认识功能、教育功能与娱乐功能等。在艺术活动中，思想性、审美性、娱乐性等因素既具有各自的价值与作用，同时又密不可分，亦即各种因素常常融为一体，呈现出艺术的多样性，又以其综合的态势发挥作用。

作为艺术活动最基本的因素是娱乐性因素，旨在满足人们生理性感官性需求，达到愉悦的目的。但艺术活动与作品又不能仅仅满足于人的愉悦，而要提升到更高层次，满足人们更高的精神层面的需求。比如，审美层次的需求、思想与认知层次的需求等，这就需要在具有了娱乐性因素的基础上，较多融入审美因素，以及思想性因素。其实，各个层次的艺术需求是很难截然分开的，常常相互交融，这就导致娱乐性、审美性和思想性等因素都不会单一地发挥作用，而是你中有我、我中有你。在娱乐性活动中，往往已经有一定的审美的和思想认知因素融会其间，而在倾向于审美的活动或思想教化性活动及其作品中，也必然拥有一定的娱乐性因素，否则，就难以构成为艺术活动或作品。在一般艺术活动中，偏于纯粹的审美因素多一些，即为审美性或艺术性作品；偏于感官性、生理愉悦性的因素多一些，即为娱乐性作品；而偏于精神的和认知的因素多一些，则为教化性作品。当然，也有不少作品将几种因素有机地熔为一炉，通常会呈现出更为丰厚的内涵，成为优秀的和比较优秀的作品，为更广泛的受众所欢迎。作为艺术家，在艺术活动与创作中应当努力做到上述三种特性的统一。

艺术从来也不可能脱离思想性和精神性，以及其他相关特性，例如，伦理的、人际交流的、自我净化的特性与功能。但是，上述功能的实现，不应将其置于与娱乐特性及其功能相分离、相割裂的地位，即使在教化性的艺术作品中，也应予以娱乐特性足够的分量，以使此类作品获得更多大众的欣赏。反之，纯而又纯的说教性作品，最终将成为政治的附庸而为大众所厌弃。任何时代的艺术活动，人们总是将娱乐性放在基础的位置。人们观赏艺术作品的基本目的首先不是接受教育，而是娱乐，这是一个基本常识。当然，艺术的认知与教育的功能也是十分强大的，但这些一般都须在与审美和娱乐的结合中解决和完成。孤立地突出作品的教化性，其效果往往相反。

人们常常在艺术活动及其作品中体现出丰富的思想性因素，赋予其认知与教化功能，并将"寓教于乐"的观念赋予艺术。许多人能够比较明智地看到艺术的娱乐性作用，借娱乐为教化的前导，将其看作达到教化的一定中介和过程。但有些人并没有把娱乐看作是艺术的基本构成，更没有将其视作艺术的本体功能之一。还有人理解为，"教"是基本的和最重要的，"乐"是次要的，是辅助于"教"的。以此为理念，所有艺术样式都将逐渐成为政治宣传与教化大众的工具。其间问题的关键在于是否承认娱乐性是艺术的本质特性之一，应当说，这是长期影响艺术创作质量提升的重要问题之一。

确认娱乐性是艺术的本质特性之一，是指它一方面可以作为艺术活动的基础，为艺术活动更高目标的实现发挥作用；同时也表明，艺术的娱乐特性有时也可以独立地显现其价值。在艺术活动中，审美性与娱乐性通常不可分开，两者常常综合地发挥作用，使之具有了审美和娱乐的双重意义。艺术的审美性正是在娱乐性的基础之上，经过精神性提升而实现的。审美离不开娱乐，完全失去了娱乐的审美活动不再具有审美的意义；而失去审美意蕴、单纯的娱乐也不是艺术，充其量只是具有一定审美因素的娱乐化活动。审美具有较高的精神含量与理性成分，单纯的娱乐只是处于审美活动的较低层次。在艺术活动与作品中，娱乐性因素一般都与审美因素紧紧交融在一起，其层次的区别，往往体现于其间是娱乐性元素多一些，还是审美性元素多一些。

正是由于艺术活动内在多功能的体现，促使艺术活动的价值得以充分拓展，显现出对人的自由发展的积极作用与意义。"双百"方针的丰富内涵，正是这一意义的深层彰显。

二　"双百"方针是艺术民主的高度体现

在文化艺术领域倡导与发扬民主，是繁荣文化艺术的必由之路和基本保证。艺术民主，即在文化艺术领域创建公平、公正的氛围和环境，对艺术创作坚持平等、自由的原则，对艺术家的创作活动予以充分的尊重与保障。这不仅是"双百"方针的本质所在，也是人类文化史上所有民族和国家发展文化艺术必须坚守的准则。

（一）坚持艺术民主，应以马克思主义为指导，划清社会主义民主与西方民主的界限

在我国，马克思主义是国家的主导思想，是应当坚守的理论基石。"双百"方针的确立，实质就在于要承认和坚持艺术创作的自由，它既

符合艺术创作的基本规律，同时也符合马克思主义一贯倡导的人的自由发展的基本思想。当然，任何自由都是相对的，人类社会从来也没有绝对的自由，在任何国家也没有绝对的自由，凡是危害其国家安全和民族统一，以及对他人进行人身攻击和伤害的文艺作品，均会遭到禁止和封杀，不允许此类作品肆意传播。这不仅在中国，而且在世界各国均是如此。由于中国既有的国情和社会形态，在中国业已建立和不断完善的社会主义民主不等同于西方的民主，任何有害于社会主义制度的艺术活动及其作品，同样也是不能得到允许的。

（二）坚持艺术民主，应当区别艺术创作与理论研究的不同点，对艺术创作予以更多的理解

其一，作为理论阐述，是以逻辑的形式和理论推理阐述科学真理，文艺表达的内容可以与政治和意识形态相关联，也可以不直接表现政治内涵，例如，那些表现了具有人类普遍性的精神与情感，如人类之爱、人情与人性等内涵的作品，同样是社会大众所需要的，也应成为文化艺术创作的必要内容。

其二，文艺的表述方式与方法也与理论表述不同。理论家对理论范畴的研究采取逻辑的方式，遵循从概念到概念的推理与演绎的路径。以文艺作品表现富有政治性的内容以及科学真理，也是可行的，但是更多的文艺作品并非旨在表现科学理论，而是重在表达人类的丰富情感和具有多重精神取向的形象体系。

其三，理论研究与艺术创作的最后成果也不同，理论研究最终得出的成果是以概念表述为结论的理论成果，具有清晰性、明确性、科学性，而艺术创作的最终结果则为审美的形象、意象或意境，具有或然性、含蓄性、朦胧性。因此，以理论研究的方式指导艺术创作是不合适的，不能要求艺术创作均要表达明确的思想意图和清晰的理论思索。如此一来，艺术就会像马克思所指出的那样，成为"时代精神的单纯的传声筒"。①

（三）坚持艺术民主，应当充分尊重艺术家及其艺术创作

全社会均应形成这样的共识，尊重和爱护艺术家，尊重艺术家的人

① 《马克思致斐·拉萨尔》，《马克思恩格斯选集》第4卷，人民出版社1995年版，第555页。

格及其创造性劳动，保障艺术家的创作自由，同时又要帮助和引导艺术家确立科学的价值观与艺术观。这是繁荣艺术创作、实现百花齐放的必备条件。

尊重和爱护艺术家，就要清醒地看到，艺术家及其一切文化艺术产品的生产者都是精神产品的创造者，是人类文化的重要推进和创新群体，这是一个在全社会中比较优秀的人才群体，他们的创意与创作活动，是推进文化建设与发展的关键，是不可或缺的人才群体。当代社会的激烈竞争，实质就是人才的竞争，其中最重要的便是对文化创意与创作人才的竞争。缺失了这些人才，无论兴建多少文化设置、投资多么巨大，其文化建设只能是虚浮的繁荣，其内在精神与内容层面的建树更是无从谈起。因此，在对待艺术创意者和艺术家方面，理应建立起充分的民主，为艺术的创意者和艺术家搭建充满和谐与自由气氛的平台，让他们能够心情舒畅地、充分地发挥自身的创造才能，不断创作出具有较高艺术价值与精神价值的艺术作品。

尊重和爱护艺术家，就要充分理解艺术家的创作特性与思维特点，甚或对他们工作中一些不合常规的特点也应予以较多的包容。由于艺术家的创作活动与常人多有不同，其思维特点多与想象和形象思维相伴，因此，对艺术家的创造性活动应多予理解，尊重他们的工作习性。甚至应看到，正是由于他们不同常人的思维与工作特点，可能是造就优秀艺术作品的基础和条件，反之，失去了这样的思维特性和灵感，也许再也不会有好的作品问世。因此，应当十分珍视艺术家的创造能力和想象能力，对他们的创作活动一方面给予充分的支持和保障，同时对他们的创作及其作品发表不加干涉，特别不应过多地以审查剧目或作品的名义横加指责。应当看到，多年来我国优秀的文化艺术创作人员的缺乏，尤其在舞台艺术方面优秀创作人才和艺术作品偏少，与过多的审查和干涉不无关系。一些作者由于感到创作缺乏应有的自主性，从而离开创作队伍，致使一些创作队伍青黄不接，难以为继。

（四）坚持艺术民主，应当正确认识艺术管理者的地位和作用，对艺术活动实施科学管理

艺术管理者，特别是高层管理者的权力是社会赋予的，必须在法治的基础上行使权力。管理者既要努力实施对艺术的管理，又要将自己置于法治的制约之下，不可逾越法治的规范。

当代文化艺术管理应当严格按照法律和政策办事，坚持依法治文，坚持科学管理。在当代，文化法治不断趋于完善和成熟，管理者应熟悉和认真恪守国家各项法律和法规，特别应清醒地看到，依法治文，既包括对不符合法律法规的人和事态予以制约，同时也包括对大量文化艺术从业者基本权益的保护，如此，才能够推进文化艺术的创新与走向繁荣；文化与艺术管理应当尊重经济规律和市场规律，面对大量文化艺术活动的运行，凡是能够和可以进入市场的，理应推向市场，使其在市场的大潮中经受磨砺，获得发展；文化与艺术管理还应更多运用舆论的和社会的力量，通过媒体与社会各界的工作，使更多文化艺术活动及其产品经受社会与大众的检验，在大量文化实践中辨析其优劣或高下。各级政府文化管理部门具有行使行政管理与干预的权利，但是，现代文化艺术管理对行政干预应当尽量减少，能够通过法律手段、经济手段和社会舆论方式解决的问题，就不轻易动用行政手段，即使是用行政的方式，也应将其置于法律的规范之下，而不是逾越法律规范随意而为。如此，方能保障艺术民主的实现与健康发展。

尊重艺术规律，就应充分认识艺术在社会结构中的地位与作用。无论何时，艺术均应与社会政治、经济、文化等保持十分紧密的联系，服务于社会的发展。同时，又应保持艺术相对的独立性，遵循艺术的内在规律，使艺术活动与艺术建设在科学与规范的轨道上一步步走向更高层次。

三 坚持"双百"方针是对人民大众文化利益的保障

"双百"方针的丰富内涵还在于，应当充分尊重人民大众的文化权利，保障人民大众的文化权益。充分尊重和保障人民大众的文化利益，是"双百"方针的重要内涵。在现代社会，是否充分尊重人民大众基本的文化权益，是社会进步与文明的重要表征。人民大众的文化权益如同其在政治、经济、教育等方面的权益一样，是人们应当具有的基本权益之一，充分尊重这一权益，是对文明的追求，是对社会发展规律的遵循。在这一基础之上，人们的文化利益应当获得充分的保障。全社会不断增长和越来越高的文化追求，是人类发展与进取的表现，人民大众对艺术的多元和多层次的需求，正是其文化利益的本质体现。

（一）贯彻"双百"方针，就要坚持文化艺术面对人民大众，服务于大众，又要依靠大众，将大众的需求视为自身的发展目标

人民大众不仅是文化艺术的接受者，同时也是文化艺术的参与者和创造者。艺术生产不仅创造出大量的艺术产品，同时也创造出文化艺术的消费者，正是人民大众的参与和共同创新，促使文化艺术得到更快的发展。艺术生产决定艺术消费。艺术生产为艺术消费提供对象，艺术生产决定着艺术消费水平、艺术消费方式并为消费创造动力，没有艺术生产就没有艺术消费。同时，没有艺术消费也就没有艺术生产。消费是生产的目的和动力，消费为生产创造出新的劳动力，并提高劳动力的质量，提高劳动者的生产积极性与劳动生产率。正是在此意义上，消费也生产着生产。没有人民大众的广泛参与和创新，就不会带来文化艺术的迅捷发展。

尊重人民大众，就应以人民大众的文化需求视为文化艺术建设的第一目标，矢志不移地坚持为大众服务，这一原则应为所有文化艺术管理者以及艺术家所恪守。什么时候忘记了人民，什么时候就会使自己的创作偏移方向。为人民大众创作，就要懂得人民大众真正的艺术诉求是什么，而不是将一些低俗的、低层次的或是纯粹说教的内容强加给大众。大众对审美和娱乐的需求是恒久的和坚挺的。人们对艺术产品中审美和娱乐元素的选择和喜爱，是大众审美心理的本性使然，也是大众基本文化权益的体现，它不是任何人试图改变就可以做得到的。文化建设面对的是人民大众，大众所需求的艺术样式和形态是最具市场性的艺术。在当代，大众艺术呈现出重要的价值指向，表现出丰富与多元的内涵。大众文化或艺术除却应当体现出与大众紧密交融的特点之外，还应充分体现出与世界文化交流的特点，艺术活动的高科技特点，与产业和市场结合的特点，以及雅与俗的结合等特点。我国当代发展文化艺术的基本任务，就在于大力繁荣文化艺术，发展文化产业和公共文化服务，满足人民大众不断增长的精神与文化的需求。"双百"方针的实施，正是为创作与生产大量优秀的文化艺术产品提供坚实的保障。

尊重人民大众，就要在"双百"方针的指导下，努力提高文化艺术活动以及产品的总量和质量。在当下，我国文化艺术的发展现状，一方面存在文化艺术活动与产品总量不足的现象，同时也存在普遍质量不高的问题，这两个方面的问题均应引起高度重视。艺术繁荣的基本标

志，一则体现为艺术水准与品位的不断提升，同时也体现为艺术活动与产品总量的持续增长。在社会发展的每个时期，文化艺术的繁荣总是与艺术生产的总量相联系的。特别是在文化产业迅捷发展的态势下，文化艺术创作与生产的总量需要大幅度增长，以满足人民大众艺术需求的提升，以及各种文化媒体传播的需要。人民大众文化艺术需求的持续增长，必须有一定的总量来支撑，政府与社会各界应充分调动和激发艺术家及艺术企业的创新热情，激活艺术创造机制，加快生产更多优质的艺术产品。

艺术需要繁荣，更需要提升。艺术的不断提升意味着文化品位的提高，同时也标志着文化艺术形式与内涵的丰盈，以及自身品格的完美。艺术需要更广泛地走向大众，而非少数人的象牙之塔，同时艺术也需要提升，亦即无论是艺术的样式、表现形式，或者是艺术的内涵，均要不断获得嬗变与提升。其艺术形式的变化，即对艺术形式的表现样式、语言的丰富性与多样性的拓展，其艺术内涵的提升，是指对艺术产品的意义与精神含量的开掘，同时也是指对艺术作用于社会的多元指向性的把握。艺术的提升有多种标志和价值体现，例如，艺术活动及其形式的多样性体现，新的艺术形象与意境的创造，艺术内涵的不断深化，大众的普遍参与和社会的广泛关注等。正是基于质和量两个方面的建设，表现出社会管理主体对人民大众文化权益的充分尊重，以及大众文化利益的满足。

（二）贯彻"双百"方针，真正服务于人民，还要警惕和抵制庸俗与低俗文化思潮的泛滥，这同样是艺术创新和为人民大众服务的基本准则

在当代大力发展文化产业与公共文化服务的形势下，势必出现某些一味追逐经济利益而放弃艺术精神追求的现象，使庸俗和低俗文化活动与产品沉渣泛起。作为社会主义文化建设的基本目标，一方面必须全力发展文化产业，繁荣文艺创作；另一方面又要警惕由此可能产生的低俗文化的影响，这是文化建设中同样不可回避的问题。一些与大众需求相衔接的文化活动及其作品偏离高雅，接近通俗，正是其具有的通俗化特质的表现。通俗化易于为大众所接受，低俗则是对大众精神的损害。但通俗与低俗并非泾渭分明，其中一些表现元素相互交融，呈现为复杂的景象。以低级趣味迎合某些观众的需求，谋求更大的经济利益，是丧失

艺术家基本品格的表现，同时也是与"双百"方针背道而驰的。在一般市场经济与商品的社会形态下，艺术产品既具有教化的审美的和愉悦的价值，同时也具有经济价值，经济利益的驱使会使一些艺术家丧失基本的人格操守与精神底线，在百花齐放的繁荣景象中渗入一些不和谐的因素，扭曲文化建设与发展的方向，危害人民大众的精神生活，这是令所有文化艺术的从业者必须高度警惕的。

第四节　主旋律与多样化的价值取向

主旋律与多样化的提出，始于 20 世纪 80 年代，但真正为人们所认识，是在 20 世纪 90 年代初期。党中央吸纳和概括了各方面的研究成果，提出了"弘扬主旋律，提倡多样化"的基本方针。20 余年来，党和政府在各种重要的会议上反复强调这一方针，同时将此与"二为"方向、"双百"方针相并提，成为我国发展文化艺术的重要指针。在今天，认真研究这一方针，对深化建设中国特色社会主义文艺，具有十分现实的意义。

一　弘扬主旋律、提倡多样化是对"二为"方向与"双百"方针的拓展

作为主旋律的称谓，来自音乐学，是指多声部演唱或演奏的音乐中，一个主要的声部所演唱或演奏的曲调。在一个较大型的乐章中，应有一种主导性的曲调作为引领整体乐章的基本旋律，但仅有这一旋律还不够，还应同时辅之以丰富的、与主旋律密切协同的乐曲，形成对主旋律基础上的整体乐章的延展与补充。

将主旋律的概念引入文化艺术领域，可以看出，主旋律是一个国家整体文化艺术的主要旋律和具有主导性引领性的曲调或旋律，体现了执政党为了国家发展和保障人民大众根本利益，在意识形态领域做出的不懈努力。作为一个国家或民族，如果没有一个具有主导性的思想或意识形态，作为国家众多领域、众多文化艺术样式和无数从事文化艺术活动的人们就会失去一个主要的方向与目标，同时也会失去一种具有凝聚力和号召力的精神航标，尤其是在中国这样一个拥有 13 亿人口之多的大国，就会出现思想与意识形态的混乱，进而影响到国家政治经济等各方面的建设。因此，重视国家意识形态的掌控，就必须高扬一种能够充分体现全体人民的意志与利益、能够凝聚绝大部分公民的精神力量，并使之充分融入各种形式的文化艺术活动之中，成为人民大众共同认可与向往的目标，以及共同遵循的准则。而这种具有主旋律意义的精神，即可理解为中国特色社会主义文化的核心价值理念。

历史的经验教训深刻地告诉我们，一个国家如果仅仅具有一种思想一种理念同样是危险的，特别是作为文化艺术，本体就具有丰富的充满个性化的特色，艺术活动及其作品不仅与一定的思想和意识形态相联系，同时更与社会各种具有审美意义的活动息息相关；它不仅凝结着民族的意志与传统精神，同时积淀着丰厚的民族审美意识和习俗；艺术活动不仅是人民大众赖以认知自然与社会、从事审美教育的重要方式，还是人民大众融入娱乐氛围、获得审美愉悦的重要途径；艺术作品不仅凝结着民族的精神与传统的伦理道德观念，同样也积淀人民大众丰富的审美意识和审美创造精神。概言之，人类从事艺术活动的样式和方式本身就是多样的。

从文化艺术活动特别是艺术活动本体来看，艺术活动具有一定的朦胧性与含蓄性，它不像一般人文科学那样拥有清晰的理念及其理论范畴。从事艺术活动的初衷更多是为了满足人们愉悦的或审美的需求，而不是首先为了教育大众；艺术活动主要依靠人们的形象思维和意象思维，而不是主要依赖逻辑思维；艺术创造的进程更多是源于人们审美创新意识推动下的对审美意象的创造，而不是对理论概念或范畴的创新；艺术活动的终极目标是创造具有丰富审美内涵的艺术意象艺术形象，或者艺术的典型与意境，而不是理论的概念。因此，文化艺术活动及其作品的丰富性和特殊性要求人们，不应以看待一般社会创新活动的方式与方法看待文化艺术，不应要求艺术活动都要因循一个模式和路径，不应要求艺术创新都要秉承一种统一的理念，不应要求艺术家都要具有同一种风格，更不应期望艺术作品都要具有同一种审美色彩，而是应当充分注重其独具的个性化特色。但是又应看到，这种五彩缤纷的具有鲜明个性化特征的文化艺术活动及其作品，即使个性特征如何突出，也必须与体现了时代精神的主旋律相吻合、相联结，而不是游离于国家与民族的利益和价值理想之外。

基于此，不难看到，在文化艺术领域，不仅要坚持具有丰富的进步的体现了民族意志和时代精神的理念或价值观，亦即弘扬主旋律，同时还要充分尊重文化艺术发展的基本规律和特点，积极倡导多种文化艺术的活动方式和创作方法，创造出大量的具有民族意识和时代精神，又充分体现出多样风格与特色的文化艺术产品来。

弘扬主旋律，提倡多样化，与"二为"方向、"双百"方针有着密切的联系，其实质是完全一致的。弘扬主旋律，是对文艺为社会主义服务、为人民服务这一基本方向的强调和保证；提倡多样化，是对百花齐放、百家争鸣实施路径的具体阐释。可以说，弘扬主旋律，提倡多样化的提出，是在新的时期对"二为"方向与"双百"方针内涵的拓展，以及对其当代特色的深化性探索。

21世纪以来，党中央进一步提出了贴近群众、贴近实际、贴近生活的"三贴近"的方针，提出艺术作品应突出其思想性、艺术性和观赏性，把群众喜欢不喜欢、满意不满意、接受不接受、认可不认可作为评价作品的根本标准。这些思想的提出，是对长期以来党领导下进行的社会主义文艺的评价标准的深刻提炼和总结。就艺术创作而言，其思想性、艺术性、观赏性既是不可分割的，在不同的作品中又有所侧重。"三性统一"应成为优秀作品的基本要求，但又可以依据自身作品类型与特色的不同，适当有所侧重，即主旋律艺术可以偏于思想性的表述，审美艺术可以偏于审美的艺术元素的呈示，商业性艺术可以偏于娱乐化元素的展现。只有既倡导主旋律艺术的主导作用，同时鼓励不同艺术样式的呈现，方可在整体艺术领域实现主旋律与多样性的有机结合。没有主旋律，国家就会丧失对文化艺术活动的主导和管理的责任；没有多样化，就会重蹈历史上一花独放、市场凋敝的窘况，无法满足人民大众在文化艺术方面不断增长的需求。

二　弘扬主旋律、提倡多样化的基本内涵与表现形态

弘扬主旋律，具有丰富的内容。特别是在当代，弘扬主旋律不应是具有意识形态主流地位的文化艺术活动及其作品的一花独放，也不应是使该类艺术作品游离于其他艺术作品之外、与多样化艺术作品的格格不入，而是两者的长期共存，以及相互融合与影响。

基于弘扬主旋律，提倡多样化的思考，应当认同文化艺术活动及其作品的多层次化。亦即可以将文化艺术活动及其作品分为主旋律艺术、美的艺术、娱乐性艺术。主旋律艺术，即侧重于高扬时代精神，对人民大众主要进行教育与认知的艺术；美的艺术是指具有丰富审美元素的艺术活动及作品，又常常和典雅艺术相联系；娱乐性艺术主要突出其娱乐化特色，其娱乐化元素多于其他艺术样式。事实上，当今社会早已客观地存在着艺术层次分野的现象，直面这一现象，有助于文化艺术建设基本方针的贯彻与实行。

在当下，上述三个层次的艺术样式都有较大的发展潜力，同时也有可以提升的空间。三类艺术样式并不是可以孤立地发展的，其分野是相对的，不仅不能截然分离，而且可以你中有我、我中有你，其特色可以互融，其优势可以互补。

作为主旋律艺术，应当准确把握艺术活动与创作的思想导向，高扬时代精神，以表现具有当代风貌的社会生活为主体，以展现代表了历史进步趋向的文化意识和民族精神为主旨，以塑造洋溢着时代精神的人物形象为主要目标。在主旋律类艺术作品创作中，应当旗帜鲜明地表现中国气派、中国特色的时代生活和充溢着积极健康价值倾向的人物形象及思想情感，不仅要把表现当代生活和当代人物放在首位，同时也要注重表现那些在中国现代革命历史上为民族独立人民解放而浴血奋战英勇牺牲的英模形象，使之在当代民族复兴和建设中国特色社会主义千秋大业中发挥主导的和引领的作用。

为了使主旋律艺术创作更加具有审美的感染力和丰富的情趣，就应从美的艺术中汲取丰富的审美元素，使之获得更充分的审美意蕴，增进其审美感染力，还要从娱乐化艺术中获取适度的娱乐性元素，使其在不影响主体精神表现的同时，增进其愉悦特色。这样做，首先在于提升其审美品位，使其实现积极健康的精神内涵与审美特性的融合，同时还在于通过娱乐化元素的渗入，增进其对人的亲和力，得到更多人们的喜爱。

主旋律艺术对审美元素汲取表现在各个方面。在情节演绎上，应当积极探索当代叙事模式和技巧，适时采用多元叙事方式，追求情节的复杂性和丰富性，以出人意料和扣人心弦的故事来弥补事件的单薄，通过制造疑点和悬念，提高其艺术性与感染力；在人物塑造上，应当注重人物形象的丰富性和复杂性格的表现，既要善于进入人物的内心世界及其情感层面，予以深度的呈现，又需在作品中隐去明显的说教意图，更多采用形象的力量和事实说话，还应注重人物性格的延展，赋予其合理的转变基础；在情感表现上，应注重人物情感的个性化表现，并对不同层次、不同阶级、不同民族的情感表现，做出客观与真实的价值判定，突出其正面导引的作用。

主旋律艺术也需要增强娱乐化元素，即在不影响人物基本形象、不损害事件客观真实与本质特性的前提下，不失时机地添加一些具有浓郁娱乐化色彩的表现，如细节的勾勒、语言的生动、色彩与声音的变化等。由此，人们对娱乐元素的喜爱同样可以在主旋律艺术中得到体现，使两者获得有机的交融。

作为美的艺术，是指具有较高艺术与审美特质的艺术活动及作品，其作品往往可以代表民族艺术创作的突出成果和最高成就，有的可以成为代表民族优秀艺术的典范，成为可以传世的经典艺术。然而，由于该类艺术的精神内涵的深度及其形式因素的繁复，可能造成曲高和寡的现象。因此，作为美的艺术，一方面，依然要恪守积极健康与富有民族优秀文化精神的价值观，从主旋律艺术中获取更多的精神素养；另一方面，也应从娱乐化艺术中适度汲取娱乐性特性，以使自身得到更多大众的欢迎。

美的艺术侧重于艺术的审美的追求以及个人化精神理念的书写和情感的抒发，其娱乐性色彩比较淡薄，因而可能较难获得大众的理解，这样的作品一方面应当促使其思想和精神理念趋向于大众和社会的认同，另一方面则在作品中增加一定的娱乐性元素，使其成为大众喜爱的作品。

由于艺术活动领域纷繁复杂的态势，致使人们常常对美的艺术赋予其他方面意义。例如，人们习惯于将那些致力于表现个人情感与艺术追求的、与市场及商业艺术格格不入的作品称为美的艺术，或纯艺术。它们既远离主流精神因素，又排斥娱乐元素，而将突出审美元素极端化，或者强调唯美的表现，摒弃其他形式的表现；或者将一些审美表现予以反向推演，走向与大众审美意识的隔膜甚至丑陋；或者强调极具个人主义的精神表达，与社会主流意识格格不入。这些倾向体现出一些人在追求纯艺术中所出现的误区。

作为娱乐化艺术，其宗旨主要在于满足人民大众基本的娱乐性文化需求，此类艺术往往由于其较为薄弱的精神含量，以及较少的审美意蕴，使该类艺术常常失之于浅薄，甚至当其偏于通俗的风格时常与某些低俗的现象区别不清，遭到人们较多的诟病。因此，娱乐化艺术理应向主旋律艺术吸取一定的精神性因素，使该类艺术同样具有一定传承民族精神与担当时代使命的意义；与此同时，还应从美的艺术中汲取更多审美元素，使自身脱离浅薄与俗气，增进美的力度。其实，娱乐元素与审美元素并不是截然分离的，一定的娱乐元素经过提炼，便可上升为审美元素。一切审美元素均源于娱乐活动，是在维系一定愉悦身心功能基础上的不断提升。

娱乐性艺术，是指突出娱乐性色彩，并以此获取最大经济效益的艺术制作，一般与商业性艺术相吻合。该类艺术通常在不违背国家法律和社会价值观的前提下，尽可能地增添其娱乐性元素，使其得到更多观众的喜爱。一般来说，这样的艺术作品往往缺失思想和精神因素，偏离于宏大与厚重的主题，使其精神价值显得浅薄，虽然可以取得商业的较大收益，但是难以在其精神价值方面获得更大的效应。同时由于其对一般大众审美层次的刻意迎合，因而往往在其艺术内涵及其手法、技巧等方面的审美追求也不够，更多融入了满足人们愉悦的和快感的元素，而在满足人们精神与审美性需求方面显得不足。但在当代，也有更多艺术家在制作娱乐性艺术作品时，尝试融入较为厚重的精神内涵与丰富的审美色彩，使其获得精神价值的提升和审美价值的显现，这样，就由偏于娱乐或商业品位而导向审美价值以及精神含量的增强，甚至可以走向美的艺术或主旋律艺术。

但是，各种艺术层次的互补并不意味着它们的趋同，而是指它们可以在保持自身特点的基础上，融入其他方面的因素，使自身获得更大的发展。反之，就会失去多样化的意义。在艺术活动的大千世界中，凡是不违背社会法律、人性和伦理道德等方面的艺术创作，即使不是重在表现当代社会积极向上的时代精神，而是旨在表现人们健康的娱乐和休闲的生活情趣，也都应在容许的范围。至于一些以表现大众娱乐情趣为主体，或多或少渗入一些低俗和庸俗成分的艺术创作或表现，则应予以批评，要求他们改正不良倾向，为人民大众提供更为健康的精神食粮。

在文化建设的整体格局中，主旋律艺术始终是十分重要的和必需的，应当加以精心制作。而在某些主旋律艺术的制作中，或者由于创作者的原因，或是由于作品题材的局限，若要使其完全实现精神性与审美性、娱乐性的完美结合也是相当困难的。比如一些宣传英模人物的作品，必须符合人物的基本样态与事件真实，不能乱加改动。如果执意加大娱乐性元素，致使人物偏离生活真实性，就会出现负面效应，不仅背离主旋律艺术的基本原则，同时也不符合艺术创作的基本规律。

无论是美的艺术，还是娱乐性艺术，均应在基本保持自身文化形态的同时，遵循艺术创作的基本原则和规范，一方面尽力追求主流艺术的价值取向，另一方面努力维系其多样化的样态；既要凸显其积极和健康的价值观念，又应致力于形式多样、色彩浓郁的形态呈现。

三　坚持主旋律与多样化的相辅相成、有机统一

弘扬主旋律，就要大力提倡社会主义的价值观，坚持在文化艺术活动中使主旋律艺术居于重要的位置，突出其精神方面的主导性。同时又要倡导多样化，鼓励更多不同风格与特色的文化艺术样式与产品的大量推出，以使社会主义的公共文化服务及文化市场获得极大的丰富。其间，科学与灵活地把握主旋律与多样化之间的关系是十分重要的。

事实上，在涉及具体艺术活动及其作品时，哪些属于主旋律作品，哪些不属于主旋律，从来都有不同的认识。有的从比较狭义的角度来理解，认为只有表现与当代社会生活相关、符合主流意识形态要求的题材，以及近现代以来无产阶级领导下的革命斗争史实及其先烈业绩，才属于主旋律作品；也有的从比较宽泛的角度来理解，认为只要具有积极健康的思想意识和价值追求，无论其题材表现与当代主流社会活动以及历史上的革命斗争是否直接相关，均应认定其为主旋律作品，诸如一些对历史传统中具有积极意义的事件及其人物表现的艺术作品，也应包括在内。

对主旋律本身的认识，如同其本原意义的呈现那样，作为音乐艺术本身便具有一定的或然性和模糊性，其意义和内涵表现并非十分清晰，同时与具有协同性的其他声部的音乐旋律之间也并非有着截然的不同，其间既有差异，又有密切的关联，正是这种既有差异又有联系的呈现，表现出十分丰富多样同时又具有整体性的交响。以主旋律和多样化来指称文化艺术活动及其作品，既具有科学的规定性，又具有形象的比喻性。在浩如烟海的艺术作品中，有的具有典型的主旋律特征，也有大量作品不具备主旋律特征，可以放在多样化的层次上来把握。而在两者之间，又确实存在一些既具有积极健康的表现意义，但又不直接表现当代社会生活及其主流意识形态精神的艺术作品，它们介于主旋律与非主旋

律之间，但又同样承担着高扬民族优秀文化、提升人民大众审美文化素质的历史使命。这类作品的存在不仅是正常的，而且是十分客观的。对这些活动与作品的认识，也应予以积极和充分的肯定，加以鼓励和扶持。这种现象在艺术活动中的表现是多方面的。

就思想内涵来讲，主旋律作品一般重在表现社会主义的价值观念，以及具有时代内涵的人文精神和充满爱国主义的思想情操；而在更宽泛的意义上，那些重在表现民族优秀历史文化传统的作品，虽然不称作主旋律作品，但由于其以弘扬优秀民族文化与民族精神为主旨，产生了巨大的社会影响，也应予以支持和倡导。

就题材来讲，主旋律作品重在表现当代社会积极健康的生活情景、社会主义伦理道德，以及新民主主义革命和社会主义建设时期的历史篇章，而对那些虽然不是中国共产党领导，但是反映了近代以来中华民族在争取民族独立进程中各阶层人士可歌可泣的斗争历史的作品，以及那些并非表现宏大叙事与主流精神，但却从人们平凡生活中体现了乐观向上的思想情操的作品，也应予以鼓励。

就体裁来讲，由于主旋律艺术重在对艺术作品精神层面的要求，因此，主旋律艺术的理念，更多体现于叙事性的或者再现的艺术样式之中，而对一些非叙事性的艺术样式，则难以用主旋律的标准来界定。所以，对主旋律的表达并非在所有的艺术样式中均可成立。在美术创作中，不表现具体社会内容的山水画花鸟画很难使用主旋律的概念加以界定；音乐艺术中的纯音乐或无标题音乐，也难以用主旋律的标准来评述；而在设计艺术中，那些没有具体思想和精神内涵的设计作品很难指称其是否属于主旋律；一些舞蹈、抒情诗等类体裁的艺术作品同样也难以用主旋律的概念来权衡。对上述艺术形态或体裁，要求其同样具有积极健康的思想情操和价值取向，是应当的，但如果用是否符合主旋律的要求来评价所有的艺术活动及其作品，对一些写意或表情类艺术活动及其作品生硬地做出是否符合主旋律的要求，则是盲目的，势必陷入庸俗社会学的窠臼。

据此，人们很难将异常丰富又十分复杂的艺术世界用一个简单的刻板的方式加以规定，判定其属于什么，不属于什么，应当写什么，不应当写什么，这样做显然不符合艺术活动的基本规律。而在更广阔的属于跨界或边缘的领域内，存在着十分丰富的可以表现的空间。其间重要的不是哪些可以写和不可以写，而是怎样去写才能够符合人民的要求、时代的要求、历史的要求。

主旋律与多样化，既不能互相取代，也不能互相压制，而是相辅相成，相得益彰。用主旋律压倒多样化，势必出现文化的单一和封闭；用多样化抵制主旋律，必然出现文化的无主流化和极端个性化的泛滥，导致艺术领域的混乱。因此，为实现艺术创作更为丰富的拓展，就要注重探索主旋律艺术的审美价值与其他艺术的融合与互补，强调主旋律和多样化的有机统一。对主旋律和多样化理论的多层面及多视角的理解就在于，充分权衡该作品在实现社会综合价值方面的利与弊，密切关注大众接受的欢迎或排斥，全面观察市场需求量的高与低。

在体裁上，既要重视传统的体裁样式，也应关注当代适应广大受众需求的体裁样式；在题材上，既要重视革命的和社会主义的当代题材，也应注重在此基础上适度延伸和与之相联系的更为广泛的题材；在内容上，既应强调在践行社会主义核心价值观体系方面的基本效应，也应重视与之密切相关的其他具有积极意义和进步倾向的思想内容的表现；在形式上，既应强调以传统的人民大众喜闻乐见的艺术形式为主体，同时也应注重不断融入具有更为新颖的、具有时代风尚的艺术形式；在格调上，既应强调具有高昂的进取的思想与情愫为主体，同时又应适度融入具有多样情愫体现但又不失为健康的艺术风格与情感的表达。由于主旋律作品较多选择与社会历史真实和人物真实直接相连的事件或人物的表现，因而在创作中必须遵循真实的原则。除却在一些细节和语言方面可以做出适当的加工与虚构外，在主要情节和人物基调等方面均不应进行虚构，这也为主旋律艺术创作中融入审美元素和娱乐元素带来了困难。

透视当下一些主旋律艺术的创作，虽然在其数量和艺术探索方面取得不少成绩，但以当代社会文化建设的目标与要求来权衡，其状况并不乐观。人们看到，一些主旋律艺术的表现实际停留在相当陈旧的水准和状态，其塑造人物的方式和方法仍具有浓重的"三突出"的痕迹，在思想内涵的表现往往直奔主题，迫使大众接受其说教，甚至有时扭曲人物的本质，失去了艺术真实。这种现象，一方面与为了强调主流意识形态，而忽略其艺术及其传播效能有关，同时，艺术家在创作中表现出急功近利的心态，由此而引发的不良效应更加令人担忧。此外，还由于某些艺术家的懒惰，常常以完成一项政治性任务为目的，而不是为了艺术的追求而潜心创作。正是由此，一些主旋律艺术创作的艺术质量难以提升，不仅影响市场和文化的繁荣，同时也影响到人们对党的文艺政策的认识，其效果与倡导主旋律的目标大相径庭。

产生以上状况有着深刻的历史和现实的原因。其一，极"左"的思想指导和理论思维的延续，致使一些人片面地认为，左比右好，只有这样，才是真正坚持党的基本路线和马克思主义。其二，狭隘地理解艺术的教育功能，认为对大众就是要坚持某种思想的灌输，否则就不会产生积极的教育作用。他们天然地把自己放在施教者的位置，居高临下地教诲大众。同时，还缺乏对艺术规律及其基本特性的认知，不理解艺术教育应当通过形象的力量及艺术意境表现出来，寓教于乐和潜移默化地作用于大众精神和心灵的提升。其三，长期以来，一些领导干部仍旧习惯于利用艺术的形式来表现自己的政绩，或者通过塑造本地某位英模人物而间接地表现自身的成就，充满了指令性和功利性气息，这样的创作也是很难获得良好艺术效应的。

与此同时，当下也存在对主旋律的怀疑和淡漠，甚至放弃对主旋律的坚守等不良倾向。有人将主旋律与多样化对立起来，认为主旋律是对多样化的束缚与掣肘，有意回避对中国社会主义核心价值观体系的高扬，而对西方价值观仰慕不已，甚至在创作中以西方价值标准和艺术标准作为主要尺度；有人将表现时代精神和当代社会风貌与继承传播优秀传统文化对立起来，或是借强调弘扬传统文化之机，而对表现当代社会生活不积极、不主动，或是混淆传统文化中优秀文化与劣质文化的界限，津津乐道于陈腐文化的表现；有人把艺术创作的自由绝对化，将创作的个性与社会性对立起来，认为艺术创作完全属于个性化行为，只要有人需求，就有创作和生产的必要，艺术家可以充分宣泄和释放个人情绪，而不必考虑社会反应和效果。

这些现象的滋生和蔓延同样具有深刻的社会根源。首先，改革开放和国门洞开势必带来世界各种思潮特别是西方发达国家价值观念与文艺思潮的涌入，30余年来在我国从来也没有停止过西方文化与中国文化的碰撞与交流，那些危及我国社会主义文化建设的西方价值观念和理论体系的侵入和蔓延，不可避免地影响到中国艺术家及其艺术活动的方方面面；其次，中国特色社会主义文化建设的理论与实践尚未成为艺术工作者的统一意志，某些人的犹疑、徘徊甚至背道而驰足可显现思想文化领域激浊扬清的长期性和艰巨性。

在当下，主旋律艺术应当成为当代文化艺术的精神主导，它体现为政策的主导、方向的主导，以及时代精神的主导。文化产业的发展，对主旋律艺术提出了严峻的挑战。市场主流艺术意味着应当具有较大的市场份额，以及大量的受众。主旋律艺术很难成为市场的主流，但并不排除某些主旋律作品进入市场并获得较高经济效益的可能，特别是当其融入大量审美性和娱乐性元素，使之获得人民大众的喜爱，成为具有较大市场号召力的艺术品，便可占据市场的重要位置。为了实现社会综合效益，应当明确这样的准则，在一切艺术活动中，积极倡导有益无害的作品，容许和控制少益无害的作品，批评和抵制少益有害的作品，而对那些无益有害、违反国家法规和社会伦理道德以及有损于国家形象和民族团结的作品，是在任何情况下也不能容忍的。

正是在艰辛的追求与实践中，一些主旋律作品在制作中增添了大量美的艺术所追求的审美元素和商业艺术产品所追求的娱乐性元素，使主旋律艺术在保持自身精神价值的基础上，与艺术和商业实现一定程度的融合，推出了具有鲜明时代特征的新颖的艺术精品，成为当代文化的重要代表。也正是在这一意义上说，主旋律艺术的发展在当代具有巨大潜力和光辉前景。

第二章　增强文化自觉与推进当代文化建设

改革开放以来，党的历届领导集体始终将文化建设与经济建设放在同等重要的地位，作为国家社会主义事业的重要一翼。在党中央的领导下，经过三十余年的不断深入探索，确定了我国文化建设的基本目标，指明了我国文化建设与发展的时代方向。繁荣文化创作，大力发展公益性文化事业和文化产业，不断满足人民大众持续增长的精神文化的需求，同时使文化建设在国民经济建设中发挥重要作用，已成为我国文化建设的基本战略目标；而作为文化建设与发展的总目标或终极目标，则在于使全民族所有成员的精神文化与审美素质得到全面提升。我国当代文化建设的目标体系，是中国特色社会主义文化建设体系的重要组成部分，是中国共产党人和相关各界人士共同努力和探索的结果。科学地认识文化建设战略性目标和总目标，应成为当代所有从事文化艺术建设的人们的自觉意识。在当代文化建设中，每一个人均应以充分的文化自觉，高扬中华民族优秀文化的旗帜，承担起中华民族文化复兴大业所赋予的历史重任，以充溢着文化自信的民族心态，以科学和理性的精神，实现我国文化建设与艺术发展的历史跨越。

第一节　文化建设的快与慢、动与静①

在当代，科学发展已成为人们关注的重心。在社会发展的各个领域，特别是文化建设领域，快与慢、动与静的课题已然进入人们的视界。面对迅捷发展的文化产业，人们需要理性地加以思索，应当以怎样

---

① 本节主要内容已于 2014 年第 1 期《东南大学学报》（社会科学版）刊载，2014 年第 11 期《新华文摘》全文转载。

的速度和运行模式推进文化建设。历史与现实告诉人们，在伴随社会较长时期的快速发展之后，适度注入慢文化和静文化的因素，是实现科学发展的重要策略。在文化建设领域，更需要遵循文化发展的内部规律，改变盲目追求文化建设的速度与宏大模式的现象，科学把握建设与发展中快与慢、动与静的有机统一。

一 快与慢、动与静的有机运动是自然与社会发展的客观规律

文化是人类社会结构的重要组成部分。人类发展的辩证法告诉我们，文化发展与自然界和人类社会的发展一样，从来都是快与慢、动与静的对立统一。世界是一个不断演变的实体和历史进程，既存在一定时期的快速发展，也有演进较为缓慢的时期，呈现出不同时空中快与慢的交替，以及动与静的相错。正是这种快与慢、动与静的有机构成和运动，成为人类社会生生不息的历史，世界也在这种快与慢、动与静的矛盾和交替中发展至今。

作为规律呈现的快与慢、动与静的有机运动，是自然与社会发展的内在律动和节奏使然。快与慢、动与静之间是辩证的关系。快与慢体现为运动的速度，动与静则显示为运动的模式。在社会快捷发展的时期，由于其快的速度和节奏，较多出现动的结构和形态，呈现出剧烈运动的态势；而在较为平和的社会发展期，则呈现为较为缓慢的速度与节奏，以及偏于静的态势。在哲学意义上，快与慢不仅是时间或进程的概念，有时更体现为人的一种意识和认知世界的方式，具有精神层面的意义，表现为人们对世界的感受与理解，以及对自然与社会运行方式驾驭所达到的自由与自觉的程度。因此，它既是客体自然与社会运动的基本形态，同时也是人对世界的精神认知和实践掌握的体现。

快与慢、动与静既相互对立，又成为不可分割的统一体。没有快就没有慢，没有动就没有静；反之亦然。历史的进程表明，当社会长期处于进程缓慢、迟滞不前时，人们就要促使其加快运行节奏和速度，制造宏大的气势，甚至采取革命的手段，不惜付出重大牺牲，打碎业已形成的沉重的社会结构，扶持和催生那些处于萌芽状态的新生事物，推动社会快速发展。而当社会处于相对稳定与平和的时期，则会显现出一定程度的慢与静，它是对快的发展节奏和动荡的运行模式的适度调整。人类社会的发展是客观和必然的，但其速度是可调整的，其模式也是会出现变化的，世界始终在快与慢、动与静的变奏中前行。当西方处在中世纪时，其发展速度明显慢于东方中国。而当欧洲进入文艺复兴以后，其发展速度大大加快，超越了中国。此时的中国虽然也在发展，但其发展速度明显落后于西方，因而造成几百年后的巨大差距。快速或缓慢的发展速度还是一个相对的概念，有时看来好像是快，但是由于付出各种代价和生成的负面效应，其实是慢；而有时看似慢，但由于整体机制获得有机运行，做到整体的协调一致，反倒是在实质上做到了快。慢与静不是容忍人的惰性，而是通过张弛有度的把握，做到对客体世界、社会以及人自身的科学把握。

快与慢、动与静既是社会自身内部各种因素聚集、凝结和碰撞的结果，同时也与人的推动密切相关。随着人类掌握世界的能力与自觉意识的增强，人的力量对世界发展的进程显现出越来越突出的作用。从本质来看，世界的发展一般会遵循其内在规律不断前行，而当人的能动作用开始施与其进程并不断增强时，世界的发展也会随着人类作用的大小以及方向的导引而获得改变。人有能力顺势推进社会发展，但不可能超越历史的规范，更不可违背社会发展的客观规律。发展速度的快与慢、运行模式的动与静不仅是人驾驭世界发展的主观能力的体现，同时也是人们遵循与适应社会发展规律的自觉意识的表征。一般来说，加快社会发展是人们的普遍愿望，特别是当一个国家或民族落后于其他民族时，急速的变革甚至宏大的革命都是必需的和合理的，不如此就不能改变落后面貌。而在社会处在动荡与革命的态势下一般难以获得科学与理想的文化变革，只有在相对平和与稳定的状态才能实现社会文化的全面与协调发展。

科学与准确地把握社会发展的基本节奏及运行模式，是人的智慧与能力的体现。在由社会精英人士主导和广大人民参与的进步力量的作用下，社会能够出现较快的发展。但有时由于人们错误理念及其力量的作用，不仅难以驱动社会向着良性态势演进，甚至可能出现社会的衰落甚至倒退。而在战争、政治动乱以及灾难、瘟疫等难以抗拒的事态出现时，也会导致历史的倒退。避免动乱和消解灾难，将社会倒退的因素控制在最小限度，同样是人们的重要责任。社会的发展的必然性，以及改变自身生存状况的渴望，激励人们总是希望社会出现快速的发展，但如果缺乏科学与理性，则往往适得其反。"文武之道，一张一弛"，表现出人们对快与慢、动与静的辩证思考。"欲速则不达"则告诉人们，未必有着良好的愿望，就一定能实现既定的目标。社会与历史的发展轨迹警示人们，应当审时度势，科学观照社会的衍变，而不应一成不变地追求发展的高速度和宏大气势。

中华民族正是在 20 世纪以来进入一个历史的较快发展期，这是一个动荡多于平和、斗争多于平静的时代。在人们看来，一个民族和社会长期处于停滞不前的状态是危险的，正是基于对现状的不满，激发出改革社会、促进社会迅速改变的愿景，激励人们在动荡和斗争中前行，以求在不长的时间里获得较大发展。也正是在这样的历史进程中，几代人逐渐习惯了快优于慢，动优于静的思维模式。马克思主义哲学辩证法告诉我们，在宇宙运行中，快与慢、动与静都是相对的，从来也没有绝对的快，也没有绝对的动，历史正是在快与慢和动与静的交替进程中一步步演变至今的。

确立中国道路的发展方向，是当代人们对革命之后的社会发展予以思考和探索的结果。中国经历了近百年的社会革命，对古老的国度予以巨大推进，在不长的时间里达到几百年甚至上千年所未能取得的成就。而当革命的急风暴雨掠过之后，如若社会发展长期处在一种加速的状态，就会使人们缺乏必要的思想沉淀与反思，难以顾及精神层面的深度审视，使社会易于出现浮躁与失衡。对社会运行机制的选择，以及各项政策的制定，均应依据不同国家文化背景和历史基础来决定，坚持走符合自己特点的道路，而不是机械地模仿他国范式或追求某种既定的模式。历史表明，激烈的斗争与动荡性革命，可以带来社会的巨变，为社会的和谐发展奠定坚实的基础。而当社会进入全面和深入发展的时期，则应尽力避免过分的斗争、冲突和运动式剧变，以免人民付出过多的代价。坚定社会改革的目标不可动摇，只有清醒地辨析来自"左"和右的不同风潮的影响，排除各种利益集团的干扰，才能有效推进改革进程。倡导融入慢与静的因素，正是基于我国现实对科学发展的深度理解，是对社会与文化建设实现科学推进的重要策略。

二　当代社会发展需要把握快与慢、动与静的协调统一

在人类社会发展的系统结构中，文化始终居于重要的地位。一方面，文化建设属于精神文明建设的范畴，是宏观社会系统中的重要一翼；另一方面，文化建设又与狭义的社会建设相并列，与政治、经济等建设同属于社会大系统中的子系统，具有各自相对的独立性。在当代社

会发展进程中，无论面对社会建设还是经济建设，均应具有冷静的思考和科学的掌控，既要坚持改革的大方向和总原则，又要以科学与理性为主导，以求获得更加和谐的发展。适度融入慢与静的理念，正是对各领域协调发展的宏观审视和科学驾驭。

当代社会建设既是文化建设的有力保障，又是文化建设的基本动力。当社会建设进入更深的层次，尤其需要把握快与慢、动与静的协调统一。

社会建设致力于对社会资源进行合理配置，对社会矛盾和各种问题进行处理和调节，公共性和公益性是其突出特色。社会建设具有丰富的内涵，例如，确立中国特色的社会伦理，建立社会的公平与正义，就是其重要内容之一。在当代，应当倡导在法制的基础上，以平等和自由的精神以及和而不同的理念作为社会的道德基准，应正视世界经济一体化的形成和全球性价值理念趋于相容的客观性，强调社会公共权力的有序化及其有效的控制，致力于建立和谐的公民社会，健全公正的分配制度，呼唤得到社会共识的公民道德，承认公民应有的权利和义务，促使人人承担起应有的社会责任。由于革命时代产生的剧变，可能会与社会的全面协调发展产生抵牾，出现某些失衡与失谐。社会的伦理关系及其观念的健全与成熟，也需要经过较长时期的调整方能奏效。而在社会伦理得以社会普遍认同与恪守的过程中，需要人们从事细致的工作和具有足够的耐心。即使一些当下境况与人们的期待不够一致，也须假以时日逐步调整，而不是一味加快其变革进程。

社会建设又充满了丰富和细腻的人际关系因素，采取动荡的和运动式方式也未必合适。其间，人际关系的优化与人性化的倡导已成为社会建设的基本内容。由于我国积存着大量历史遗留的问题，加之市场经济社会的形成，人的地位与经济状况发生较大变化，人际关系的调节面临巨大的挑战。社会分配不公、差距加大以及腐败现象的滋生等，极大地侵蚀着人与人之间关系。在当代社会建设中，人际关系的矛盾和冲突是客观的，同时也是敏感的。如果继续采取革命时代统一思想的做法，或者群众运动的形式，均难以代替艰苦细致的工作，以及个性化因素的调整。基于建设和谐社会的思考，应当改变那种以斗争解决人与人关系的传统理念，尽力消除和避免激烈的矛盾与冲突，正视和努力克服那些可能产生剧烈冲突的因素，坚持正确处理各种矛盾，以求人际关系的逐步好转。

历史的发展与一切事物一样，都是具有节奏的，即不可能一直处于过快或过慢的状态，总要在不断地变奏中走向未来。人的作用从来都是重要的，也是相对的，应注重对这种变奏的适应和因势利导，而不是对客观规律的强行扭曲与改变。快与慢和动与静的辩证统一表明，有时可能退一步才能进两步，退一步，在中国人看来是"蓄势"，即对事态的全面观照和准备，应对各种可能产生的问题和隐患。而只有完成蓄势，才能有把握地打出取胜的一拳。因而，有时看来是慢，其实并非慢，而是对事态的宏观审视和把握。

当代经济建设是文化建设的基石，经济建设的推进同样需要注入慢与静的理念。

在历史上，人们曾经无数次宣示人定胜天、改天换地的豪情壮志，确实也曾创造出大量的人间奇迹。但是，一味强调人对客观自然规律的超越而不是顺应，将会带给人类巨大的灾难。当破坏大于建设，社会就将走向衰败；当建设要以自然或伦理的损害为代价，就会打破自然与社会的平衡；当生存的奢侈超越人的生理或精神机制的需求，人们就将沉溺于物质的泥沼；当经济发展的冲动跨越人的理性意识与自然世界的容忍度，世界也将变得畸形。

资源的开发与使用需要适当放缓速度。人类对资源的开发已经显得过分和无度，自然资源的不可再生性，使人们早已感受到资源枯竭对人类的威胁，面对资源的竞争甚至出现人类之间的角斗和血腥的战争。对有限资源的合理与科学的使用，已经严峻地摆在当代人面前。我们应当更多地顾及后人，而不应无度地消耗资源。要耻于为自己的政绩竭泽而渔，不能再搞那种杀鸡取卵、殃及后代的事情。

基于环境保护的迫切要求，一些建设项目应从长计议。人类的快速发展，往往要以环境的污染与损害为代价。如果在一定时期可以将此视作不得已的话，而在经济得到较大发展之后，就应将环境保护问题放在超过某些建设的高度来认识。在一定意义上，良好的环境保护，不仅为当代人的生存造就适宜的条件，更是为未来的发展奠定基础，因此可以说，良好的环境保护就是为了更好地发展。

基础建设的速度也需要因地适宜。不少官员出于自身任职期间政绩建设的需要，大力从事基础建设，而一些基础建设的科学性与必要性是值得商榷的。当然，许多地区和城市还在许多方面缺乏必要的设施，特别是公共设施更显得匮乏，需要继续建设。然而，随着人口的增长已经放缓，对基础建设的规模也需科学规划。在当下，不排除有的地方已经出现过多或密集建设的迹象，以及与他国、他城盲目攀比，创立"新高度"的畸形心态。特别对住宅而言，一方面是人们的住房缺乏，另一方面则是一些人住房的富余，甚至囤积住房，以求获得更大的利益。这些，都无益于经济建设的正常运行。

城市化发展也需要快慢有致，动静相宜。超大城市的快速发展，以及城市地位、功能与资源的集中，造成了一些大城市的巨大优势，同时也成为国家经济发展的重心所在。但是，少数大城市的无度扩充，也是造成诸多社会矛盾的重要原因。人们对少数大城市的过分向往和踊跃进入，导致社会问题的频出以及生态质量的下降。适度控制其发展速度，注重城市的特色化建设，是人们应当思考的问题。即使在当下政府倡导的城镇化进程中，也应尽力防止运动式、大呼隆、定指标等做法。

过高的经济指标的增长，过量的基础建设，单纯追求 GDP 的提升，未必能增进人民生活的幸福感。人民生活的幸福度是由物质丰裕的程度、安全感、价值的实现、人际关系、生存的舒适度等方方面面因素构成的，并非单一地由物质的丰裕度来决定。过度的改造，过度的开发，过度的耗费，是人类对自身的损毁。经济上的快速挺进似乎显得十分富有激情与进取精神，但是如果失去科学的理念，造成发展格局的失衡，就会对当代以及未来人们的生存造成极大的损害。

三 实现人的自由与全面发展需要人对自身的科学掌控

文化建设是人类智慧、能力的表现，文化发展的最终目标，在于人的自由和全面发展。马克思在论述未来的理想社会时说："在那里，每个人的自由发展是一切人自由发展的条件。"① 文化建设正是促使人的全面发展的基础和条件。人的发展在任何时候都重于物的发展，而在文化建设中，更须时时考量人的发展的需要。作为社会主体的人，既有不断增长的文化需求，同时也是文化建设的主体。文化建设不能脱离人的基本需求，应与人的欲求相一致，同时文化建设又需要以人为主体，通

---

① 马克思、恩格斯：《共产党宣言》，《马克思恩格斯选集》第 1 卷，人民出版社 1995 年版，第 294 页。

过人的能动作用的实现，推进社会文化的发展。当代社会文化基本状况充分表明，当快节奏与高科技给人们带来了生活机制的变化时，也迫使人们付出了巨大的代价。环境的污染使人们小心翼翼地过活，钢筋水泥的建筑使人们失去了田园之美与人际的其乐融融，城市的拥堵给人们带来生活的无奈与烦躁。而在精神追求方面的过分单一，又使人们机械地追崇某种理念而失却独立思考。所有这些，都促使人们进入深度研讨，怎样才能在科学调节人与客体世界关系的同时，实现人对自身的科学掌控。

人的内在肌体和运行机制是一个有机的整体，其表现形态也体现为快与慢、动与静的有机统一。

人的生物性表明，人的肌体是在有限的条件下予以调节和运行的。与宇宙世界和人类社会一样，人的肌体运行是有其内在规律的。人类既不可以扭曲宇宙和社会发展的基本规律，也不可能扭曲人的自身规律。人对自然世界和人自身，只能充分地适应和顺应其规律，在此基础上通过积极的作用，促进其向着有利于人的生存的方向发展，而不能不顾其客观规律，强行扭转其运行方向，或者长期处于超越人的机能的快节奏运行之中。人的自我世界，既包括人的肌体与各种器官，同时也包括人的精神世界。无论哪个方面，均难以超越人所能够达到的能力和高度，不具备任意夸大自我而随心所欲的能力，不可能做出"人有多大胆，地有多大产"这种违背客观规律和自身规律的奇迹。

生命在于运动，同样也在于静养。其实，运动本身就意味着动和静的有机融合，并非始终处于激烈动荡的状态。中国古代生命哲学中的关于颐养的理论，实际就是对动和静这一现象的辩证考察和把握。正是关于"颐"的理念，体现了中国人对自然界和人类自身的科学认知，其间，"颐"一方面体现为动中有静、动静结合的辩证关系，另一方面又表达出中国哲学对事物运动和社会发展的认识，那就是应当注重有机推进、滋养、涵育等内涵，反对激烈动荡，反对那些违背人的内在规律的现象和行为。

慢与静的融入，既适应人的生物性特征和人的心理机制，又有助于制约浮躁与喧嚣，调适人的精神状态和生活节奏。人对自然的把握，同时包括对人自身的认知与把握，人们只有洞悉人的自我特性，才能科学地掌控自身内在机制的基本特性、运行方式及其节奏，在偏于快速的运行中适度融入慢的节奏，在一些动的形态中适度添加静的因素，使人们真正获得精神与肌体运行的协调、主体与客体世界的一致。在当下，一些人倡导的所谓"慢城"，正是与此相吻合的理念。

人只有在自由发展中才能够完善自身，所谓"诗意地栖居"或审美化生活，正是对人的自由生活方式和理想境界的追求。

在当代，审美化生活已经成为人们重要的生活方式。人们有选择自身喜爱的生活方式的权利，可以充分显现审美化情趣、艺术精神与娱乐精神的意愿。这些均具有人的向往自由的本原意义，更易于彰显当代人文化精神的价值。人们一则可以将参与审美或娱乐活动归于人的生理性快感的释放，同时更是对审美化生活目标的追求，正是借此，契合了人的本我和本真的意识显现。

审美化生活，主要在于对自身精神和生活秩序的掌控，以及对生活质量的有机把握，其重心在于对审美情趣的创造。生活的幸福感不完全在于物质生活的丰厚，但又必须以物质生活的基本保障和满足为基础。人们幸福感的获得，更多的是源于生活秩序的稳定，生活情趣的创新，其中较多表现在衣食起居的适意、人际相处的和谐、精神追求的丰富等方面。在此意义上，适度的慢与静，要比一直处于快捷和动态的境况中更适于人的本质需要。

审美化生活，还在于对自身工作与生活节奏的合理安排。人类过快地使用自然资源，势必带来资源的枯竭和环境的恶化，直接威胁人类的生存。而人们过快地透支自身的能量，也会带来很大的伤害，包括肌体的损伤和能量的耗费，乃至精神的扭曲和畸变。人们时常陷入无休止的竞争与拼搏之中，没有忙碌间隙的闲适，没有拼争中的喘息，更遑论精神休憩的优雅，因此也就失去了变奏与节制，难以在一张一弛的动态运行中调适自身。

审美化生活，还在于生活格调的提升，注重对较高文化意蕴与审美品位的追求。人的审美精神的成熟，意味着人不仅能够做到对客体世界的科学掌控，还在于对自身的有机把握，庄子逍遥游的境界正是对人的自由翱翔的畅想。人的审美意识与精神的提升也需要在相对平缓与静态中方能实现，需要营造适宜于更多人精神畅想与情感交流的空间。审美化生活及其对艺术精神的追求，不应是少数人的专利，而应成为社会所有成员的基本生活方式。

人们的创造性思想成果的出现，更需要经过一个较长时间的沉思与探索的过程。

每个时期，特别是动荡的岁月，正是易于产生思想的年代，但人们在探索中获得的思想成果需要沉淀。只有经过沉淀，方能使民族的思想精华得以凝结和聚合，进而逐步实现体系化、精致化、经典化，产生巨大的辐射作用。中国曾经沉寂太久，节奏过缓，世态过分沉寂，需要变革，需要激荡，需要加速。一个世纪过去，中国人经历了较多的疾风暴雨和霹雳闪电，大量闪烁着人类思想光辉的精神成果已经出现，但至今仍缺乏梳理和辨析。当革命风暴业已消退，人们理应沉静下来，对每个时代的精神建树和思想成果予以整理、反思和总结，经过披沙拣金，提炼精华，使之成为民族的思想瑰宝和世界的精神财富。

作为个体的人，在动态和急剧变化的环境中，同样难以获得静思与涵养的机会。真正的思想成果往往形成于急剧变化的年代，又要经过较长时期的反复检验和实践，难以在一个动荡和瞬息变化的年代得到成熟。真正科学思想体系的形成，既需要时间加以梳理与提炼，也需要时间的检验；既需要避开各种纷扰而加以观照，又需要在各种环境中的验证。笃静，而后进入沉思，方可澄怀味象。只有在相对静态的氛围中，人们才能摒除干扰，对客观事物予以科学审视，获得思想的成熟与精神的提升。

四　文化建设与发展是快和慢、动和静的协调一致

在文化建设的整体格局中，科学发展应成为基本宗旨。也许人们已经习惯了历史上形成的快比慢好的思维模式，通常将加快发展视为进取和革命，而将适度提倡慢的主张视为保守和消极。事实上，科学发展从来都是快和慢、动和静的协调一致。当文化建设进入稳定的社会发展时期时，更应适度注入慢的和静的理念。遵循文化发展的客观规律，应成为人们的高度自觉。

尊重文化建设与发展的客观规律，是文化建设的首要原则。关于文化的发展，在其大部分时期应当是与经济社会的发展相适应的，但也常常会出现不相适应。马克思曾经深刻阐述过艺术发展与社会及其物质基础发展的不平衡原理。他在1859年《〈政治经济学批判〉导言》一文中说：关于艺术，大家知道，它的一定的繁盛时期决不是同社会的一般发展成比例的，因而也决不是同仿佛是社会组织的骨骼的物质基础的一般发展成比例的。① 文化的发展除受到政治、经济等各方面的影响与制约外，更为重要的是其内在规律使然，其内在规律以及各种因素的聚集和多重作用，使文化朝着既定的方向发展。科学洞察和尊重文化的内在规律，是文化建设的第一要素。政治或经济发展的需求当会对文化发展提出要求，并促使其发展，人的作用也会产生重要影响，但这些均不应成为文化建设与发展的决定性因素或唯一动力。文化建设的速度的快与慢，其运行模式的动与静，均应在遵循文化艺术客观规律的基础上加以调节，并在充分依据其基本特点的前提下实施对文化的推进。

文化发展的快与慢，不应以文化设施的多少和技术的先进与否为主要判定标准。在文化建设中，那些赖以承载文化内容的设施、场所及技术可以在一个较短的时间里获得较大增长和提高，但是作为文化的精神、思想与意蕴的含量，不可能在较短的时间里得到较大提升。由于文化自身所具有的特殊规律，例如其自律性、自平衡性、自调节性等，使得文化可以在没有人为施加过多影响的条件下，也会获得一定发展。而在人的作用下，首先可以在其设施、技术等方面实现较快增长和改进，为文化水准的提升创造积极的条件和基础，但是这并不意味着文化水准和质量的提升，更不是文化软实力的主要体现。只有加大文化内容创新的力度，不断增进文化产品的精神意蕴与审美含量，才是文化建设与发展的真正体现。而在这一方面，往往不是以完成时间的快慢来作为评价尺度的。

文化建设的进程，不宜以群众运动的模式来推进。多年来，人们习惯于在文化建设中追求轰轰烈烈和宏大模式，这种做法，确实具有发动群众、感召大众和凝聚精神的作用。特别是在社会发生重大历史转折与演变的时刻，运用群众运动的方式常常能够营造宏大的气势，呈现出激荡人心和改天换地的样态。从社会发展的辩证法来讲，世界始终是在动态中演进的，静是相对的，动是绝对的。但是，文化的深度与全面发展又常常出现在社会相对稳定的时期。由于文化提升主要体现于人的精神层面，这就需要营造相对稳定的状态，让人们通过充分的思考和探索，经过积极的思想碰撞和理念对接，迸发出智慧的火花，凝聚成文化的结

---

① 马克思：《〈政治经济学批判〉导言》，《马克思恩格斯全集》第46卷上册，人民出版社1979年版，第48页。

晶。如果说，这也是一种动态演进，只能说是在外部环境相对静态的机制下，对人的思想的触动和想象力的激活。它更多属于精神与思想层面，而非外部环境层面。"大跃进民歌"的失误，"文化大革命"的历史教训都充分昭示，文化建设尤其不应以运动的方式来推进。其结果不仅不会有益于文化建设，而且常常适得其反，生成对文化的破坏。

优质文化产品的涌现，不是单一以数量的多少来确认的。经过人的一定努力，可以在较短的时间里生产出数量可观的文化产品，但是，真正的文化经典只有经过历史的沉淀和比较才能凸显出来。文化产品的数量众多可以满足大众当下的需求，同时也为文化经典的出现奠定基础。然而，大量优质文化艺术产品的涌现，还有待于多种举措的全面实施，比如赋予文化生产者更大的创造自由，推进文化创新环境的全面改善，实现全民文化接受状况的较大改观等。如果只注意文化产品数量的增长而忽视质的提高，即使生产出数量可观的产品，也未必能够促进文化水准的提升。看上去属于同类的文化产品在质量上可能大相径庭，有时成百上千部作品所产生的作用和影响力也未必抵得过一部优秀作品。事倍而功半，指的就是这样的情形。

文化建设的快与慢，同样不能单纯以其实现经济效益的高下来判定。文化产品效益的实现，是由审美价值、认知价值、经济价值、社会价值、历史价值等多种效应综合而成的，经济价值仅是一个方面。只有在社会效益和经济效益相互融合的坐标上，才能正确判定其价值高低。而文化产品的精神价值，又常常不是在短期内能够彰显的，有时要经过较长时间的检验，才能真正辨析其高下。经过验证，一些曾被人们视为文化建设重要成果的作品或样式，或者能够继续显现其积极价值，或者经不起时间和社会实践的检验，逐渐失去其光彩，甚至有的会出现负效应。"十七年"间，众多曾经十分耀眼的作品，由于极"左"思想理论的浸染，未能经得起时间检验，逐渐失去其历史价值，以致使"十七年"整体文化成就也大打折扣。对文化建设的审视，有时表面看上去快，实则属于真正的慢。而一些真正具有价值的文化产品，可能会在漫长的岁月中才会逐渐放射出光彩，呈现其不朽的意义。

文化是多元的，其建设与发展也不可能以同样的标准或尺度来把握。无论任何文化产品的生产，均应在鼓励人们积极创作的基础上，强调克服粗制滥造，力求呈现较高的文化水准。对高雅文化与大众的通俗文化的建设，也应采取不同的标准和不同的要求。对高雅文化创作，应当要求艺术家潜心创作，而不是心情浮躁、抢时间、造声势，以速度取胜。对那些具有较大精神张力和思想容量的艺术创作，更不要以时间来作为基本要求，而应鼓励艺术家精雕细刻，创作出无愧于时代和民族的传世之作来。为了满足人民大众日益增长的文化需求，适度加快文化产品生产的速度是必要的，但是，即使作为当下大众文化中十分兴盛的通俗文化的生产，也应以具有积极健康的格调和一定的思想容量为前提。哪怕是快餐文化，也须保证其基本的文化质量。精品文化与快餐文化的最大区别在于，真正充满了文化内涵与精神含量的产品不在于满足人们当下娱乐的需求，而是为了实现全民族所有成员审美与文化素质的全面提升。这样的产品，是注定不可能在快餐中得到的。急功近利，追求浮华，浅尝辄止，势必会制造大量文化垃圾。

人民大众文化素质与审美能力的提升，更不是一蹴而就的。文化建设的根本目标在于全面实现人的文化素质的提高与精神的解放。在当代，人们渴望社会文化的快速发展与大众文化素质的显著提高，但是，作为人的文化素质的提升是一项长期的历史使命。当人们时常为大众道德水准和文化素质的问题感到焦虑时，往往忽略一个严峻的事实，比起经济建设甚至文化设施与文化成果建设来讲，人的文化素质的提升是一个相当缓慢的进程，难以与经济发展成正比，需要付出长期大量与艰苦的努力。其间，应当警惕漠视大众文化权利的现象的流行。那些试图以运动的形式，或者灌输的方式，希望在一个早晨就改变大众的文化素质与思想水准的做法只能是一厢情愿，甚至带来对大众文化素质的扭曲。

科学地驾驭文化发展，既表现为人对客体世界超越的自由，也表现为人的意识的高度自觉。两者的统一，即做到对文化发展规律的自觉适应与实施进程中的游刃有余。有的时候，宁肯慢一点，沉潜下去，反倒可以获得事半功倍的效果。在文化建设中，只有凝神静气，千锤百炼，才能创造大量高层次的文化成果，真正推动国家文化软实力的提升。在当代，社会发展仍是人们关注的核心，人的发展也已提到重要议程。在加快发展的主旋律中，适度融入慢和静的因素，做到快慢适宜、动静结合，即可演奏出更加浑厚、震撼的交响，登临更高的境界，它意味着当代人们在掌握世界的进程中进一步接近了自由和自觉。

第二节　和谐文化建设与高扬民族优秀文化传统①

在当代文化建设中，深刻认识和谐文化的内涵，科学地把握和谐文化建设的地位和作用，是实现文化发展与繁荣的重要基石。和谐文化集中地体现了人类先进文化的本质内涵。文化是人类文明的重要成果，和谐文化是人类先进文化的具体体现，内在地呈示了先进文化的本质。在人类历史上，充满了人们对和谐文化的向往与追求，无论何种民族与社会形态，和谐文化均是社会文化发展的主流，以和谐为特质的文化是人类所有民族和人民的渴望与本质需求，对和谐文化的追求贯穿于人类文化发展的全过程，成为文化形态的主导方面。

一　当代文化建设在其本质上是对和谐的追求

在人类文化的发展进程中，一切优秀的、进步的文化艺术创造，均是适应当时和特定地域人们的精神需求，同时也是与其经济基础相适应的，可以充分满足不同地域人们的精神文化需要，有利于文化生产力的增长。这样的文化活动及其样式，均是进步的和积极的，契合了进步文化和谐的本质。可以说，一切具有推进人类文明发展和历史进步的文化活动及样式，均有利于社会道德、伦理、人与人关系的优化，有利于人们身心健康。和谐，是对人类先进文化本质的阐释和高度概括，同时也是对先进文化的具体拓展。在其主导意义上，和谐正是对人类文明的积极贡献与推进，当代文化建设在其本质上正是对和谐的追求。

作为人类文化活动的重要领域，审美与艺术活动集中地体现了人类文化活动对和谐精神的追求与探索。艺术活动所承担的使命是对客体世界的认知、反映和创造，以及实现人与客体世界各个方面的和谐与统一。在艺术活动中，人们面对的是人与世界的各种关系，应当引起艺术家特别关注的主要是人与自然、人与社会、人与他人、人与自我这几个方面的关系。基于艺术的使命，一则人们要以审美的方式对这几个方面的关系予以深刻的认知和阐释，同时还要按照"美的规律"对其进行

---

① 本节主要内容已于 2008 年 1 月 24 日《文艺报》、2007 年 12 月 8 日《文艺报》刊载。

变革与创新。就审美活动所涵盖的领域的广阔性而言，这是其他任何物质实践活动和精神实践活动都不能相比的。人们对和谐的追求，实质在于对人的终极文化目的的追求，同时也是对人类内在本质的体现。因此，当代文化建设应当以和谐文化建设为核心。

和谐文化建设体现了当代人们的理想境界与精神追求。在其本体上，和谐文化昭示了人的基本价值与生命的存在意义，特别是在以艺术为代表的审美文化的发展中，更是集中表现出和谐文化的本质性意义。

艺术活动是人类自由自觉的实践活动，在这种活动中，体现了人类强烈的生命意识。当人类处于蒙昧状态的时候，并不存在有意识的审美或艺术活动，其他实践活动也呈现为相当低下的水平，并未生成自由和自觉的意识。而当人类在以生产劳动为主体的社会实践中逐渐萌生自由自觉的意识，并将其实践化作自由的实践时，人类才能够在这种实践中反观和确认自己的本质力量，获得愉悦和欢欣，并逐渐升华为审美意识，这正是人类和谐与自由精神的体现。自由，从来都是相对的，是对必然的认识，只有通过在实践中对必然的掌握，亦即对客观规律的认识和把握，才能够获得自由。同时，人类对必然的认识是一个过程，正是在对真理和客观规律的不断认识中，人们才逐步较多地掌握真理、接近真理，但却不可能穷尽真理，不可能完全自由地掌握客观规律。也就是说，自由的相对性决定了人们自由的实践是有条件的，是一个不断发展和提升的过程。作为自由和自觉的意识，是人类从事创造性实践的前提，是人类精神的解放和超越的体现，也是人的本质力量的外溢。人类的一切实践活动和对世界的推进，都是自由自觉的意识得以实现的结果。如果说，由于自然环境、社会环境与各种条件的限制，人类的自由、自觉的意识在物质性的生产实践活动中会受到较多制约的话，那么，由于艺术活动的非实用功利性和对物质现实世界的超越性，就使艺术活动主体的自由和自觉的意识得以充分地展现和张扬，使现实中的人能够在超越物质现实的状态中驰骋想象，遵循美的规律及其法则不断创造精神性现实与理想境界。

艺术活动所承担的使命是对客体世界的认知、反映和创造，以及实现人与客体世界各个方面的和谐与统一。人在社会实践中具有二重性，一方面他是实践的主体，同时又是实践客体。这一特性在艺术活动中表现得尤为突出。由于艺术活动本身就具有很强的个性化和情感化特征，特别是在一些表现性较强的艺术样式中，艺术主体往往将艺术创造或欣赏视作自身情感体验和精神审视的过程，处于这种状态，艺术主体同时也就成为客体与对象，自身的精神意识、人生轨迹、生存状态、灵魂的真切与晦暗、生命的闪光与衰微，均成为主体探寻和拷问的对象与内容。正是在这样的内省和自我剖析中，人们才能做到对自身的认知和改造，由精神的失衡与失谐不断走向新的平衡与和谐，在人格精神、人生价值追求等方面实现更高的超越。

东方民族对美的追求，是东方人哲学理念和生命意识的集中体现，特别是东方民族对和谐美的向往和追求，几乎浸透在所有的艺术形式和艺术品种之中，它在浸润华夏民族的生命机能和张扬民族人格等方面，显示出无与伦比的优越性，对塑造整体的民族精神和提升全民族的文明素质，起到特有的作用。甚至在调适人的生理和心理机制、健全人格方面，都发挥出异于其他地域文化的特质，由此而引起世人的注目。

二　和谐文化建设代表了人民大众的根本利益

在人类社会，和谐主要体现为盛世文化的基本特征，是人们在社会相对稳定与和平时期对高度社会文明的期盼。即使是在乱世，或是在历史重大变革时期，对揭示矛盾、富于批判意义的文化建设，其最终目的仍是对和谐的追求。在文化活动及其制品中，当然也大量存在人们对社会与世界的不满意，即对社会矛盾的揭示与批判，但归根结底仍在于对社会美好现实与理想模式的追求。建设和谐文化不是对社会矛盾的掩饰与粉饰，文学艺术的创造如果失去对社会矛盾的揭示与批判，就会失去对社会的责任与历史的使命感，最终丧失其生命活力。建设和谐文化，其意义在于不断通过对社会矛盾的揭示、批判与解决，在相对失衡的状态下得到相对的平衡。但平衡与和谐都是相对的，人们对和谐文化的建设与追求，正是源于社会始终未能实现理想中的和谐与平衡。

享受文化艺术，通过文化艺术活动获得情感愉悦或精神提升，是人民大众的基本权益，同时也是人民大众根本利益的重要体现。人民不仅具有享受社会物质财富的权利，同时也具有享受文化艺术产品的权利。作为一定时代精神的表征，一切文化活动与产品，凡是有利于人的积极性和创造力的激励、保护与发挥，就会带来社会生产力的进步，相反，就会形成对社会生产力的伤害与破坏。不断满足人民大众日益增长的文化享受的需求，是当代文化艺术工作者的重要使命。

　　和谐文化体现了人们精神与审美价值取向的同一性和多样性的统一，其同一性表现为人们通过文化艺术活动，实现对真善美的共同追求与创造，以及对人类共同理想的憧憬与向往。其多样性则包括，人们可以通过文化活动，达到不同的目标与意愿，其间可以是历史的、审美的，也可以是社会的、伦理的，或者是以娱乐为主体的。和谐文化体现为文化艺术形态的多样化发展，正是满足人民大众文化需求的根本目标所在。百花齐放、百家争鸣，是文化建设和谐发展的重要指针。人民大众不仅需要严肃的、主旋律的具有丰富精神内涵的文化艺术样式，同时也需要偏于娱乐、以愉悦为主要目的的文化艺术样式；人民大众不仅需要通过文化艺术活动达到认知的、教育的目的，同时也需要获得审美的娱乐的享受，对那些健康的有一定审美娱乐价值的文化活动或制品，均应予以鼓励。文化产业的发展以及艺术市场的繁荣，是以文化艺术的多样化呈现，以及文化艺术市场极大丰富为突出特征的，正是如此，才能满足人民大众日益增强的文化艺术需求。此外，和谐文化还体现为艺术创作中艺术形式的多样性，其多样性集中体现了人类审美情趣的多样性以及艺术创造的丰富性、多样性，其中既包括艺术种类的多样、艺术体裁的多样，也包括艺术表现形式的多样和艺术语言的多样。多种样态的文化艺术的呈示，方能显现出和谐与共存的局面。

　　在社会稳定发展、和平与发展成为社会主导精神的时代，创造和谐文化是推进社会的进步与稳定、提高大众的文化生活质量、极大程度地满足大众不断提升的精神与文化需求的重要举措，具有战略性的意义。而在更广阔和更久远的发展目标上，建设和谐文化，更是具有提高全民族的文化与文明素质，并以此转化为巨大的精神力量，推进社会生产力更快增长、营造和谐社会发展的重要意义。马克思曾经将人类社会的最高目标表述为用美来创造，这种美，不仅可以理解为审美的方式，同时也可以理解为美的精神境界，其间，和谐应具有本质的意义。正是据此，和谐文化体现为文化建设的终极性追求，以及人民大众根本利益所在。

　　和谐文化建设昭示了社会发展的理想模式和方向。建设和谐文化，是当代人们精神与价值观念的主流模式。对和谐社会的追求，既表现为当代文化建设的基本目标，同时也昭示了与社会发展最高理想的一致性与连接。文化的创造与生产，其品种和样式可以是多样的，但究其本质，均是服务于社会发展与进步的，一切有利于社会进步、人类精神文明发展的文化创造均具有和谐的内涵，其中，那些表现与赞美了人类美好精神与心灵的文化艺术样式与品类是与和谐文化创造相契合的，即使是那些揭示社会矛盾，批判社会的阴暗与丑陋的文化艺术样式与品类，同样是为了促使社会克服弊端，朝着更合理、更健康、更进步的方向前行，自然也与和谐文化建设并行不悖。

建设和谐文化，是实现艺术生产力快速增长的重要举措。营造和谐与宽松的环境，充分调动人们从事艺术生产的热情与积极性，方能使之转化为巨大的艺术生产力。应鼓励多层次、多形态文化艺术创作的生成，鼓励艺术家创作生产更多更好的艺术产品，以满足社会人民大众的需要。文化发展既在于内在质的提升，也在于产品总量的增长。我们无论何时也不能放松对文化品位的把握，使之始终呈现为健康的积极的与进步的品质，同时又必须不断追求文化生产总量的快速增长，使之既适应人民大众的需求，又促进国民经济的增长。文化艺术的质的提升与其量的增长应当是同步的，相互促动的，但有时又难免会出现矛盾和差异。在当代，文化总量的增长是必需的，同时又须以冷静的思维关注文化艺术样式和品类审美含量与精神品格的态势。应当在防范和铲除腐朽文化生成的同时，容许不同品位的文化艺术样式和品类的出现，即使这些文化艺术制品存在审美与精神含量的较大差异，也应予以宽容与理解。应当通过文化批评和艺术批评的开展与繁荣，引导和推进较低审美层次的文化生产不断得到提升。对那些以满足人们娱乐性要求为基本目标的文化活动和生产，同样应当有它的存在空间，正是这样的文化艺术活动，可能在文化市场中具有较大的份额。只有在和谐的氛围中，才能使文化建设在精神含量与生产总量两个方面获得同步发展。

和谐文化建设有助于推进社会综合实力的提升。文化软实力已经成为社会综合实力的重要构成，其地位已为人们所共识。文化生产力与物质生产力一样，都是推进社会国民经济增长的重要力量。文化生产力的核心是人，即从事艺术活动的人们，其中包括文化艺术的策划与投资、创作与制作、传播与管理等各方面的人们。建设和谐文化，就要鼓励更多的人在不同所有制形式下共同参与文化艺术的创造和制作，这是繁荣艺术创作的基础。我国发展文化产业的重要意义表明，只有更多的人参与到文化艺术活动中来，成为文化艺术生产者，方能尽快调整我国产业结构形式，促使文化生产力的大幅度增长。在当下，加快文化体制的改革，是实现文化生产力大幅度增长的关键。加快文化体制的改革，主要在于两个方面：其一是对国有文化事业或文化企业部门的改革，即对上述部门的管理体制、运行机制等方面的转型或调整，使其实现艺术生产的最优化机制；其二是大量催生新型的主要是民营的文化艺术团体和部门的形成，鼓励他们在发展文化产业中发挥巨大作用。越来越多的人投身于文化艺术的生产中来，是创造巨大的文化生产力的基本保证。

建设和谐文化是一项系统工程，它还与社会的政治建设、道德建设、经济建设、政策与法规建设等有着密切的关系，只有在上述各方面获得同步的推动，才能促进和谐文化建设得以健康与顺利地发展。

三 高扬中华民族优秀文化是当代文化建设的重要使命

在当代建设和谐文化的历史进程中，努力传承和高扬中华民族的优秀文化，是一项重要的使命。

和谐文化，内在地呈示了人类先进文化的本质，而中华民族的优秀文化，则是对这一文化样态的具体体现。和谐文化既是先进文化内涵的深化，同时也是民族优秀文化的核心。在当下，民族优秀文化是与当代和谐文化建设相一致的。加强具有民族特色的文化的建设，正是当代建设和谐文化的重要组成部分。优秀的民族文化是一面伟大的旗帜，中华民族优秀文化的存在，是中华民族数千年文化积淀与文化整合的结果，凝结着亿万先人的智慧与创造力，它既是对中华民族文明演进的印证与总结，也是各种相邻文化因子的相互吸纳与融合的结果；既是本民族辉煌的历史财富，也是对人类文明的宝贵贡献。事实上，中华民族的优秀文化已经成为世界文化的重要部分，这不仅是因为它在历史的形成过程中已经融合了许多文化区域的文化特质，成为众多民族的人民共同精神的凝聚，同时还因为这一文化在推进世界文明的发展中持续地发挥着重要作用，具有了更为广泛的意义。

中华民族的优秀文化，是民族文化在其传播与交流的进程中不断整合、筛选的结果。民族文化中并非全是优秀的成分。在历史的流动中，许多文化样式、制品与现象消失了，而最富有价值的文化精华凝结了，流传于世间，成为人们世代相传的财富与遗产。民族文化从来都不是封闭的单一的，而是呈开放态势的，具有综合的样态。民族的优秀文化在与各种文化的结合与交融中不断实现其裂变与提升，从而成为民族新的文化的构成。中国历史表明，一切外来文化的进入，最终都在中华民族强大的文化力面前融合于该文化之中，正是在这一意义上，显示出中华民族文化巨大的同化力。而在当代，这一文化更以其蓬勃的活力，显现出博大丰厚的底蕴，以及强有力的文化聚合力、向心力。民族文化在其发展中，每个时代均会有部分文化艺术样式和制品逐渐失去其当代性意义和价值，成为历史的陈迹，还由于文化发展的复杂性，使每个时代均会产生一些低下的、庸俗的甚至是腐朽的文化样式，成为历史的痈疽而被抛弃。这些当然不属于优秀民族文化的范围。优秀的民族文化通常会体现出突出的特性，它在其精神或内蕴的进步性均会与时代社会经济发展相适应，而在其文化艺术的语言和形式等方面则代表该民族独具的审美特点，且昭示其未来的发展方向。

民族优秀文化既包括传统的文化，同时也包括当代不断生成的民族文化。作为后者，既是对传统文化的传承和扬弃，又是在传统文化的基础上的不断发展。任何一种民族的文化，如若只是在传统文化的基础上停滞不前，这种文化就将逐渐失去其生命力，最终难免会使其传统文化的优势丧失殆尽。民族优秀文化必须在动态中才能得到发展。每一次时代的嬗变均会促使文化的有机整合与拓展，但不会从根本上改变其文化特质。唯有致力于当代文化建设，方能在传统与当代文化的结合上保持其持续发展的强势。文化从来就具有鲜明的民族性，只有具有鲜明的民族性同时又具有时代的先进性才有可能具有其世界性。建设当代民族优秀文化，既包括对传统文化的继承和传扬，也包括对外来文化的吸取和借鉴。在具有中国特色的社会主义文化中，民族优秀文化应成为其核心。

高扬民族优秀文化，是提升民族文化形象的需要。确立优秀的民族文化形象，是当代文化建设的重要使命。不少西方人士对中国传统优秀文化的认知与赞誉是不言而喻的，但对近现代文化的历史则不以为然。这一方面是由于中国几百年来封建王朝的腐朽统治延缓了文化前行的步履，另一方面也由于帝国主义的入侵，对中国文化的践踏，致使中华民族的文化形象遭到损毁。文化形象的确立与民族复兴的大业息息相关。民族文化形象是国家形象的重要组成部分，没有优秀的文化形象的确立，其整体民族形象与国家形象是难以真正确立的。文化形象是一个民族综合形象的体现，它既指该民族文化艺术的繁盛与丰厚的程度，同时也指与之相联系的该民族成员整体文化素质的高低，还指整个社会在精神文明方面所达到的水准。文化形象的高低同样是文化软实力的重要构成。建设具有当代特色的优秀的民族文化，正是提升和确立民族文化形象的重要举措。

高扬民族优秀文化，是维护国家文化安全的重要保障。建设和谐文化，还需要将我国的文化建设置于世界文化发展的总体格局上来看待。世界文化是世界各民族文化的总和，没有各民族文化的持续发展，就不会带来世界文化的繁荣。试图以某个国家或民族的文化取代世界文化，是违背历史与文化发展客观规律的。我们并不讳言在当代世界经济一体化的进程中，文化交融与互通的进程会更加突出和显著，有时甚至会对某些民族的文化表现出强烈的冲击和影响。但文化艺术活动与物质生产活动有着很大的不同，物质生产活动较少受到民族性、社会性等因素的影响，因此世界的一体化可以形成，而文化的世界一体化几乎是不可能的，至少是在相当长的时间内不会出现。这正是由于艺术的或文化的活动及其产品具有突出的民族性因素的影响和制约，将会长期制导和规范该民族文化艺术的形式和内容。不仅文化艺术活动的内容具有极强的民族性和地域性，充溢了民族性因素的艺术形式，同时深深潜隐于民族心理的深层，不会轻易消隐和丧失。即使是在当代民族艺术形态受到异域文化样式的巨大冲击，出现了不断融合的情势下，民族的因素也会因为民族心理根深蒂固而会不断以其巨大的再生性、同化力、凝聚力，显现出巨大的生命力。但是，我们也应看到在这种文化的交融过程之中，民族文化受到异域文化的较大影响甚至同化的可能性仍旧存在。人类发展史上弱势文化遭到强势文化的进入并最终导致该民族文化的衰落乃至消失的现象仍多有存在，我们必须对其保持高度的警惕。只有在世界各民族文化获得共同与持续发展的基础上，才能保持世界文化格局的平衡与和谐，由各国各地区人民共同创造和建设世界各民族文化的家园。正是基于此，我们必须清醒、自觉地建设和发展中华民族的优秀文化。这既是保障我国民族文化的生命力的需要，同时也是保障我国文化主权、文化安全以及文化形象的必需。

高扬民族优秀文化，是增强国家综合实力的强大动力。当代文化是实现民族伟大复兴进程中的文化。在世界历史上，一切民族的振兴总是以其文化的复兴或兴盛为其先导的。文化一方面具有巨大的精神感召力和渗透力，能够对民族的强盛生成巨大的力量；另一方面，文化又以其先进的世界观、价值观与理想模式感召着人们，催生着各民族不断生成新的精神因素与内蕴。而在文化经济已经成为国民经济发展的重要支柱的当代，文化的发展更能够以其文化生产力的因素，与其他物质生产相一致，成为促进国民经济增长和提升国家综合实力的强大动力。发展文化生产力，是当代文化建设的基本任务。建设当代文化，就要继续加强对各种文化的交流与合作，吸取不同文化的养分；就要重视发展文化产业，提升文化生产力，以其强大的竞争力，在国民经济发展中居于举足轻重的地位。民族优秀文化的建设应成为当代文化建设的重心，人民大众对富有浓郁民族特色文化艺术内涵与形式的需求将是当代艺术发展的永不枯竭的原动力。民族优秀文化的实力不仅仅在于它的历史容量，还在于它源源不绝的后续力和新的内涵的生成。民族文化在当代的传承与发展，就要使其在当代意义上显现其鲜活的生命力。市场经济与文化产业的繁盛，正是为民族优秀文化的深化与拓展提供了历史的空间。

高扬民族优秀文化，是满足人民大众文化需求的重要举措。中华民族优秀文化凝结着几千年来各民族人民审美创造的结晶，展现了世世代代人民智慧与创造力，是中华文明的集中体现。正是这一文化所呈现出的审美观念与审美习惯，渗透于该民族的整体文化之中，成为民族的血脉，成为民族不衰、社会繁盛与持续发展的根基。当代民族文化，是具有浓郁时代特征的文化形态。这种文化，既不是对传统文化样式的照本宣科，也不是对民间原生态文化的机械搬演，同样也不是对西方文化的原汁原味的品尝。人民大众对当代文化拥有越来越强烈的渴求，其中包括对西方的和其他各民族文化的需求，但在其本质上，大众仍会以对具有民族特色文化的接受为主体，人民大众喜爱的艺术形式和文化活动方式，仍将充满着民族审美因素。因此，在当代文化艺术的创作和文化活动的开展、文化氛围的营造中，在社会文化事业及公益文化水准的不断提升中，坚持以突出时代精神和民族特色为主旨，是科学与明智的选择。

四　实现民族文化与现代文化的深度融合

在当代，传统的民族文化正以其强劲的活力，显现出广阔的前景。这一文化并没有在其历史的辉煌中止步，而是在历史与现实的衔接上彰显其历史的承继与文化的延续。现代文化是指融会与表现了现代社会人们的价值取向与审美理想的文化活动，民族文化需要发展，但只有融会了现代文化因素才得以生生不息；而现代文化如若没有传统民族文化作为其支撑和构成因素，也只能是缺失了文化底蕴的空中楼阁。正是在这一意义上，发展中的民族文化理应成为现代文化的一部分。

要对已经衰落的传统艺术样式中的富有经典意义的创作元素予以发掘、认知与继承，使之在当代艺术活动与创作中获得新的生命。事实表明，虽然一些文化艺术样式已经成为或即将成为博物馆艺术，但其精湛的艺术技巧和丰富的艺术语言足以成为世世代代人们学习与借鉴的楷模。今天，我们对大量文化遗产特别是非物质文化遗产的开发、保护和利用，正是因为在其大量的文化遗存中，充满了先人的智慧与创造力，同时也浸透了民族的文化精神与审美意识，其间每一个文化符号，都可能会对我们当代人予以丰富的启示。而当代人们对文化遗存的内在元素的继承与吸收，也并非是对文化符号的机械借用或装点门面，而是对其内在文化与审美内涵的有机接受和深度融合。

要对那些不适应新的时代特点但仍具有一定生命力的艺术活动或样式予以改进与创新，使之能够融入富有时代特色的元素，焕发其生命活力。此类文化艺术活动或样式如果得不到当代文化的滋润，也难以克服其弊端、适应时代的要求。如何使传统文化样式获得新的拓展与丰富，使其生成新的活力，仍是一个不衰的课题。在如何促使传统艺术样式推陈出新的课题上，人们已经探索多年。一味固守民族传统艺术的模式，不会获得更大的艺术空间。对那些属于新的时代的文化艺术的表现元素，诸如表现了时代特色与风貌的艺术语言、创作技巧、表现手段及其科技元素的融入等，均氤氲着当代人们的思维特点与审美情趣。任何从传统走来的文化艺术样式，如果能够不断融入新的艺术语言和科技因素，促使自身艺术形式的嬗变与艺术元素的更新，就能适应时代发展，获得新的发展机遇；反之，就会失去艺术的活力与再生力，无可挽回地走向衰落。

还应积极促进具有民族特色的文化艺术与其他国家和民族的文化艺术的相互吸纳与融合，这既是世界各民族文化艺术历史发展的内在规律使然，同时也具有通过各民族文化交流与贸易促进经济增长的意义。如果不能在当代文化艺术活动及作品中体现出一定的世界其他民族的审美元素，我们的文化艺术产品就很难占领世界文化市场的较大份额、获得受众的广泛认同。即使是国内市场，也会随着社会与受众文化接受心态的嬗变而逐渐衰退。但同时，如果我国的文化艺术产品一味追求西方民族的文化及审美元素，放弃对我们民族文化特色的高扬，也会脱离民族文化深厚的根基，失去维系其发展的基本素养，不仅难以适应广大民众的审美接受心理，也难以得到西方广大受众的青睐，真正占有国际文化市场。

在当代，对那些具有突出产业效应与市场优势的文化艺术活动与样式，如何实现民族特色的融入与高扬，尤其应当得到人们的关注。诸如影视艺术、动漫艺术及其他新媒体艺术，融入了大量高新科技内涵，具有以往艺术样式难以企及的丰富的艺术表现力，以及对现代科技的接受与交融的能力，彰显出最为迅捷的传播功能和强劲的文化辐射功能，成为文化市场中最具竞争力的类种。多年来，我国影视艺术致力于突出和表现民族特色，获得了显著的成效。在当代，如何使之成为人们喜闻乐见的文化样式，不仅对满足人民大众的文化需求具有重要的意义，同时关乎影视、动漫等在国内外文化艺术市场上占有份额的大小，已经成为发展文化产业的关键。

由于人类日常生活审美化的发展，以创意为表征的新兴的文化活动及样式显示出巨大的活力。诸如与人类当代生活密切相关的建筑、会展、体育、娱乐、旅游、休闲、环境设计、工业设计等领域层出不穷的文化及艺术创意活动，大大提升了人们的生活质量及审美素质，使社会在朝着按照美的规律建造的目标大踏步前行。艺术对社会生活的渗透，极大地增进了艺术在社会与国民经济发展中的地位和比重，特别是当艺术的因素在各类社会活动及物质产品生产中含量的提升，审美的比重有时接近甚至超过物质因素所占有的比重，促使艺术活动与创新在以物质生活为主体的社会生活中大大提升其物质生产活动的附加值，这就表明，艺术不仅可以创造精神财富，同时可以在创造物质财富中有较大的作为。而在生活审美化的进程中，民族和时代特色的烘托与渲染更为重要。在各式各样的当代艺术的创意活动中，艺术的含量与民族的审美习惯密切相连，浸透于民族的骨髓与血脉之中的审美理想，体现了民族的大众的文化心态和文化利益。失去了民族特色的各类社会活动或物质产品的生产，则会陷入失去根基的尴尬境地。

建设当代民族文化，既要继承传统优秀文化，又要不断在现代文化实践中充实新的内涵。特别是在各种类型的文化样式的建设中，均应充分体现出具有民族意识和时代风格的创新精神，实现民族文化与现代文化的融合与贯通，这正是高扬民族优秀文化的必由之路。

第三节 文化建设与人的审美素质的提升①

当代文化建设，既指向人类博大与宏远的目标，也具有当下的战略性意义。无论是作为终极性目标，还是战略性方向，文化建设均应把人的审美素质的提升置于重要的位置。

一 审美素质是人的最基本的素质构成

人们在其生存及生活状态中，表现出多重的素质，诸如外在的身体素质，内在的精神素质，而在精神方面又包括人的科学素质、道德素质与人文素质等，其中审美素质属于人文素质的重要构成。

人的科学素质体现为对科学知识与技术掌握的水平与基本能力，道德素质表现在对社会以及人际关系把握的水准与状态，人文素质重在显现人们对各种人文知识、理论与能力所达到的程度，而审美素质则重在表现人们在审美活动与文学艺术创造方面具有的基本水平与能力。可以说，审美素质是人的最基本的素质构成，特别是在当代，越来越显现出这一素质的重要。

人的审美素质集中体现为人们在审美文化与文学艺术方面的创新能力，以及人的文明水准。按照马斯洛的阐述，人的需求是分为等次的，在所有需求之上，自我实现需求是人的最高需求。而作为人的审美素质的丰富与完善，以及与之相连接的人的创造力的构成，正是属于这一最高需求层次的核心内容。在当今业已出现审美大众化趋向的时代，人的审美素质的提高与社会审美精神的确立已成为历史的必然要求。人们在审美的氛围中营造自身，从而大大提升生活的品位与质量，实现自身综合能力的创新与提升。

人们的审美素质，体现为人们感知美、鉴赏美、理解美、创造美的基本能力和自觉意识。

---

① 本节主要内容已于 2011 年 6 月 8 日《文艺报》刊载。

感知美，即对美的事物与样态的认知及其反应的敏锐与准确，以及对美与丑、善与恶的基本辨识与感知的能力。具有良好审美素质的人们，应当对美的物象产生积极的和浓郁的兴趣，逐渐造就自身敏锐的反应与感知的能力，对美的艺术与现象产生自然的喜爱之情，而对丑陋的现象与事物则予以下意识的憎恶与排斥。

鉴赏美，即对文学艺术或美的事物的审美鉴赏能力，是在感知美的基础上，对艺术现象或作品的审美层次以及美的元素做到准确地鉴别与欣赏。具有较高鉴赏能力的人们，能够科学地区分艺术现象或作品的审美层次，感悟艺术作品中蕴含的美的元素，进而辨别其艺术品位、艺术格调与艺术价值的高下。

理解美，即对文学艺术与美的作品的审美判断与评价的能力，能够对艺术作品与审美物象予以深度的理解，把握其内在的实质和丰富内涵，同时能够激发美的情感，在审美意识与审美情感相互交融的基础上，使自身进入审美的境界与氛围，实现对美的形象、意象或意境的理解和把握，获得美的熏陶及领悟。

创造美，即在以上诸多能力的基础上，实现对美的形象或意象的创新的能力。人们在审美或文学艺术活动中，不仅在于理解和辨析美，同时可以生成创造美的欲望和意识。更多的人将在审美活动中不断增进其创造美的意象、形象的素养和能力，进而可以将这一创造美的意识和能力积淀为自身的基本素质，转化为在社会各种活动中的创新与创造。

人的审美素质属于人的本体素质，这一素质的高低，意味着人的精神层次的差异和人的生活品位的高低。以审美素质为基础，还指向人们精神生活的各方面，诸如人们认识社会、自然和人际关系的基本态度和能力，以及认识自我、自我设计与不断创新的能力。

审美素质的提高，将有助于人与自然关系的改善，人与社会的和谐，人与人的关系的全面改观，促使人的生活质量及其精神素质的全面提升。特别是人的创造能力的提升，意味着人们能够将这一基本素质和能力拓展于改造社会与自然的进程，推进社会整体创造能力的提高，实现人们对世界更为自由与自觉的把握。

二　审美素质的提升已成为社会每个成员的必然要求

人们的审美素质，表现于人们参与艺术活动以及所有与审美文化有关的社会活动以及日常生活之中。特别是在大众文化迅捷发展的时代背景下，审美文化正在迅速与社会生活相融合，日常生活的审美化已成为社会的潮流，人们无论从事何种职业，均置身于这一潮流之中，审美素质的提升已成为社会每个成员的必然要求。一方面，人们经受着审美文化的洗礼，迅速融入其中，享受着审美文化建设的丰富成果，以及由此带来的愉悦；另一方面，则要求人们通过接受审美文化的熏陶，不断提升每个人的审美素质。人们在参与审美文化活动的同时，也在努力创造新的审美或艺术的形式与内涵，为审美文化增添着新鲜元素。

与此同时也应看到，当下大众审美素质尚处于逐步提升的过程，部分人素质的低下是难以回避的现实，已形成社会的隐忧，成为阻滞社会发展的严重障碍。

审美素质的低下将导致社会道德水准的滑坡，使一些人失去对社会良知与理想境界的追求和对人类精神楷模的敬畏，放松了对自身行为规范的约束和对社会公德的恪守，从而失却了对自身道德操守的基本尺度，以及把握自身行为与意识的能力。

审美素质的低下将致使人们美丑难辨，优劣不分，出现审美判断的迟钝和困惑，面对生活与文学艺术活动中异彩纷呈的世界，难以辨析艺术活动及其作品质量的优劣和品位的高下，无从把握自身的审美价值取向和目标。

审美素质的低下将导致人们生命与生活信念的缺失，使人们处在茫然与无序的精神状态之中，缺乏对生命的珍重与对生活的热爱，模糊了对生命意义的追索，弱化了生命的意义与生活的质量。

审美素质的低下还会形成社会的低层次精神循环，人们将在低品位的精神层面活动，与他人或群体进行交流，形成社会低水平的审美意识的相互影响与循环，制约社会成员整体素质的提高。

社会部分成员审美素质的偏低甚至下滑有着复杂的原因。传统文化中低层次文化元素的传承与影响，生产力水平不高而带来的审美活动的缺失与低水平运作，外来文化中不符合中国国情的诸多因素的渗入等等，均是重要的原因。而面对当代大力发展文化产业的社会环境，较多审美活动与艺术活动已进入市场化运作，也会带来部分艺术活动与产品品格的弱化，难免会对人的审美素质的提升产生负面的影响。

人的审美素质的低下，将成为社会发展的重要障碍。特别是在当代社会进入知识经济和世界经济一体化的时代，社会每个人的审美素质，对人们在社会中文化角色的认同、文化的选择，以及相伴随的参与文化建设的能力，均具有十分重要的意义。而审美素质的相对低下，将影响人们文化主体地位的确立，使人们在文化活动中缺乏自主意识，失去对自身文化权利与文化利益的认同与维护，更难以谈及在文化建设中的自觉与进取。

关于提升国人文明素质的课题，早已是近代以来诸多政治家以及学者的重要议题。人们时常提及一个世纪前蔡元培先生的"以美学代宗教"的名言，意在提醒人们，在一个不存在一种可以统摄国人精神的统一宗教的国度，以审美的精神取代各式宗教的影响，当是最佳的选择。我们虽然不可能在较短的时间里看到这一创想的实现，但我们可以相信，人们对艺术美的向往和崇仰，以及文学艺术素质的提高，当会达到改造民风、提升国人文明素质的基本目的。这可能是一个十分漫长的过程，但却不是茫然的揣测。美学及其审美活动是否可以最终代替宗教，尚可切磋，但至少可以使人相信，文学艺术可以净化人的心灵，纯洁人的灵魂，荡涤社会精神的污垢。

三　全面提升全民族所有成员的审美素质是艺术活动的最高目标

人们看到，当代文化建设体现为文化的审美功能与经济功能的交织，发展文化产业的战略目标集中体现了这一意图。它与审美文化发展的根本目标是一致的，但也具有一定的当代特色。文化产业将促使文学艺术生产总量的迅速增长，而文学艺术的繁荣将给社会文化带来极大的丰富，有利于满足人民大众日益增长的文化需求，提升人民大众的审美文化素质，而不是相反。但是人们又看到，低层次的或低劣的文化艺术产品也会不时泛起，出现于艺术活动各个领域和平台。

作为文化产业，历来具有两面性。一方面，它将大大激励文化繁荣与创新，丰富与满足人民大众的文化需求；另一方面，又由于其与商品经济的对接和遵循市场规律运作，因此便具有了一定与文化精神相悖反的特征。文化生产一旦陷入对商业文化的屈从，便会成为滋生低劣与低俗文化的重要源头。正是由于此，人们必须具有十分冷静与明晰的思考。

全面提升全民族所有成员的审美素质和审美水准，应当确认为艺术活动的最高目标。而努力发展文化产业，则体现为我国当代发展文化的战略目标。我们今天的一切努力，既是为着实现近期的战略目标，更是对人类终极目标的追求和实践。我们既不可因为发展文化产业而忘却文化建设的终极目标，同时也不应因为发展文化产业可能带来的弊端而畏首畏脚，束缚了文化产业的发展规模。

按照马克思主义对人类理想境界的表述，人们最终将按照美的规律来建造世界。由此，社会每个成员均应具有较高的审美素质，以及较强的创新能力。全民族审美水准的提升，需要以每个成员的审美素质为基础，没有社会成员审美素质的普遍提高，就谈不上民族的整体审美水准的提升。

提高社会每个成员的文化意识和审美意识，是文化自觉的体现。文化的自觉，既表现为社会的自觉，更表现为社会每个成员的自觉。人们审美素质的培养与提升，已成为文化自觉的重要标志。它既是人们对自身文化权利和文化利益的认同，同时也表现为人们在文化建设中自觉意识和精神的高扬。

人们审美素质的培养与提升，重在使人们具有观照美的修养，具备感受美的情感，具有创造美的技艺。这是一项巨大的浩繁的工程。厚重的民族文化资源是实现审美素质全面提升的源泉，文化开放、吸纳外来文化是促动审美素质提升的推进器，丰富的文化艺术活动可为审美素质的培养创建更大的空间，优质的多层次的艺术教育则是提升审美素质的阶梯。

积极开展文化服务，建设充裕的艺术活动的设施，为大众提供更为丰富的公共文化服务和审美文化活动的平台，营造全社会审美文化建设的氛围。应当从社会发展的高度来认识满足人民大众文化需求的意义，让社会每个成员文化权利与文化利益得到切实的尊重和保障。

发展文化产业，繁荣文学艺术创作，以丰富的文学艺术活动的开展及其大量优质产品的生产，占据文化市场的主体，为文化建设营造社会化环境，同时为人民大众提供更为丰富的审美活动的空间，满足人民大众审美文化的需求。

重视审美教育，推进不同层次、不同样态的文学艺术教育的模式，促使社会各界越来越多地将物质的和精神的活动与审美文化相接轨，形成全社会重视审美教育的良性机制，对大众生活审美化予以健康的积极的引导，影响与改变人们的审美方式与价值观念。

促进全民族审美素质的提升是一个长期的艰难的历史进程。它需要突破传统的陈腐的观念，排除各种体制的心理的障碍，为人民大众享受文学艺术的成果铺平道路；还需要建立稳定的社会化的审美氛围，不断激发人们的审美欲望，与审美文化建设相衔接，促进人们审美价值观念的不断更新，从而带来人的整体素质的全面提高。

第四节　艺术价值与审美理想①

在人类审美的掌握世界的进程中，艺术的掌握居于核心的地位。而艺术的掌握又因其呈现出品位的不同，显示出不同的创造价值。我们所理解的艺术的审美价值，主要是指通过审美的认识和反映世界的方式、艺术思维方式所创造出的能够满足人类审美需要的艺术价值，而艺术价值又充分表现出人们的审美理想。

一　审美价值是艺术活动最重要的价值目标

艺术价值既具有审美价值的一般性含义，又有其特定的含义。艺术价值一般包括艺术的审美价值和经济价值，以及认识价值、教育价值、道德价值、娱乐价值等，是以审美价值为主体的多种价值的综合体，构成一个有机的系统。审美价值，是指客体对象与审美主体在审美关系的生成中所体现出的能够满足人的审美需要、引起人的审美感受的具有某种社会性的客观属性。从广义上讲，审美价值不仅体现于艺术活动之中，而且是诸多社会实践活动所共同追求的价值目标之一。狭义的审美价值表现在艺术活动中，它是艺术创造所追求的最重要的价值目标。

艺术的审美价值存在于艺术活动之中，是指在艺术的创造和交流过程中，艺术主体和客体之间通过审美关系的生成以及创造过程的实现，在艺术作品中体现出的具有强烈的美感特性和社会性的、能够满足人的审美需要的客观属性。在艺术活动之外的其他社会实践活动中，同样可以创造审美价值，它体现于人类许多认识世界和改造世界的过程之中，是人类按照"美的规律"掌握世界、对自然和社会的理想追求。随着社会物质和精神文明程度的提高，人类会在越来越多的实践活动中渗透进审美的因素，创造更高的审美价值。然而，只有艺术活动，才能最集中地表现出人类的审美意识和审美理想，因此，艺术活动是人类审美活动的核心。

---

① 本节主要内容已于 2007 年 6 月 30 日《文艺报》刊载。

艺术中的审美价值不同于其经济价值，但与经济价值有着密切联系。艺术的经济价值主要体现在艺术以其综合性价值服务于社会与人民大众，人们在消费艺术品时须支付费用，并由此而产生的经济效益。艺术活动应当也必须生成其经济价值。艺术的经济价值首先是维系其艺术再生产的需要。如果没有充足的经济收入，就不能维持艺术活动的持续生产，而推进艺术活动持续运行的经济动力，最主要的应当来源于艺术生产自身。艺术可以创造巨大的经济效益，已经成为不争的事实。在当代文化产业发展的进程中，不仅艺术活动居于整体文化产业的核心的地位，本身可以创造巨大的经济效益，同时，与艺术相关的其他大部分文化产业类型的活动，均具有或多或少的艺术成分。当代文化产业的发展，已经在各国国民经济发展中逐渐具有了主体性地位，其间，艺术活动所体现出的经济价值是不可估量的。在当代，艺术活动不仅对社会的精神文明的提升具有不可替代的作用，同时也在社会的物质文明建设及其社会经济发展中居于重要的位置。

但是人们又看到，由于艺术的经济价值越来越受到人们的关注和强化，艺术的经济价值所具有的负面作用也愈加体现出来。它作为一柄"双刃剑"，一方面对社会的经济发展起到显著的推进作用，另一方面有时又以其巨大的经济作用，冲击着艺术的审美作用以及艺术家的审美理想。一些艺术家在可观的经济利益的诱使下，逐渐放弃了艺术的审美理想，以及作为艺术家的使命感，一味地追求其经济利益，致使艺术出现一系列堕落的趋向，诸如艺术的过分感官化、低俗化、商品化等现象均有所泛滥。因此，不论是脱离艺术的审美理想而一味追求其经济价值，或是闭眼不看其经济价值而奢谈其审美价值的做法，均是十分有害的。

艺术的审美价值也不同于理性的认知与教育价值。过分强调艺术的认知价值与教育价值，也会驱使艺术活动走向偏颇，失去艺术特质及其审美魅力。我国半个多世纪以来曾经在较长的时期里过分强调艺术的上述价值和作用，致使艺术一度成为某种政治理念或政治路线的附庸与传声筒，失去了作为艺术的基本的审美特性，以及娱乐和经济的特性，同时也就失去了对大众的审美吸引力，大众消费及其艺术活动的衰落自然就是难免的，而其努力追求的认知与教育价值也就微乎其微。无独有偶，20世纪以来，西方乃至我国近年来一些自诩为前卫和先锋的现代艺术中，也不乏这种现象，他们将其作品自称为探索性与实验性艺术，但究其实质，一方面失去了基本的审美价值，同时又赋予其艰涩的、只有他们个人方能阐释的理念，因而在失去大众的同时，也就失去了审美价值与经济价值，而其一味强调的理念也就变得比较可笑，认知价值无从谈起。

由此可见，艺术的各种价值均与艺术的审美价值联系为一体，离开了艺术的审美价值，其他价值的实现是不现实的。换言之，艺术只有在实现其基本的审美价值时，其经济价值或认知价值与教育价值才能同时实现。脱离了艺术的审美价值的经济价值，就会导致艺术的低俗化，甚至堕落，这不仅是对艺术的损害，更重要的是对社会精神文明建设以及大众精神素质的损害，在其本质上也是对社会经济发展的损害；脱离了艺术的审美价值的对认知价值与教育价值的过分强调，也会驱使艺术活动脱离大众审美需求，走向衰微与凋敝。

二　艺术的审美价值是人的审美理想的充分显现

审美活动是最基本的人类活动之一，它体现了人类所具有的审美意识。审美意识是人类所具有的特有的能力，只有人类才能具有审美能力，也只有人类才能创造美。正是在人类的长期的发展与繁衍中，人们创造了艺术，同时也创造和丰富了人类的审美意识。而当一些现代艺术家及其理论家在否认人们的审美意识及其审美创造之时，他们实际上也就否定了人类与生俱来的审美意识和审美理想。

人类的审美理想，其内容十分丰富，它应当包括人们的审美创造意识的不断丰富与完善，人的审美创造能力的持续提升，以及人的审美领域的不断扩展，人的更多生活领域的审美实现等。在这一理想不断确立和趋于实现的过程中，人们必须付出巨大的艰辛和努力，在长期的审美实践中锻造和冶炼自身，而在其间，对艺术的创造和艺术品位的不断提升，正是实现审美理想的主要途径。

人类的审美理想体现了人类各种重要的价值取向：其一，进取性。它始终具有不断进取和持续发展的特性，从来没有停止过前进的步履；其二，进步性。人类的审美活动及其艺术在其主体上始终表达着人类进步的价值取向和社会理念，其相应的美的和艺术创造已经成为社会先进文化的重要组成部分；其三，创造性。审美活动及其艺术具有不可重复的不断创新的基本特性，正是在其动态和历史的创造过程中，人类持续地提升着自身的创造能力；其四，愉悦性。艺术的美感创造无论是在其形式还是在其内涵上，均体现出令人愉悦的基本特性，这一特性也是人类审美意识的基本特性之一。以上基本价值取向充分表明，人类的审美理想应当属于人类的本体属性以及人的本质追求的范畴。

在21世纪，艺术世界呈现出纷纭复杂的情景。比如，纯粹艺术与各种实用艺术的并存。可以说，更多人类文化的和物质的创造性活动具有了艺术的和审美的特质，这正是人类审美意识不断深化的体现；优美的和各种不同范畴的艺术美形式同在，这也充分展示出人类审美创造意识与艺术精神的丰富及深化。

与此同时，艺术活动也出现一些不和谐音，比如：有的非艺术的文化活动形式纷纷假艺术之名招摇过市，特别是一些根本不具备人的美感需求和艺术特质的所谓"艺术"也要冠以艺术的名义显示自己的存在；一些以表现丑陋为主要目标的艺术样式多了起来，在个别领域或地区甚至占据了主要的地位。人们承认，在一些艺术美范畴中，例如悲剧、崇高、滑稽等，均有丑的艺术因素的出现，这不仅是艺术表现的必要，而且也是对与艺术美领域及其表现力的丰富与扩充。即使是在有的以表现丑为主旨的艺术作品中，人们也可看到，其间潜隐着对丑的贬斥与否定，而并非只是对丑的津津乐道的欣赏。只有极少数艺术品浸满了对丑的事物貌似客观的表现与激赏，这当然应属于艺术的逆流。事实上，当他们对艺术的和社会审美活动的意义生发怀疑乃至予以颠覆的同时，他们也就颠覆了属于人类的进步的价值观及其生存理想。

美作为一种价值形态，实质上，它在创造与表现美的过程中，所体现的是人与世界的一种关系，是从事艺术审美实践的人同客体的审美属性之间的一种关系，即价值关系。人们创造艺术审美价值的劳动，一方面，必须借助于外部世界的自然属性和感性形式。另一方面，人们也需要有发现与创造美的素质，即能够从客体世界的自然属性和感性形式中找到具有审美价值的质素，并能够予以创造的素质和能力。而这种对艺术审美价值的创造，同时也是一种具有社会性的活动。不仅人的感受美、创造美的器官的成熟和审美心理基础的奠定来自于人类社会历史的发展，而且人们的艺术审美活动实质就是人的社会活动的一部分，只有在一定社会关系的形态中，艺术才能找到自身存在的土壤。审美价值所独具的特色在于，它既是形象性的，也是超象性的；既是精神和情感的，也是物质和实践的；既是功利的，也是超功利的；既是主观意识的，也是客观的和社会的。艺术的审美价值正是上述几个方面的辩证统一。

三　创造审美价值是艺术活动的基本宗旨

艺术审美价值的表现形态是多种多样的。"美"的创造，是艺术审美价值的核心，艺术活动中的许多方面，均与"美"的创造有直接或间接的联系。崇高、壮美、悲、喜、滑稽、丑等审美范畴的创造，均能充分体现其艺术的审美价值；而主体对形象、典型和意境的营造，则是实现艺术审美价值的基本目标；艺术家对人与人、人与自我、人与社会、人与自然的关系的思索和形象性表现，更是较深层次的审美价值的创造。在当代，人们通过艺术活动对许多课题的感悟与思考，均上升到审美价值的高度，对社会与公众具有重要的启示。而在艺术及其审美领域内部，更需要不断进行探索与追求。自 20 世纪以来，属于社会艺术活动的领域及其方式在不断拓展，审美的和艺术的类型也在扩充，这正是艺术活动持续发展和艺术审美价值不断提升的表现。由于世界特别是西方世界经济政治文化的基本状况，以及人们理念与精神世界的丰富性与复杂化，促使艺术世界出现了许多新的景观，同时也出现一些混沌与迷乱。面对纷纭复杂的艺术现象，人们当会基于审美理想的基本内涵，通过对以往世纪艺术历程的冷静思索，逐步予以厘清，更加坚信人类审美与艺术活动的发展趋向和前景。

创造审美价值，是艺术活动的基本宗旨。艺术的全部价值，均是艺术主客体审美关系的生成以及主体创造的结果，艺术审美价值的生成，更是主体通过自由自觉的创造，以富有审美意味的形式建构出不同样式的作品，并通过形象、意境和典型等凝结了人类和世界上具有普遍审美意义的精神质素，其间所充盈的精神性价值即为艺术的审美价值。创造审美价值的意义不仅在于艺术活动本身，而且在于通过此达到净化人的心灵、改善人与世界的关系，提高人的精神品格和创造能力的目标。

创造审美价值，是艺术家审美理想的体现。主体在创作中，会将自己的价值观念、理想模式渗入其间，使之在创作过程中成为规范总体作品价值取向的重要因素，为作品导航，同时又在作品的最终形式中得到体现。在人类历史上，人们的审美理想有着特定的时代和民族的特征，但人们对真、善、美的追求，对积极的、进取的人生目标的追求，对生命意义的探讨，总是相通的。高尚的审美理想必然导向作品的高雅，低劣的审美情趣势必导向作品的低俗。凡是得以传世的艺术作品，大都在某个方面凸显了主体对人生或世界某个方面的审美追求，昭示着具有一定社会、时代和民族特色的审美理想。

创造艺术的审美价值，就要努力实现审美主客体的统一。作为客体，其间既有物质媒介的因素，也有社会属性的因素。客体的自然因素和形式感，在构成艺术的审美价值中具有重要的作用。人类许多美的创造都来源于自然界美的形式和因素的启示，或者物质媒介的借助。但艺术美的构成又离不开社会属性，社会、历史的各种因素在审美活动中具有重要的意义。而且，自然的和物质的因素又要与社会性因素紧密地凝结在一起，才能形成完整的美的客体性。艺术美的形态的最终完成，是审美客体与审美主体互通互融的结果。主体的审美需要和审美发现，在其中起到关键的作用。

综上所述，艺术审美价值的本质就在于，通过艺术创造和交流活动的进程和物态化成果的出现，将使人的生命潜质得以充分发挥、人的智慧和才能得以全面展示，并通过人对客体世界的审美掌握及对未来世界的先行对话，实现人的自由自觉的创造意识的极大丰盈，以及人类和各民族审美精神的不断升华。

第五节　文化自信是一种民族心态①

关于文化自信，是一个历久弥新的话题。当下的提出，在民族复兴大业的进程中具有举足轻重的作用。

一　文化自信是对自身精神价值的把握与彰显

文化的自信，是以文化为基石的民族心态的表征。其间的文化，主要是指代表了民族意识、民族心理及其社会理想的精神性文化，审美文化在其间具有重要的地位。正是这种文化，一方面记录着民族的延续和传承，锻造着民族成员的审美素质和文化意识；另一方面感染和激励着人们追求美好的社会理想与审美理想。文化精神与社会现实息息相关，与当代人们的生存状况以及未来社会可持续发展的进程密切相连。而文化自信，正是以民族文化为基础的对自身文化传统、文化现状认知的充

---

① 本节主要内容已于 2011 年 11 月 2 日《文艺报》刊载。

盈，以及对未来文化发展必然走向辉煌的矢志不移的信念。

文化自信具有丰富的特质。首先，这是一种深层的综合的自信。它昭示的是一种民族的深层心理，不局限于单纯的文化范畴。它不仅是民族心理重要构成，而且是具有综合的社会心理的特质；其次，它不是一种个体状态，而是一种民族与社会的群体的自信，是一种特指的群体的状态，例如某一政党或地域人们的心理特征；最后，它具有穿越性价值，一方面是对自身既有文化积淀、文化遗存、昔日的文化辉煌具有充分的自豪；另一方面更是对当下文化认知的明晰，以及对未来文化发展具有充分的信念，能够担当民族及世界文化发展的历史责任。

说到底，文化自信是一种民族心态，是一个民族的多数成员对自身精神价值的把握与彰显，是属于精神层面的力量与底蕴的外溢。作为一种民族心态，可以从几个方面加以考量。一是民族精神的内聚力，即指民族意识凝结与聚合的程度；二是民族心理的积蕴，是指民族文化传承中所具有潜力的大小；三是民族生态所呈现的活力，是指当代文化所显示的能量的高下；四是民族心态的包容度，亦即对多元文化接受与融合的力度与环境。

作为一种民族心态，文化自信表现出当代社会发展的大背景下民族意识凝聚与表现的状态。在中国，它既是对执政党权威性与凝聚力的检验，也是对全民族成员的一种呼唤、警示和期待，它集中凝结了民族心理、民族精神和民族灵魂。

当代中国正在建设具有中国特色的社会主义文化，这是一项前无古人的伟大事业。社会主义文化对人民大众的精神风貌和理想信念具有重要的引领作用。而在这一进程之中，人们也深深感到从来没有过的挑战，甚至一些人缺乏应有的文化自信，对近年来出现的某些社会和文化现象忧心忡忡。诸如信仰的缺失、伦理文化的衰落、道德文化的堕落、官本位文化的兴盛、权贵文化的滋生，以及人们对大学培养不出杰出人才、文化界不能出现艺术大师、大众文化生活的相对不足、粗鄙与低俗文化的泛滥等问题的忧虑，确实对人们的文化自信产生了强烈的撞击。

缺乏文化自信，表现出人们精神层面的茫然和游移。它既是对本民族文化历史洞察的迷失，同时也是对当代文化发展信念的混沌。较普遍地出现文化自信的缺失，已经影响到文化环境的营造、文化成就的涌现、文化名人的造就，以及民族心理的凝聚、民族的精神的高扬、大众参与文化的主动与创造性的迸发。

文化自信不分大国或小国、强势民族或弱势民族，只要坚守应有的文化心态，便就具备了文化的自信。文化自信来源于民族的自信，而文化自信又是对民族自信的丰富与完善。中国文化的厚重积淀，是产生文化自信的基础，但它不能代替当代文化的建设与发展。中国的文化自信乃至民族自信曾经有过令人瞩目的时代，也曾在几百年来遭受重创，致使许多人失去了基本的自信力，在殖民主义和帝国主义的奴役下度日。早在70多年前的鲁迅先生的著述中，就已经深刻地论述过中国人失却自信的苦痛。文化自信是民族自信的重要组成部分，是民族自信的核心，它具有彰显民族精神和信念的巨大作用，是一种对民族自信心的集中和凝结。强调文化自信，不是盲目地自我膨胀以及自我心灵的慰藉，而是对民族文化精神的科学考量、客观把握与全面推进。充分认识和确立文化自信，应当成为精神文明建设的一项重要使命。

二 文化自信是民族精神及其文化走向自觉与成熟的表征

文化自信作为一种民族心态，是民族精神与民族文化走向自觉与成熟的表征，是一个民族心理与意识的折射及对民族文化底蕴的全面呈示。

一个文化自信的民族应当具有勇于反思的精神。它不讳言曾经经历的苦难、出现的挫折和走过的弯路，不回避现存的各种弊端。真正的文化自信既不是阿Q式的自尊自大又不自卑自弃，不应文过饰非、讳疾忌医，不是那种在出现失误之后的自我掩饰，而是对事物本来面目的实事求是和坦然相对。

一个文化自信的民族应具有善于学习的传统。它不拒绝其他文化的进入，充分重视多民族文化的互补与融合，在多元文化互补的基础上实现不断进取。它既不是在闭关锁国的状态下坐井观天，也不是动辄要从他人思想武库中寻找替代方式，任何试图照搬传统文化或西方文化模式的做法，都是缺乏文化自信的表现。

一个文化自信的民族应当拥有巨大的责任感。它应在和而不同基础上与其他民族共同肩负起推进世界文明发展的历史使命，它不会躲避责任、隐匿观点，也不会盛气凌人，将自身的价值观强加于人，而是在对自身民族文化底蕴了然于心的基础上，自觉承担应有的责任，从容应对可能出现的任何文化冲突与碰撞。

　　一个文化自信的民族应拥有坦荡宽厚的境界，容许多元文化的共存。既坚持主流价值观念的主导作用，又倡导主流与非主流文化的和谐共存，在具有共同的核心价值观与共同社会理想的前提下，与不同宗教信仰与文化取向的人们和睦相处。它拒绝文化专制，不搞一言堂，不搞一种声音，在文化互补的基础上，形成多元文化的共处，以其宽厚与包容的心态，促进多民族文化的和谐发展。

　　一个文化自信的民族应具有博大的襟怀。它不是盲目的自尊自大，恃强凌弱，也不是仰人鼻息，唯命是从。它不以自身厚重的文化底蕴沾沾自喜，而与他人平等相处，也绝不会为五斗米折腰，在对手面前屈膝称臣。它拥有大海般的胸怀，像高山一样伟岸，不会为世间的风吹草动而动容，不会因人域的狗苟蝇营而焦虑，不在众说纷纭时人云亦云，也不会在风云涌动时自乱阵脚。

　　一个文化自信的民族应具有不断进取的信念。它倡导积极的和进取的精神，重视当代文化的建设，尊重和维护人民大众的文化权利，致力于保障全民族每个成员的文化权益，满足人民大众日益增长的精神需求，最大限度地调动人们文化创造的积极性和内在潜质，实现对每个个体精神创造力的真正激活。

　　不难看到，文化自信是一种民族精神的定力，它表现出一种富贵不可淫、威武不可屈的气节，一种宠辱不惊、不以物喜、不以己悲的坚守，一种实事求是、我行我素的意识以及充满理想、乐观向上的信念。

　　这种定力来自内在文化的张力。它基于民族文化丰厚的积淀，形成对文化根基的支撑和文化精神的激励。正是基于这种民族的定力，方能铸成一个民族颠扑不破的信念，以及共同的社会理想。

三　文化自信建设是一种精神层面的提升

　　当人们试图重新建设中国人的信仰体系的时候，又深深感到这一工程的艰辛。文化自信与社会理想及其信仰有着密切关系，它源于人们对未来社会发展的共同愿景，以及对人的生存价值的基本认知，标示着一个民族文化实力与文化张力所达到的水准。文化自信既是动态的和历史的，也是互融的和开放的，更是建设的和进取的，民族的文化自信既来自文化的传承，同时也需要当下的建设。

　　文化自信需要建设，不是仅靠精神启示与思想教育可以奏效。特别是在一些人缺乏或逐渐淡化其自信力的时候，更需要扎扎实实地建设。

比如，关于社会主义理想与信念的教育，关于社会主义道德与伦理的建设，对优良文化传统的继承与弘扬，关于繁荣艺术创作和推进文化产业等，需要大批从事文化与艺术建设的人们做出脚踏实地、兢兢业业的努力，需要各级政府健全与改善公共文化服务体系，需要在不断加大文化的物质性投入、兴建大批文化设施的同时，重视增强文化与艺术的软实力，让人们享受到实实在在的文化服务，并在获得精神满足的基础上，不断提升文化与审美素质，增进对民族文化的感悟以及自信心的重铸。

文化自信的建设是一种精神层面的提升，容不得浮躁。特别是在发展问题上，当社会渡过了改革开放初期的飞跃式发展之后，社会已然走向了科学发展的轨道。面对社会现实，人们应当以全面发展、可持续发展作为应有之义，而不是随心所欲地跨越。任何发展均会在带来积极效应的同时，也会产生相应的负面影响，文化建设中的过度发展将会带来对人文环境的损害、造成文化生态新的不平衡，因此，文化同社会各领域的发展一样，必须坚持可持续性发展的理念，浮躁与臆断不是科学的精神，往往在其冲动与焦灼的背后，潜隐着思维的无序。在许多时候，淡定更是一种自信的表现。淡定，意味着面对各种文化态势的胸有成竹，对自身优势和劣势的洞若观火，驾驭各种关系及力量博弈的游刃有余。在任何事态面前的不张扬，不逞强，不夸夸其谈，不搞政绩工程，恰恰是充满自信的表现。

确立文化自信就要不断增强自我调节与制衡能力。善于驾驭各种机制，是文化走向自信与自觉的表现。面对各种文化现象的纷繁杂陈，需要建立有效的调节与制衡机制，这一机制既要依据国家法律和法规，在依法治文的原则上推进文化的运营；又要针对纷纭复杂的文化动态，及时推出有利于文化建设的政策，以此来保证社会主义市场机制下文化的良性发展，及时制止不良文化形态与现象的出现；还要建立高度的文化民主，让更多的人参与文化建设与创造，形成新时代文化建设的生力军，以及全民热爱文化、享受文化、建设文化的生动局面。

确立文化自信，就要不断增进辨析与扬弃各种传统文化的能力。今天的人们不应背上前人的重负、因循传统的路径，在社会发展中不思进取。对历史文化的珍重代替不了当代文化发展中新的探索。当人们试图以某种传统学说担负当代中华民族的精神依托或者精神制衡器的时候，很快就会发现这是力不能及的。任何传统学说在当代社会发展中都难以担当唯一精神动力的作用。社会主义的文化不是纯而又纯的文化，而是多重文化形态的共存，既要有主体文化作为基础和支撑，又要有各种各样的文化形态作为丰富与完善，使之在共生共存的环境中获得发展，由多个支流汇成江河，又在融合中成为浩瀚的大海。因此，在文化建设进程中，既要重视主流的和主导性的文化的地位和作用，又要客观看待各种文化形态的相互渗透，促使多样性文化的交融与互补、主流与非主流文化的相得益彰。

确立文化自信，需要循序渐进。作为一项精神建设的工程，不可能一蹴而就。文化自信的确立，不是简单的精神认知和思想灌输可以解决的，而是全民族价值观念整体提升的结果。社会的安定与和谐，经济的快速与可持续增长，人民大众生活水平的逐步提高，国家整体形象在国际社会的确立等，都会对文化自信带来直接的促进，应让大众不断看到社会前行的履痕、经济增长的印证、文化建设的进取、综合实力提升的标志，让人们切身感受到社会前景的美好，以此增强文化的自信。

确立文化自信，还要重视经济科技与文化的同步发展。文化建设从来也不是孤立的，它与社会诸多领域，特别是政治、经济、科技等领域的发展息息相关。在宏观文化的意义上，政治经济科技等本身就是文化的重要组成部分，而在微观上，它们不仅能够直接或间接地作用于文化，同时文化也时时渗入其他各种社会形态，对政治文化、经济文化、科技文化的深度发展具有重要的影响力。

值此，有必要重温鲁迅先生的名言："我们有并不失掉自信力的中国人在。我们从古以来，就有埋头苦干的人，有拼命硬干的人，有为民请命的人，有舍身求法的人……虽是等于为帝王将相作家谱的所谓'正史'，也往往掩不住他们的光耀，这就是中国的脊梁。"[①] 正是拥有这样的一些人的存在，中华民族才不会失去文化的自信，这是一个民族强盛与成熟的表征。成熟，意味着对自身文化底蕴予以客观的认知，对当代各种关系做出准确的把握，对发展采取科学的策略。作为一种民族心态的深度表现，文化自信昭示的是我们民族未来的前景以及居于世界民族之林的价值追求。

---

① 鲁迅：《中国人失掉自信力了吗》，《鲁迅全集》第六卷，人民文学出版社1973年版，第119页。

第三章　法治建设与国家文化安全

　　文化建设的步步深化，愈加显现出加强文化法治建设的重要性和紧迫性。新中国成立以来，我国党和政府在文化法制建设方面做出了积极的探索与努力。但在改革开放以前，文化法治建设尚处于一个不成熟的阶段，甚至出现较多无视法治、破坏法治的现象。正是改革开放的兴起，为文化法治地位的确立与不断走向成熟开辟了道路，迄今，我国已经基本形成了比较全面的文化法治体系。文化法治建设的理论与实践，为中国特色社会主义文化建设理论体系增添了新的内容。文化法治建设的根本目的，即在于保障人民的文化权利，保障国家与民族的文化利益和文化安全，保障文化艺术建设事业有序地进行。遵循法律和法规，已成为广大文化艺术从业人员与管理人员必须恪守的准则。党的十八大以来，新一届党中央高度重视国家安全问题，全面阐释和构建了具有丰富内涵与外延的国家总体安全观，将文化安全视作国家安全体系中的重要组成部分。在形势多变、纷纭复杂的当代，国家的文化安全是民族团结、国家稳定、人民安康的重要保障。社会主义的文化建设与文化服务，应当始终坚持继承中华民族优秀文化、创新时代文化与吸纳外来文化的原则，而在不断继承、创新和开放的道路上，必须以中华文化为本体，在文化交融中牢牢掌握主动权，坚实和稳健地将国家文化建设推向新的一页。

第一节　以法治文的当代意义及其科学发展

　　文化法治既包括国家法律，同时也包括各种由政府相关部门颁布的法规与条例。国家法律具有相对的稳定性，是在一个较长的时期内普遍使用的法律规范，行政法规具有一定的时段性，可以随着社会发展及文化艺术发展的需要和变化适时加以修改与完善。依法治文，应成为各级政府管理文化、建设文化的重要策略与方针。

一 依法治文是当代文化建设与发展的重要保障

强化文化立法，以法治文，是我国党和政府多年来一贯坚持的方针，特别是党的十八大四中全会通过了《中共中央关于全面推进依法治国若干重大问题的决定》，明确指出了新形势下文化法治建设的方向、目标和任务，使文化艺术界全面实施依法行政、依法治文进入一个新的阶段。

面对迅捷发展的公共文化服务、文化产业等项文化事业以及国内外文化领域各种复杂的事态，政府应首先运用法律的方式，以及与法律相关的经济的和社会的等方式实施管理，即使需要运用行政的方式，也应当依法行政。在维护国家文化安全的层面，法治建设负有重要的使命，特别是在改革开放的大潮中，外来文化的进入势必对国家文化建设产生种种影响，国内各种陈腐的文化也会时常沉渣泛起，法治建设应当紧紧环绕文化发展的现实，既要审慎对待各种文化带来的冲击和影响，警惕国外不良文化对我国文化的侵蚀，又要坚持"走出去"战略，将中华民族优秀文化推向世界，提升我国文化软实力，在国际文化市场占据应有的地位。

（一）以法治文是推进公共文化服务的强大动力

新形势下深入开展公共文化服务，已成为我国文化建设的重要使命，特别是在推进和加快实现小康社会的进程中，实施包括公共文化服务在内的公共服务，是改善人民大众文化艺术环境，提升大众审美文化素质的关键举措。在文化艺术活动与服务的层次、质量等方面，我国还存在较突出的不平衡现象，集中表现在城乡之间、地域之间、民族之间的较大差距。全面增进文化艺术产品与服务的总量，提升公共文化服务的水平，是改善和缩小差别的必由之路。为了实现这一目标，必须以强有力的法治为保证。由于我国幅员辽阔，各地文化资源与文化艺术活动方式均有不同，如何能够确保各级政府对社会公共文化服务稳定和不断增加的资金投入，以及保证不同地域对文化资源的有效利用，充分发挥文化艺术工作者的最大能量，没有法的进入是难以奏效的。特别是在文化产业和艺术市场越来越繁盛的当下，有的地方已经出现市场性文化与公共文化服务争夺资源的现象，而某些政府部门也会出于盈利的目的，不仅在实施公共文化服务的基本理念上失去应有的自觉，同时也在具体实施上缺乏强力保障，对公共文化服务表面重视，实则削弱，令其让位于市场文化与商业文化。不断强化文化立法以及执法的力度，才能为政府在依法行政上提供强力的支撑，使人民大众的文化权益在法律层面得到有效保障，公共文化服务方能得以顺利和深入开展。

（二）以法治文是文化产业和艺术市场的有力支撑

在十多年发展文化产业的进程中，人们深深感到法治的重要。文化产业具有极强的市场性，其运行主要不是依靠政府的行政力量，而是社会与市场，对社会庞大的文化产业运行机制的有效掌控，主要是法律。即使是政府，也应遵循经济规律和市场法则，在法治的规范下发挥调控和制约的作用，而不是超越法治的随性而为。在发展文化产业的进程中，人们时常遇到种种困窘，有时缺失可以遵循的法规，人们不得不因循老路，依据行政方式行事；有时虽然已经出台比较具体的法规或规章，但由于相关部门借口不易操作，并不完全按照法规办事；有时人们对相关法规尚处于并不熟悉的境况，同样影响了法规的实施。在新的历史条件下，能够由社会方式和市场运行的活动，就不应由政府来操办，能够由法治解决的问题，就不应以行政的方式来解决。特别是有关产业定位、市场规模、企业经营、生产销售、价格起伏等属于产业活动层面的问题，更应尊重产业和市场主体，以法治为准绳，以市场为杠杆，推动文化产业有序和健康地运行。

（三）以法治文是实施文化遗产保护的重要基石

多年来，我国相继推出了《文物保护法》和《非物质文化遗产保护法》，使文化遗产保护成为法律建设比较完善的领域。这一方面得益于文化资源和文化遗产研究与保护部门广大成员的长期努力，另一方面也与该领域主要涉及传统文化，其政策掌握相对比较成熟有关。特别是21世纪以来，世界联合国组织在非物质文化遗产保护方面予以高度重视，制定了有关公约，我国人大和政府也及时推出相应举措，使非物质文化遗产保护在法律的准则下获得较为规范的运行。但也应看到，虽然该领域的法律与法规比较健全，但作为文化遗产保护的整体事业，尚有种种不尽如人意之处。另外，人们在对法律法规的认知与理解上，存在一定差异，这当然主要与人们的认知能力有关，同时不必讳言，相关法律案及法规均有进一步完善和规范的必要。在更多的时候，则与各级政府相关机构执法的科学性和力度直接相关。由于种种因素的影响和制约，或是基于地方政府发展经济的需要，或是由于用于保护的资金严重不足，或是屈从于产业与市场的压力，致使许多地方文化遗产保护工作进程与法律规范尚有不少差距，甚至有的直接与法律相违背。以法治文的原则在文化遗产保护领域的贯彻实施，尚有很长的路要走。

（四）以法治文更是保障国家文化安全的坚强屏障

法律的根本功能，即在于规范社会和人的行为。为了保障社会文化活动有序和健康地发展，需要更完善更严密的法律及法规对文化艺术实施规范和制约。从保障国家文化安全来看，法治的不断完善和全面进入是十分必要的。文化安全既指向国际，也包括国内。在国际方面，文化安全的严峻课题时时考量着我国政府各相关机构的法治意识和执法能力。自冷战时代始，许多发达资本主义国家的政客与商人，依仗经济的优势和文化制品的丰富，对发展中国家实施文化进入战略，以实现精神与价值观的潜移默化，达到不战而胜的目的；同时也通过大量文化产品进入，占领国际文化贸易市场的较多份额，获取最大的商业效益。面对这样的挑战和现状，国家和政府必须以法律为强有力的武器，一方面，通过与国际相关法律的对接，使我国文化产品得到有效保护的同时，得以更多进入国际市场，逐渐生成强大的市场竞争力；另一方面，又要以法律为后盾，抵制某些国家不良文化产品的进入，以及有损于我国文化发展的市场运作和不良竞争方式。而在国内方面，同样存在文化安全的重大课题。诸如各种腐朽没落文化活动及产品的沉渣泛起，不良的甚至恶性的商业竞争行为的肆虐，对抗和违背国家法律法规和政策的文化活动与作品的此起彼伏，都严重危害着国家意识形态的安全、文化市场的安全以及大众精神文化活动的安全。面对各种复杂的事态，需要加大法治的力度，使我国文化建设始终处于一个安全的国际环境和社会环境之中。

二　保障人民大众的文化权益是法治建设的重要任务

文化法治建设的重要任务之一，即在于充分保障人民的文化权利。保障人民群众的基本文化权益，是中国共产党的根本宗旨在文化领域的具体体现，在当代，它还体现了共产党人对人的全面发展的理想追求，是社会文明进步的重要标志。

在我国，人民群众不仅享有政治、经济、教育等方面的基本权益，同时也享有基本的文化权益，即参与文化生产与创造的权利、从事文化消费与享受文化的权利。在社会各种文化活动中，必须以法律的形式，保障人民自由和平等地参与社会文化活动的生产与创造，以使每一个社会成员都能够公平地享受社会文化成果，在文化生产和创造上充分展示和发挥个人的才能，同时，国家还应充分保障人民大众在进行文化生产和创造中所产生的各种文化成果不受侵犯。

保障人民大众的文化权益是社会主义文化建设的重要使命，它体现了当代社会发展的必然要求。保障人民的文化权益，应包括以下几个方面：

（一）保障人民参与艺术活动，享受社会文化成果的权利

社会主义国家的基本特征，即在于对人民大众根本利益的尊重和保障，其中包括人民在文化方面最基本的利益。如同人民大众应拥有政治、经济及受教育的权利一样，同时也拥有享受文化的权利。人民大众既是文化成果的创造者，也是文化成果的接受者。为了保障人民大众的这一权利，政府需要以大量和优质的文化艺术活动及其艺术产品，为大众提供公共文化服务，使每个人都能比较公平地享受到这一方面的服务。多年来，我国政府为推动公共文化服务，做了巨大的努力，这正是对人民大众这一权利予以充分尊重的体现。为了更好地保障人民大众享受文化成果的权利，政府有责任以法律的形式，使文化资源与文化成果得到比较合理的配置，特别对广大农村及文化生活偏于落后的地区，更应做出具有法律性质的规定，保障民众获得最基本的文化服务。同时还应通过制定相关法律，保障和促进社会文化艺术产品的正常生产，创造更多与更好的文化艺术产品，让人们在大量的文化艺术产品中选择适应自身需要的产品，满足不同层次人民大众日益增长的精神与文化的需求。

（二）保障人民在文化创造中充分展示和发挥个人才能的权利

作为法律，既要保护艺术家的权益，也要保护人民大众从事文化创造的权益。艺术家是文化艺术活动及其产品的主要创造者，是艺术活动的主体，他们的劳动及其创造，常常体现出过人的聪明才智，许多具有传世价值、代表了民族文化艺术创作最高成就的艺术品均与他们的智慧与创新能力息息相关。因此，文化法制的建设需要充分体现对艺术家的尊重及对其创作活动的保护，使他们能在自由与舒畅的氛围中进行文化

创新；此外，其他各领域文化艺术的创意者、生产者、传播者、经营者的基本权益同样应获得保障。他们从事各种与文化艺术创造相关的工作，有的既属于文化活动，也属于经营性活动。经过他们的劳动和创新，大量文化艺术产品才能够实现其审美传播价值与商业和市场价值，为艺术发展及其文化生产力的提升做出贡献。因此，他们的基本权益是否得到有效保护直接关乎文化发展的大业；人民大众作为文化艺术产品的创造者主要体现于两个方面：其一，人民大众在接受艺术作品时已经在实质上参与了创造，大众对艺术活动及其作品的反馈均体现出对该作品的创新与提升；其二，人民大众中具有巨大的文化创造的潜力，许多文化产品均来自于人民大众的首创，大量艺术家成名的前身即属于普通民众的范畴，他们通过个人锲而不舍的创造性劳动，使自己的创新能力及其作品得到社会承认，有的还会跻身于艺术家的行列。由于他们常常处在分散的、不为人注意的境况，因此他们的创造才能更应得到法律的关注。

（三）保障人民创造的文化艺术成果不受侵犯的权利

在文化法规中，应拥有充分的条文与款项，保障作为文化艺术的生产机构、部门和社会每一个成员的文化创造成果不受他人的侵害。首先，应注重保护艺术家，保障他们的声誉不受损毁和诬蔑，保障他们的创作成果免遭他人的剽窃、篡改或侵犯，保障他们的劳动获得应有的酬金与回报；其次，应保护所有文化艺术工作者的权益，包括文化艺术经营者从事合法经营与获得劳动收益的权利。大量从事艺术品经营、艺术品投资以及担任艺术经纪人的人们，已经成为社会文化活动的重要群体，他们的成果大多是与艺术家共同创造的，是在艺术家创造基础上的制作、传播与营销，正是他们的劳动，使艺术家的创新成果获得更广泛的社会传播，创造更大的社会效益和经济效益。因此，只要他们的活动在法律的框架之内，就同样应当得到法律的保护；又次，还应注重保护人民大众在文化创造中的成果。他们的许多劳动常常比艺术家更艰难，其成果的获得更加不易，又常常缺少社会的关注，因此他们的劳动尤其应当获得法律的保护。其中大量非物质文化遗产的传承者长期从事着默默无闻的文化创造活动，他们的劳动成果更易为人们所忽视。重视他们的创造性劳动，让他们既能获得社会的普遍尊重，同时又能使其成果不为他人所剥夺，以及获得应有的报酬，更需要以法律的形式加以规范。

三　强化文化立法、执法与守法，实现依法治文的科学化

加强法治建设，坚持依法治文，特别应当注重当下社会文化建设的实际，在制定和执行法律法规时既要遵循国家宪法规定的总原则，同时又要充分依据我国当代社会的客观实际，以及不同地域不同民族的特点，实现文化立法和执法的科学化和规范化，还要不断增强各级文化管理部门、文化事业和企业机构以及大众遵守法律法规的自觉意识。

应将法治的不断健全与完善放在首位，实事求是，对不同境况下的文化活动做出不同的法律保障举措。经过长期建设，我国的文化法制体系正趋于成熟，但无论是国家法律，还是相关条例，均不够十分完善，尚存在部分缺失和不够适应的现象。迄今为止，全国人民代表大会专门为文化艺术制定的法律案主要有《文物保护法》《著作权法》《非物质遗产保护法》《电影产业促进法》《公共文化服务保障法》等，还有一些与文化艺术相关的法律规定分别体现在其他一些法律案与法规之中。在较多的文化艺术活动中，人们除了依据上述法律案外，还要依据国务院制定的大量的行政法规行事。行政法规是国务院为领导和管理国家各项行政工作，根据宪法和法律而制定的，是对法律内容具体化的一种主要形式。多年来，一方面人民代表大会制定和通过了有关法律案，或者在相关法律案中融入了与文化艺术相关的内容与条款；另一方面，由国务院制定的大量文化艺术方面的行政法规，相关部门也推出了大量规章，均在推动文化艺术的建设与发展中，发挥了重要的保障和制衡作用。但是，总体来看，我国在文化艺术方面的立法还有很大差距。首先，法律案及法规有较多欠缺，虽然在其他相关法律案中对文化艺术有所涉及，但条文也不多，文化立法存在较多盲点，在有的文化和艺术领域仍处于无法可依的境况；其次，文化立法的效力层次偏低，有的法规仅仅停留在一般规章的层次，一些显得比较重要比较紧迫的问题或者由于还不够成熟，或者由于其他原因，未能提升到行政法规的层面；再次，文化立法的现实适应性不强，特别在一些与文化艺术建设密切相关的领域，尚处于法律缺失的状态；最后，国务院行政法规与国务院相关部门所发布的行政规章有所交叉，修订与更新不够及时，有时甚至出现相互矛盾的现象，缺乏强劲的约束力。

因此，加快法规建设依然是十分艰巨的使命。在制定相关文化法规时，应当基于我国文化建设与发展的实际，坚持实事求是，推出符合当

代文化艺术活动与创作需要的法律或条例。例如，在当代文化建设的整体系统中，公益性文化事业与公共文化服务、文化产业与市场、文化遗产与非物质文化遗产保护等方面，均具有十分突出的地位，同时又有一些不同特点，在文化法规的制定中，应当设立更多分别适应各个不同领域文化建设需要的独立的法规与规章，针对特殊的文化活动方式，做出具体的和比较适应的规定；再如，由于我国地域辽阔，不同地域人民大众和民族在文化习俗、审美习惯等方面存在一定差异，因此，在法制建设中，应充分注重不同地域、不同民族条件下文化的同一性和差异性，适时推出既符合全体人民的意愿又具有一定特殊适应性的文化法规。而在一些地区，还可以推出具有特色的地方性法律或规章；又如，由于文化艺术活动领域的广阔，许多文化艺术样式与种类也具有这样和那样的差别，作为法律的制定特别是在进行有关条例的制定时，也应充分考量不同艺术种类与样式的创作特色与营销特点，只有出现更多具有特定适应性的法律和规章，方能推动不同艺术活动的有序开展。

加快建设文化法治，应在保障人民基本文化权益的前提下，坚持如下原则：

（一）文化法律法规的制定与实施，应当遵循文艺的基本规律，充分考虑到文化艺术活动的基本特点与特殊性

文化艺术活动及其创作是人类的审美精神活动的体现，充满着大量审美创造的特点，因此，许多本来适应于社会各领域的法律规范，对艺术活动未必适应。正是在这一方面，对文化法制建设提出更多的课题。由于文化艺术创造活动具有更多的审美性、情感性因素，以及创造过程中模糊性、未定性因素的大量存在，因此在许多文化活动中纠纷的发生、人与人之间关系的摩擦，以及对某些事象是非高下的判定均与审美创造过程中的特殊规律与某些特性相关，为法律法规的制定带来困难。还由于文化艺术不同领域不同样式以及艺术家创作的个性特点，使对艺术家创造性劳动及其艺术品价值的判断产生异见。对艺术创造产品基本价值的判定，难以用社会的必要劳动时间来估算，更多需要从其审美的和艺术的含量及其对社会的感染力来判断；由于对艺术产品审美价值的判别存在较多个人化因素，人们的见解与认知的差异导致判断尺度的不同，对艺术样式艺术派别艺术家之间的竞争，有时也难以从艺术作品的基本数量和市场的效益与经营额来衡量。因此，对文化法律法规的制

定，应当充分遵循艺术活动的特殊规律，把握艺术活动中的具体因素，有时需要从法律法规的和艺术的双重标准来考量。

（二）文化法律法规的制定与执行，应当坚持保障社会效益与保障经济效益并重的原则

文化属于精神活动，其社会效益理应放在首位。当面对社会效益受到损害、产生不良社会影响时，应当毫不迟疑地运用法律的手段，维护国家、民族的根本利益不受损害。与此同时，还应充分考虑国民经济发展的需要，法律同样负有保护文化产业的生产与文化市场正常经营的责任，各种法规的制定与执行，应在不伤及实现社会效益的同时，保障文化经济活动的正常运行，使之在国民经济发展中发挥越来越大的作用。此外，把握社会效益和经济效益的并重，体现出对人民大众根本利益的保护。人民大众需要获得更多积极健康的文化艺术活动与产品，只有保障大量优质文化产品的涌流，才能符合社会主义文化建设的根本目标。人民群众应成为文化艺术建设最大的受益者，他们不仅应当充分享受文化艺术建设与发展的成果，获得审美文化素质的逐步提升，而且大量民众还可直接参与文化艺术的经营性活动，在为文化经济的发展及其国民经济增长做出贡献的同时，获得一定的收益。因此，如何保障他们的实际利益也应在法规建设的考量之中。

（三）文化法律法规的制定与实施，必须坚持以人为本的理念

国家法律法规，说到底是保护人的根本利益、维护人的基本诉求的，因此，无论是制定法律法规，还是在实施的过程中，均应坚持以人为本的理念。坚持以人为本，就要以实现人的全面发展为目标，从人民群众的根本利益出发，不断满足人民群众日益增长的物质与精神文化的需要，保障人民群众的文化权益。在对文化法律法规的把握以及实施中，应当立于对人的充分尊重，以及对人民大众文化利益全面保障的基础之上，对人民负责，对国家负责，对艺术家及其从业者负责。无论是立法还是执法，均应坚持以绝大多数人为本以及以无数个具有平等权利的个体人为本，而不是以少数人为本的原则。凡是对绝大多数人们有利的事情，以及有利于维护社会民主及民生的活动，就应坚决去做，不仅及时以法律法规的形式加以规范和强调，而且要使人民大众获得共识、自觉遵循，成为执法的坚实基础。同时还应因地制宜，实事求是，不做那些超越时代和不符合社会实际与人民需要的事情。

（四）文化法律法规的制定与执行，应当充分强调保障与制约的双重性

任何法律法规，特别是社会主义时代的法律法规，首先是保护人民的，同时具有对违反法律法规的现象予以制约和制裁的功能。在文化法律法规的实施与执行的过程中，尤其应当准确把握这一本质特性。文化法律法规的实施，最为重要的是保障人民大众从事文化活动的基本权利和自由，并使之不受任何人的侵犯或危害。特别是那些从事民营或个体文化活动与经营的人们，其经营活动较易受到社会某些方面人们的忽视或侵害，其基本利益和人格有时也会受到不公正不公平的对待。应当看到，任何合法从事文化活动的人们，都是社会主义国家文化建设的一部分，都在为社会主义文化建设做出贡献，其活动都具有合法性，尽管有时可能会出现这样那样的冲突和摩擦，但只要以法律法规为准绳，均可得到圆满的解决。其间，应把对他们基本权益的保障与爱护放在首位，只有这样，才是真正依法办事；行使法律的制约与制裁功能，同样是重要的，特别对那些故意违法、已经损害了社会文化建设的人们与现象，必须予以及时制止和严厉打击，有的要提出刑事诉讼，交由法律部门处理。但其间，只要不是特别严重的对社会造成十分不良影响的人和事件，应尽力以人民内部矛盾加以处理，如此做，更有利于社会和谐与文化活动的广泛开展。

与此同时，还要十分重视社会各界自觉守法的意识，无论是各级文化艺术管理部门，还是文化事业和企业单位，以及社会大众，均应在文化建设的进程中不断提高遵守法律法规的自觉意识。法律从来都具有双重性，既是约束和规范社会人们行为的公共法则，同时也是保障人民大众基本权益的重器。在我国不断加强依法治文的进程中，所有文化艺术的管理者、从业者，均应懂得文化法律与法规的基本内容，深入理解文化法律法规的内涵，从自身做起，自觉遵守法律法规，在法律法规的规范下从事创造性的文化艺术活动。特别是那些在基层文化艺术管理机构的人们，以及在社会事业单位和企业部门担负领导与管理职责的人们，他们的身份和职能具有双重性，既是管理者，又是被管理者，作为管理者，具有履行法律和法规的职责和义务，作为被管理者，就应当好一名守法者，懂得如何严格遵守国家各项法律法规，使自身及其带领的团队，在法律法规确认的范围内展开文化艺术的创作和生产。同时也应看

到，法律不是万能的，特别在调整和规范人际关系等方面，尚需要更多社会其他方面的规则，诸如伦理、道德、意识形态等因素加以调理和制导。坚持依法治文，同时融入以德治国的理念，从不同维度展开对文化艺术活动及其创作的调控与治理，方能引领文化艺术活动及其生产运行于科学和有序的轨道，为社会奉献丰富和健康的文化制品。

第二节　国家文化主权、主导权与主导方向①

在当代文化建设与发展的历史进程中，对文化主权、主导权与主导方向的认识与把握，已成为引人注目的理论与实践问题。国家的文化主权、主导权与主导方向，是各具特点又相互连接的范畴，特别是在我国文化建设面临重要的发展机遇，同时也面对外来强势文化不断冲击的时候，重视维护国家文化主权、强化国家关于文化的主导权、科学把握文化发展的主导方向，显得更加必要和紧迫。

国家的文化主权，是国家主权的重要组成部分。一个国家和民族的独立，不仅包括政治的独立和主权的完整，同时也包括文化的独立与文化主权的完整。国家和民族文化的独立及其文化主权的不受侵害，与其国家的独立和政治主权不受侵犯具有同等重要的地位。由于与文化主权相关的问题常常被经济、政治等问题所遮掩，因而有时不为人们特别关注。在当代经济全球化、社会信息化等因素的影响下，一些国家的文化在获得发展的同时，其文化安全受到威胁与损害已是不争的事实。一个国家及其民族的文化，是该民族的命脉所系，是与该民族的生存息息相关的重要因素。当代西方一些人士极力鼓吹的所谓文化的世界一体化，其实质正是要利用西方国家的经济实力，迫使大部分发展中国家放弃自己的民族文化，而以西方文化特别是某个国家的文化取而代之，其结果，必然是该国家文化主权与安全受到威胁，久之便会造成民族文化的衰落与民族精神的丧失。

关于国家的文化主权，包含诸多方面的内涵，比如，保持国家与民族历史及其传统文化的继承与发展；保护国家文化遗产的安全；保证国

① 本节主要内容已于 2006 年 2 月 28 日《文艺报》刊载。

家文化艺术形式在国际文化活动中应有的地位；保障国家居于主流地位的文化形态在当代文化活动中的主导地位；保障本民族的艺术产品在国内艺术市场中占有较大的比重；保障国家文化艺术产品在世界文化艺术市场占据应有的地位与不断增长的份额等。在我国，国家和民族文化的主权与安全性，也已受到一定程度的影响和危害。为此，我们必须适应时代发展，在纷纭复杂的态势下坚持社会主义原则，牢牢把握文化发展的主导权，使我国的文化事业与文化产业真正体现先进文化的发展方向，在建设物质文明与精神文明的历史进程中发挥重要作用。

关于国家文化的主导权，是指国家在自身文化建设中对文化发展的基本权利及其主导作用，它是国家文化主权的充分体现，是基于国家与民族发展的需要，针对文化建设的现实而提出的。

诚然，文化的发展是有其客观规律的，但是这并不表明人们对文化的演进可以完全顺乎自然、无所作为。人们对文化建设的推进，正是对文化发展规律的认知与遵循。历史上，文化的发展曾长期处于自然的演进状态，人们在文化的发展中常常由于各种局限而显得缺乏应有的创造精神和指导意识。而在当代，文化的发展是与人类对其内在规律的科学把握与积极推动直接关联的，没有人类对文化的科学促动，文化的发展至今只能依然以缓慢的速度蹒跚而行。

同时，文化的发展又是以不同的形态呈现于世的。在当代，文化的存在更是表现为不同的特性，多与国家及其民族的存在直接相连。国家与民族是一种文化形态赖以存在的土壤与基础，国家对文化主权以及对文化主导权的坚守，正是维护文化健康与科学发展的基本前提。一个民族的存在，其本质就是文化的存在，如果一个民族的文化消失了，或被其他民族同化了，这个民族也就失去了存在的基础。一个民族的文化，包括它的语言文字、价值观念、风俗习惯、人文积淀等，都是这个民族在自己发展的历史上不断累积而逐渐形成的。作为这个民族的文化沉积，代表着该民族文明的程度与水平，同时还要在当代和未来发挥重要作用。可以说，如果一个国家的文化得不到有效的传承，其文化因素势必逐步丧失，同时也就逐渐失去了这个民族存在的根基；当一个民族拒绝当代文化的交流与互融，压抑新的文化因素的生成，就会阻滞文化发展的进程；而当一个民族大量接受外来文化，本土文化逐渐被外来文化所取代时，这个民族的生存也会产生极大的危险。因此，国家无论在任何时候均不能放松、更不能放弃对文化发展的主导作用。面对今后的发展，人们更应当依靠自身的创造意识与理性精神，将文化建设推进到新的高度和水准。

国家行使文化主导权的核心，集中体现于在文化建设中充分发挥其主导作用，对文化发展的方向实现有效的指导。为了维护国家文化主权的完整与文化安全，就要坚持社会主义文化在文化活动各个领域中的主流地位，确保国家在文化发展中的主导作用。一个国家或民族的繁盛与发展，其关键环节之一，就在于对文化建设发挥自身的主导作用，强化对文化主导倾向及其发展趋势的掌控。

把握国家与民族文化发展的主导方向，在我国就要坚持社会主义文化在艺术活动各个领域中的主体性地位，确保国家在文化发展中的主导权。社会主义文化具有明确的特性，它凝结了民族的、当代的和科学的文化精神，是优秀和进步的文化的象征，只有坚持以社会主义文化为主导，才能使我国的文化建设保持正确的方向。在当下，体现了社会主义特征的文化艺术活动及其产品应当在大众的文化活动中占有重要的比例和分量。随着大众文化在当代文化市场中占有越来越突出的位置，各式各样与五颜六色的文化或艺术均会裹挟在大众文化之中，争夺市场的份额，获取更大的利润。这样，就更要牢牢把握当代文化的社会主义方向，使具有社会主义文化特征的文化活动在其间具有主导的地位和影响，使一些不具备社会主义文化特征的文化艺术活动及其产品受到有效的限制、抵制和消解。应当利用各种方式，包括行政的、经济的、法制的和社会舆论的方式，努力使社会主义文化艺术活动及其产品得到保障和扶持。

对人民大众文化利益的保护与满足，体现了社会主义文化发展的基本内涵。在当代，人民大众不仅享有充分的政治权利、物质利益，同时也享有充分的文化权利。人们不仅应当拥有文化，而且可以享用文化，以及按照民族的文化需求和审美理想发展文化。人民大众不仅是文化的主体，而且是建设文化、发展文化的主体。人民大众的文化权利，体现在文化活动的各个方面，其中包括，社会每个成员接受文化的熏陶和学习本土与外来文化的权利；对相关文化产品的拥有，以及对公共文化设施使用的权利；接受世界各民族优秀文化，以及对各种文化做出自身选择的权利；对民族文化形象的维护与坚守，以及对所属民族及地域文化特色予以保护和传承的权利等。人民大众的文化利益属于本质的利益，不断满足人们持续增长的文化需求，对保障人民大众的基本权利、提高全民族文化素质，具有重要的意义。

近年来，跨文化交流已成为不可阻挡的趋势，如何在积极参与交流的同时，有效地阻止外来文化的大规模侵入和国外低劣文化对我国文化的侵蚀，是一项十分重要的课题。不必讳言，一些国家的文化媒体在当代居于强势的地位，他们既有一定的文化信息的优势，更有传播技术的优势，二者又是互为依存与促动的。特别是在影视及互联网等重要领域，西方媒体均占有话语霸权。其文化信息的涌入，不仅借助于娱乐文化的强势，占据文化市场的较大份额，攫取巨额利润，同时又可以将其意识形态因素悄然渗入；而在文化技术方面，主要体现在与电子媒体相关的技术以及知识产权的优势地位，西方某些国家利用这种优势对各国文化技术系统实施控制，使各国形成对西方文化技术产业的依赖。这些，均会对一些国家的文化安全构成威胁。我国亦然。由于我国在微电子技术方面的研究与应用均不占优势，因而我国在文化技术方面拥有的核心技术还很少，缺乏在核心技术方面对技术标准的制定权。作为发展中国家，保护本国的文化传统及其推进当代文化的发展，既应依靠民族文化优势，努力提升文化信息的数量及质量，抵御外来文化信息的长驱直入，同时又要注重本国文化技术的提升，争取我国在媒体技术以及制网权等方面拥有越来越多的主动权，以求尽快摆脱在文化技术方面对他国的依赖。从根本上讲，这也是保障本国文化主权与安全的需要。

对文化生态与文化资源的有效保护、开发与可持续利用，也应成为一项重要国策。特别是对国外文化实体和机构参与对我国文化资源的开发与利用，更要慎重对待和控制。对属于我国历史的和珍稀的文化资源，必须坚持以保护为主，以不损害资源的价值、基本可以实现良性循环，亦即可以做到资源的可持续性利用为原则，在确认得到有效保护的同时，方可予以有计划和适度的开发；对那些濒危的、不可再生的资源，更要十分珍惜，将对这些资源的保护放在首位。西方有的国家一方面特别重视本国文化资源的保护和有计划开发，但对其他国家的文化资源却毫不顾惜，有时是近于一次性开发，甚至是破坏性和掠夺性开发。在目前还缺乏相关国际文化法规制约的情况下，应当保持高度的警惕，对各种合作开发、合作生产，既要以积极和热忱的态度推进其进程，同时更应把握适当的度，亦即以不损害文化资源为基本前提。在合作中一旦逾越了度，即可视为对我国文化资源造成危害，必须立即加以制止。

坚持国家对文化发展主导权的核心在于发展文化生产力，各级政府应当以极大的努力，促进文化生产力的快速增长。无论是在文化的生产领域，还是流通领域，均面临严峻挑战，同时存在极大的发展空间。我们应当密切关注文化市场的动态与发展趋向，特别要重视我国文化在国际文化市场的地位与份额。我国的文化市场仍在发展中，还不是很成熟。在国内市场，存在着门类之间、地区之间文化市场的不平衡。在有的文化艺术领域，市场尚在形成的过程之中，对艺术品的交换，有时还停留在私人之间的、非市场化的交换层次，处于很不规范和很不发达的境地。而在国际市场方面，由于多方面的原因，主要是我国文化产业的相对不发达，以及文化艺术产品的质量相对不高，难以适应西方受众的需求，因而很难获得较大的贸易额。国家文化的主导权，不仅属于精神的和文化的范畴，同时也是以经济为基石的。一个国家只有以文化产业的强盛和文化商品的极大丰富为基础，才能够以强势的姿态居于本国文化市场的主导地位，同时也才能跻身于世界文化艺术市场。反之，失去了文化经济的强力支撑，国家文化的主导权只能是一句空话。

第三节　国家文化安全及其应对策略①

20 世纪 90 年代以来，由于世界政治、经济与科技形势发生的显著变化，对我国社会主义文化建设提供了重要契机，同时也是严峻的挑战。与之同时，关于国家文化安全以及主权的课题也已摆在人们面前。国家的文化主权，是国家主权的重要组成部分。一个国家和民族的文化的独立及其文化主权的不受侵害，与其国家的独立和政治主权不受侵犯具有同等重要的地位。在当代，许多国家的文化安全受到威胁和损害已成为不可忽视的重要问题。为此，我们必须适应时代发展，在纷纭复杂的形势下坚持社会主义的原则，牢牢把握文化发展的主导权，使我国的文化事业与文化产业真正体现先进文化的发展方向，在建设物质文明与

---

① 本节主要内容已于 2004 年第 1 期《齐鲁艺苑》刊载。

精神文明的历史进程中发挥重要作用。

一　国际环境的变化与国家文化安全的凸显

近年来，社会信息化、经济全球化和世界多极化格局的逐渐形成，使世界呈现出新的特点，同时又制约着文化的发展，对国家文化安全及其文化主权的完整均具有重要的影响。

社会信息化，是以在社会活动各个领域实现信息化为主要标志的，文化艺术活动是其间极为重要的方面。社会信息化的出现，是人类文明的巨大进步。自20世纪80年代以来，世界进入了一个科学技术高速发展的时代，以微电子技术为基础的新技术革命深刻地改变着人类的社会形态，催生着以知识和创新为基础的新经济——知识经济的成长。其间，计算机和软件技术、网络技术等高科技的迅猛发展对文化艺术的影响尤其突出。以上述技术为龙头的科技革命对人类社会生活的影响是全方位的和极其深刻的，使人们的工作方式、生活方式乃至思维方式均发生重要的甚至是革命性变化，同时也促使社会信息化的形成。在社会信息化的作用下，人们采用高科技的手段，从事信息的汇集、处理、筛选，以及信息的交流与传播，大大增进了工作的效能，促进了信息的增殖，对社会的文化艺术活动也已产生积极作用，驱动着文化艺术事业的整体性发展。但同时也应看到，它对国家的文化安全与文化主权有着负面的影响。

社会信息化的形成，促使艺术活动发生深刻的变化。不仅使艺术创制与艺术传播等方面的形式与手段不断获得更新，同时使人们在艺术观念、创造思维和创作理念等方面也出现重大变异，进而促使艺术活动内部结构趋于多样化、多层次化。在这一嬗变中，艺术活动及其理念也应随之而深化，不仅要将现代科技的成果及时地应用和融入艺术活动中来，改善艺术活动的方式、方法和内涵，而且应使更多的人适应高科技条件下的艺术活动，在掌握传统艺术技能和技艺的同时，能够熟练运用科技手段辅助艺术创作和实施艺术制作、艺术传播，这对我国文化艺术的繁荣将是巨大的促进。

社会信息化的形成及其高新技术的发展，对文化艺术活动诸多种类的内部创作与生产规律，具有深刻的影响。电视艺术本身就是依托电子技术而得以发展和成熟起来的，没有20世纪80年代以来电子技术的迅猛发展，电视艺术既不会得到如此广泛的普及，也不会在众多艺术种类中脱颖而出，逐渐确立自身的艺术本体特征，形成一门具有独立意义的艺术门类；电影艺术一直伴随着科学技术的发展而成长，特别是在近二十年来，由于数字技术在电影创作中的应用，促使电影艺术在其制作手段的许多方面不断改进，其艺术表现形式及其艺术语言均得到很大的丰富；音乐艺术也受到当代科技的极大影响，不仅音乐制作方式和手段得到更新，而且音乐创作的手法和技能也在数字技术的影响下，融入了许多新颖的方式；美术创作与制作也得益于高新科技成果的推进，使其无论是在材料、工具等方面，还是在创作的技巧和技能等方面，均获得很大的改观。可以说，高新技术在艺术活动中的应用，不仅改变着艺术制作及其形式创造的方式，同时也在深刻地影响着人们的艺术思维，影响着艺术创作的内在规律。无论何种艺术，只要保持其鲜活的艺术生命，就必须及时和有机地融入高新科技，以使该艺术能够适应社会发展的需要。

社会信息化带来的另一个巨大效应，即对当代文化艺术传播与消费的推进。由于高新科技的迅速发展以及在艺术传播中的应用，推动世界各国 10 余年来在文化艺术传播方面发生了革命性变化，主要体现为传播速度的加快、传播区域的广阔，以及信息量的激增。电视普及与网络的广泛应用，使世界变小，国家与国家、地区与地区、人与人之间的交流变得更加便利，文化艺术的传播获得前所未有的迅捷与广泛，文化艺术信息获得巨大的增殖。与此同时，社会对文化艺术的消费也得到巨大增长。人们对文化艺术多元需求的出现，使以往那种单一的文化活动得到改变，特别是以大众文化为突出特征的文化样式成为当今社会重要的消费对象；人们在文化艺术活动方面的资金投入得到较快增长，在我国，尤其是东部、中部广大地区和大、中城市，文化艺术的消费呈现出明显的增长态势；人们在文化艺术活动方面投入的精力和时间也有明显增多，特别是对网络等多元文化的倚重，成为人民大众文化生活的重要内容。文化消费的激增带来了大众文化消费观念的改变和消费水平的提升，人们已经逐步将文化艺术方面的经费支出以及时间的付出视为必需的和正常的生活需要。

但是也应看到，在已经初步形成社会信息化的同时，也存在很大的隐患。主要表现在，它增大了我国对西方技术及文化的依赖性。首先是对西方技术的依赖。在形成信息化的过程中，我们使用的技术大部分源于西方，它要求我们在主要技术标准上须认同于西方制定的标准系统，使我们在许多方面均要受制于西方，很难有自己的主动权。而且，我们对使用其技术所付出的资金也是十分昂贵的。其次，也体现了对西方文化信息的依赖。在当代文化艺术活动中，我们接受的西方文化的信息是大量的。就当代电影文化现状而言，西方电影特别是美国电影对包括中国在内的发展中国家的电影市场均占有优势地位，而作为网络文化信息，大部分是西方的和英文的，中文信息的比重则相对很小。最后，大量的文化艺术产品与文化信息从西方涌入中国，还会导致人们对西方文化的追随和对西方价值观念的认同。这种隐患是潜在的，却是客观的和严峻的，不能不引起人们的警觉。

经济全球化是指随着经济和科学技术的飞速发展，各国、各地区之间的经济联系和相互依存越来越密切，世界市场加速形成的过程。经济全球化有利于促进资本、技术、知识等生产要素在全球范围内的优化配置，但由于是以发达国家主导，广大发展中国家面临许多新的挑战，发展更趋艰难，南北差距进一步扩大。经济全球化是一个客观的历史进程，因此，根据本国的具体情况，制定参与经济全球化的战略和策略，趋利避害，以较少的代价换取更多的利益，是发展中国家在经济全球化中争取有利地位的唯一选择。

经济全球化的形成不仅影响与作用于人们的经济活动，同时对社会文化活动也有巨大的驱动作用。在西方，文化活动历来是与商业活动系于一体的，有关文化艺术制品要纳入商品与贸易的轨道上来运作。在不少国家，特别是美国等主要发达国家，十分重视文化艺术活动及其产品的营销，他们依靠自身强大的经济实力，在文化艺术方面建立起完整的制作与经营体系，把触角伸向世界各地，以求获取更大的经济利益。为了保护他们在世界各地的利益，他们不惜利用经济的、政治的和外交的等各种手段，以迫使其他国家和地区就范，付出巨大牺牲，容忍和承受他们的文化进入。而在实质上，这些国家和地区所付出的代价，不仅是经济利益和文化产业的巨大损失，同时也意味着自身民族文化将遭受严重打击，甚至走向衰落。

经济全球化的重要标志是市场经济以及国际化市场的形成，它对我国传统文化艺术的活动方式以及经营方式都是严重的挑战，它迫使当下的文化艺术活动必须有较大的改观，以适应时代的要求。

在文化艺术活动方式上，我国近年来已呈现出更为多样的形态。由于国际文化市场的推动，无论是影视与音像制品，还是戏剧与表演艺术，或者是书刊、美术品，均得到迅速的发展，基本形成了以各种不同艺术活动样式为表征的市场形态。特别是体现在大众文化方面，更显得样式繁多，社会各方面及大众对文化消费的投入日益增多，与世界各国的交流与往来也越来越频繁。但是，从整体状态来看，呈现为市场状态的文化活动，西方文化的影响偏重，西方文化产品在我国文化市场所占有的份额偏多，西方的文化艺术活动样式对我国大众特别是青少年的吸引力偏大，我国对西方发达国家文化艺术样式及其内容的吸纳与借鉴多于我国文化艺术对西方发达国家的影响。尽管我们采取多种措施，扩大与世界各国特别是西方各国的文化交流，但由于多种因素，目前还很难有效地使我国文化产品的进出口贸易获得平衡。显然，这将对我国的文化产业，乃至我国的文化安全产生不利影响。

在文化艺术的经营方式上，由于我国规范和有序的文化市场仍在发展进程之中，因此无论是国内市场的运营，还是国际间的文化贸易，均处于较低的水平。特别是我国与世界发达国家之间的文化艺术交流，呈现出不平衡的态势。一方面，是与西方发达国家的文化交流大大多于发展中国家；另一方面，在与西方发达国家的文化交流中，西方文化制品的输入高于我国文化制品的输出，呈现出突出的文化贸易逆差。这表明我国在文化产业方面的生产能力还远远不能满足社会的需求，自然也就难以抵御西方文化产业的进入。

世界多极化的形成对文化建设的影响和挑战也是十分突出的。20世纪80年代末90年代初，东欧剧变与苏联解体，使第二次世界大战后形成的以美国和苏联两个超级大国为依托的两极格局，在维持了40多年之后走向终结，从此，世界政治开始向多极化方向发展，出现了"一超多强"的国际政治格局。这种多极化的格局，不仅是政治的，而且是经济的和文化的。它带来的是世界新的格局下激烈竞争的出现。

在文化方面，原来在两极格局下所形成的世界文化态势已经发生明显的变化，旧的格局逐渐消解，新的格局尚在形成过程之中。由于世界多极化的出现，许多国家都要在世界舞台占据应有的地位，因此，必然会带来新的相互间的文化交流，同时也会在交流中产生一定的文化冲突。面临这种态势，对我国来说，既是极好的发展机遇，同时也是严峻的挑战。正是在世界多极化的态势下，不同社会不同国家之间的文化交流才能够变得更加广泛和深入，它将极大地促进各国人民之间的相互学习和了解，有助于文化艺术方面的相互往来与沟通，有助于缩小不同国家之间文化方面的差距。但也应看到，在这种交流与互通的同时，发展中国家的文化状况显现出一定的隐忧。

世界多极化的形成，使得不同地区、不同民族文化在世界文化舞台异彩纷呈的态势成为可能，它为各种文化充分展现自身的风采和特质提供了条件，同时也将形成更广泛的国际文化交流。交流潜隐着竞争，在当代，已经出现了多元竞争的态势，同时在竞争的过程中也势必发生一定的冲突。比如美国，不仅要在世界政治经济等方面谋取霸权，同时也欲在文化方面谋求霸权，他们试图得到比以往更大的势力范围，以逐步形成文化方面的轴心。由于在文化产业特别是影视与音像的制作与产业规模上，美国与欧洲占据优势，在互联网方面具有控制权和话语权，因而在国际文化交流中许多时候是不对等的和违反平等互利原则的。西方国家利用自身的综合实力，继续加大对文化产业及其传媒系统的支配力和影响力，并试图通过此实现对不发达国家意识形态的制约以及促使其社会文化意识的变化。长期以来，美国以其经济实力为支撑，不断扩大其文化产业的规模，使之成为国民经济的支柱产业之一。同时，又以文化贸易的形式，建立起巨大的营销网，将其触角伸向世界许多国家，在各国的文化市场中占据越来越大的比重。美国试图建立世界文化霸权的图谋，势必打破世界文化多极化的态势，因而遭到世界许多国家包括西方国家对美国文化的有力抵制，形成了此起彼伏的文化冲突，这将影响世界文化的现状及总体走向。

世界多极化的到来为我国文化走向世界带来了契机，同时也对我国的文化发展提出了更高的要求与挑战。为了适应国际文化市场的要求，我们还需要付出大量的努力，其中包括：应当建立与国际文化交流相适应的文化产业机制，以使我国的文化产业迅速发展。只有在文化产业总量达到一定比例时，才能够使我国的文化产业既能占据国内文化市场的大部分份额，同时也能够在国际文化市场占据应有的份额，逐步改变我国与西方国家文化交流不对等的现象；应当建立与国际文化交流相适应的符合我国国情的文化艺术法律法规。我国在文化艺术法律法规的建设上尚处于初始阶段，这主要由于我国文化市场的建立与发展时日尚少，许多方面的市场机制尚不成熟，但正是由于此，我们必须加倍工作，不断推出适应我国文化艺术发展的同时又合乎国际文化市场要求的法律和法规；应当加快进行文化艺术体制与机制的改革，使我国文化艺术的管理体制与文化艺术的产业体制均适应国际化文化交流的要求，调动文化艺术活动各部门和成员的积极性，创造更强盛的文化和艺术生产力；我们还应加快建立与世界文化市场相一致的各种人才的培养机制，使更多的艺术创作、艺术制作、艺术传播、艺术管理、艺术批评等方面的人才脱颖而出。

二 保障国家文化安全重在维护民族文化的独立品格

在当代，对国家安全与文化主权的维护是十分重要的。一个国家和民族的独立，不仅包括政治的独立和主权的完整，同时也包括文化的独立与文化主权的完整。在世界逐渐走向经济一体化的时候，有些人认为，世界各国的文化也将走向一体化。世界各民族发展的历史与世界各国文化交流史表明，这是一种错误的和有害的论断。一个国家和民族的精神，以及赖以支撑这一精神的民族文化，是一个民族的命脉所系，是与这一民族的生存息息相关的重要因素。西方一些人士极力鼓吹所谓文化的世界一体化，其实质就是要利用西方国家的经济实力，迫使大部分发展中国家和民族放弃自己的民族文化，而以西方文化主要是美国文化取而代之，其结果，必然使该国家民族文化独立与安全受到威胁，继而造成民族文化的衰落与民族精神的丧失。这并非危言耸听。某些西方国家充分利用自身的经济优势和技术优势，进而确立自身文化产业在国际贸易上的优势，并通过这种文化进入，既实现经济上的高额利润，同时也会造成对发展中国家民族文化安全和文化主权的威胁。

一个民族，不仅应在处理国际关系和国际事务中保持独立的立场，同时也必须努力维护民族文化的独立品格。民族文化的独立，应当包含诸多方面的内涵，比如，保持本民族历史与传统文化的传承与发展；保护本民族文化遗产的安全；保证本民族的文化艺术形式在该国家的文化活动中应有的地位；保障本民族的居于主流地位的文化形态在当代文化活动中的主导地位；保障本民族的艺术产品在国内艺术市场中占据较大的比重；保障本民族的文化艺术产品在世界文化艺术市场占据应有的地位与不断增大的份额；等等。

由于世界经济一体化的形成，各国文化在世界范围内的相互影响、借鉴和渗透都是十分正常的，出现一定的文化"趋同"现象也是可能的。但是，文化与经济最大的不同，在于文化具有鲜明的历史性与地域性，它伴随着不同民族的发展与繁衍，其根基深深扎在民族的土壤之中；同时，文化艺术具有一定的意识形态特征。因此，各民族在文化上的差异是明显的，很难用一种文化模式来取代丰富与浩繁的各国文化艺术。世界文化是由世界各个不同民族的文化组合而成的，没有世界各民族文化的客观存在，就没有世界的文化，从来也没有凌驾于各民族文化之上的所谓世界文化。即使世界各民族文化呈现出相互融合的现象，各个民族的文化不仅仍在努力地保持自己的特色，同时也会不断地生成文化的新质，这种新质，既是该民族传统文化的延续，同时也是基于该民族文化的生命力，在当代社会发展中的富有活力的表现。正是这种特质，使各民族的文化特色仍旧会在相当长的时间里生长与光大，而不会轻易消失，更不会认同于欧美国家文化的标准与尺度。

在发展中国家坚持民族文化的独立性，不是一件轻而易举的事。面对一些国家的文化进入，发展中国家将承受很大的压力。有的国家已经把对发展中国家的文化渗透视为十分重要的战略。一方面，他们的文化入侵，将给许多国家民族文化的发展带来极大的冲击。他们以其强大的经济实力，迫使该国接受西方国家的文化产品，以及让出较大的文化市场，眼看着自身的文化资源被占有，自身的文化传统遭受践踏，甚至断裂，人们的文化观念与价值观念被同化，最终导致文化主权和独立品格的丧失。另一方面，一些国家的文化渗透战略还具有重大的经济目的。文化渗透总是裹挟在经济进入之中的，他们将文化作为经济和贸易的重要组成部分，并以政治和外交为后盾，保护其文化艺术产品的大举进入，以求获得巨大的经济利益。

在我国，民族文化的安全也已成为一个十分重要的问题。改革开放以来，我国在实行对外开放的同时，西方的文化艺术及其观念也不可避免地进入中国。一方面，它对促进中西文化艺术交流起到了积极的作用，另一方面也由于美国实施文化渗透的策略，已经对我国文化的独立性及其安全构成危害。以美国为主体的西方文化对发展中国家的渗透，其进入的方式是多种多样的，比如，以其电影、电视与音像制品的大举进入，占领该国影视及音像市场；通过互联网，在文化艺术的各个领域实施全面的渗入；通过商业性演出，在戏剧、音乐、舞蹈等艺术领域显示其优势；通过书籍、杂志等出版物的进入及其在该国的翻译出版，增进文化渗透；利用对各种文化艺术设施的投资与兴建，扩大其文化影响；通过与该国影视界合作拍摄电影与电视剧，对影视作品的价值观念和审美取向施加影响甚至起到主导作用等。

同时，西方文化的进入还包括巨额经济利润的攫取。有的国家依靠其经济实力以及高新科技的制作手段，使其文化产业无论是在产品的规模还是在产品的艺术魅力等方面均占有较大的优势。靠着这些文化制品的大举进入，虽然可以在刺激我国国内文化市场、激活文化消费、丰富人们的文化生活等方面具有一定的积极作用，但同时，也可能使许多本土的文化艺术产业遭受打击，甚至一蹶不振。而他国则可以从中获得惊人的利润。

实际上，这已经危害到我国的文化安全，在本质上，也已经影响到国家文化主权的完整。对一个国家和民族来说，文化的安全与主权的完整、国土的安全一样重要，但是，文化的安全的问题还没有引起人们的广泛重视。一个民族的存在，在其本质上就是文化的存在，如果一个民族的文化丧失了，被其他民族同化了，这个民族也就失去了存在的基础，一个民族的文化，包括它的语言文字、价值观念、风俗习惯、人文积淀等，都是这个民族在自己发展的历史上不断累积而逐渐形成的。作为这个民族的文化沉积，代表着该民族文明的程度与水平，同时仍旧要在当代和未来发挥重要的作用。而如果一个国家的文化逐步丧失，也就逐渐失去了这个民族存在的根基。事实是，当一个民族大量接受外来文化，而本土文化逐渐被外来文化所取代时，这个民族的生存就是极其危险的。西方文化对我国文化艺术活动的冲击和影响是多方面的，其中包括：

对我国文化艺术市场的冲击。主要表现在国外文化实体利用其文化产业的优势，在我国文化市场逐渐占有较大的比重，这将会出现严重的文化贸易逆差。一方面是西方文化制品大量涌入我国，获得大量的经济利益，另一方面则是我国文化艺术产品不仅在国际市场占有的份额太低，而且在国内市场也出现滞销与冷落，致使我国文化市场出现严重的不平衡。不难看出，外国文化艺术产品的进入一旦逾越安全的预警线，就会导致西方国家对我们文化市场的发展趋向、规模及其价格的全面制约和控制。

对我国文化产业的冲击。国外实体对国内文化市场的占有，继而会导致对国家文化产业的强劲冲击。如果本土文化产业缺乏对市场的竞争力，比如，由于产品生产规模的有限而缺乏对市场占有的能力，或者由于产品生产成本的过高而难以进行价格的对抗，或者由于产品高科技含量的偏少而缺乏对广大受众，特别是对文化艺术消费的主体——广大青年的吸引力的时候，外来文化就将利用其在各方面的优势形成对本土文化产业的冲撞或打击，甚至会导致某些本土文化产业的衰败与破产。

对我国文化资源的影响。其中既有对文化资源的占有，同时也有对文化资源的破坏性开发。随着外资的进入，国外经济与文化实体对我国文化资源的共同开发和使用就是必然的，其中包括对我国作为重要文化资源的口头与非物质文化遗产的无偿占有和改编使用，同时也包括对我国大量其他文化资源的合作开发。如果把握不当，就会出现国外实体对资源的过分占有，继而，还会出现对文化资源的掠夺性、破坏性开发和使用。国家的文化资源大都是极其珍贵和不可再生的，任何无节制的开发和无计划的利用，都势必造成资源的流失，以及不可弥补的损害。

对文化艺术活动主导倾向的影响。由于可能出现的西方文化艺术对我国文化艺术活动的影响力以及控制力的增强，就会形成对我国文化艺术主导倾向的冲击。体现了西方的审美习惯、审美趣味与审美观念的文化产品的大量涌入与影响，久之，就会促使本土文化艺术活动的主导倾向发生变异，其要害，便是民族审美意识与文化精神被冲淡、被排斥，以及社会主义文艺方向的动摇与改变。

对人的审美理想与价值观念的冲击。面对人民大众不断提升的文化艺术的需求，社会及文化艺术生产者理应源源不绝地提供丰富多彩的文化艺术活动形式及其产品，而当本国大量充斥外来文化及其产品，自己国家的传统与现代的文化被淹没、被排斥，人民大众在以欣赏外来文化为主体的时候，人们的精神就会受到深刻的影响，就会不由自主地体认着外来文化所蕴含所倡导的审美观念，以及体认着异样的价值观念，而使本土的优秀的民族传统与价值观念被忽略、被淡化，以至被遗弃。而当这时，一个民族所存在的潜在的危险就会出现。

面对以上挑战以及对我国文化安全的影响，决不意味着我们要重新关上已经洞开的国门，同时也不意味着我们在潜在的危害面前无动于衷和无所作为。首先，应当明确在文化艺术方面坚持改革开放的必要性和必然性，这是历史的发展规律使然，不是可以以任何人的意志为转移的。任何民族文化的发展，都离不开对其他民族文化的借鉴和吸纳，中华民族几千年文化发展的进程也充分证明了这一点。在当代，文化方面的开放对我国文化艺术的发展以及经济的发展所带来的巨大促进同样是有目共睹的。同时又要充分认识，在对外实施文化交流的过程中，需要保持清醒的头脑，应当以是否有利于我国的经济建设和文化发展为准绳，坚持依法治文，健全和完善文化艺术法规，加强对文化市场和文化企业的管理，实施对外来文化产品的检查与适度限制，对外来文化可能造成的各种不利因素予以警惕和有效的防范。保护国家的文化安全，最根本的还在于繁荣文化艺术活动及其创作，不断发展文化产业，依靠自身文化产业的实力，在国内和国际文化市场的竞争中不断扩大影响，拓展在市场中占有的比重，使民族的和本土的文化艺术不断增进其生命力和可持续发展的能力，这样才能保证自身的文化独立性不被撼动，国家和民族的文化利益与文化安全得到保障和巩固。

三 坚持社会主义方向及其国家在文化发展中的主导权

重视与增强国家文化发展的主导权，在当代，就要不断强化社会主义文化的主导性地位。社会主义文化具有明确的特性，它凝结了民族的、当代的和科学的文化精神，是优秀和进步的文化的象征，只有坚持以社会主义文化为主导，才能使我国的文化建设保持正确的方向，保障人民在文化方面的根本利益。在这方面，尚有大量和艰巨的工作要做。

为了维护国家的文化安全与文化主权的完整，就要坚持社会主义文化在艺术活动各个领域中的地位和作用，确保国家在文化发展中的主导权。在当代，体现了社会主义特征的文化艺术活动及其产品应当在大众的文化活动中占有重要的比例。随着大众文化在当代文化市场中占有越来越突出的位置，各式各样与五颜六色的文化或艺术均会裹挟在大众文化之中，争夺市场的份额，获取更大的利润。这样，就更要坚定不移地牢牢把握当代文化的社会主义方向，使具有社会主义文化特征的文化活动在其间具有主导的地位和影响，使一些不具备社会主义文化特征的文化艺术活动及其产品受到有效的限制、抵制和消解。应当利用各种方式，包括行政的、经济的、法制的和社会舆论的方式，努力使社会主义文化艺术活动及其产品得到保障和扶持。当社会主义的主流文化样式受到抵制和影响，以至于有可能动摇其主导性文化地位的时候，就应当坚决采取措施，保障那些弘扬民族精神、贴近时代生活、深受大众欢迎的优秀文化艺术产品居于社会文化的中心地位。这类文化艺术产品，也应努力实现思想性、艺术性和观赏性的不断创新，避免单一的精神宣教与形式美感的匮乏，同时注重在其样式、种类和生产规模等方面适应市场的需求，以求不断扩大在国内外市场的贸易额，唯此，才能真正稳定地占据文化市场的中心地位，发挥其主导的作用。

（一）应当注重民族精神的高扬，重视国家文化形象的塑造

在当代，我国在国际社会的文化形象及其影响力仍有待提升。这一方面是由于一个多世纪以来西方帝国主义和殖民主义对中国的侵略，致使中国的文化建设与文化形象遭到很大的损害，至今仍有不尽如人意之处；同时还由于国外许多人对中国尚不了解，有的人也不愿了解，在一些西方人眼中，中国仍旧是一个贫穷、落后和愚昧的国家，这显然是对中国文化形象的扭曲。西方一些人闭眼不看现实，不愿承认中国的进步和发展，有的甚至有意歪曲中国的形象，是与维护西方的世界文化中心的地位相联系的。一个国家文化形象的高下与否，直接影响到该国与世界各国在经济、政治、科技等各方面的交往，以及该国在国际文化市场上的地位。我国文化产业在对外文化交流与贸易中仍处于弱势地位，其中与我国国家文化形象的状态有着重要的关系。因此，应当把重塑国家文化形象的课题置于十分重要的位置来看待。我们应当正确把握对我国文化形象的宣传，坚持高扬我国博大精深的优秀传统文化，弘扬我们伟大和厚重的民族精神。在对外进行文化交流时以实事求是的态度和原则，诚挚地而又不失尊严地进行交往，既要承认我们在某些方面的不足，同时又要使对方充分看到我们的进步与发展。特别是在进行文化艺术产品的演展与营销时，应坦诚和全面地展示我国的文化，既不是故意粉饰和遮掩，也不能扭曲历史和现实，有意展示某些丑陋和弊病，以满足西方某些人猎奇与赏玩的心态；应当正确理解继承与借鉴的关系，在文化发展中坚持以我为主，认真与科学地对待西方文化的进入，同时又积极而审慎地进入国际文化市场，使我国国家文化形象获得越来越多的人的认同。

（二）应当密切关注文化市场的动态与发展趋向，特别要重视我国文化在国际文化市场的地位与占有的份额

我国的文化市场仍在发展中，还不是很成熟。在国内市场，存在着

艺术门类之间、地区之间文化市场的不平衡。在有的文化艺术领域，市场处于形成的过程之中，对艺术品的交换，还停留在私人之间的、非市场化的交换层次，处于很不规范和很不发达的境地。而在国际市场方面，由于多方面的原因，主要是我国文化产业的相对不发达，以及文化艺术产品的质量相对不高，难以适应西方受众的需求，因而很难获得较大的贸易额。而西方许多国家或文化实体则在以各种方式将大量的文化艺术产品推向我国文化市场，赢得大宗利润。一个国家，当其文化产业及其产品不能满足国内文化市场的需求时，国外的文化艺术产品就会趁机进入，其产生的贸易额大大高于本国文化艺术产品的出口贸易额，这种状况对处在弱势的民族或国家是十分危险的，它将带来多方面的危害，会对国家文化安全与文化主权产生极大的压力。在我国，只有在不断提高综合国力的同时，努力发展文化产业，增强国家在文化艺术市场上与西方文化产业对抗的能力，才能确保社会主义文化的主导地位，以及人民的文化利益。国家文化的主导权，不仅属于精神的和文化的范畴，同时也是以经济为基石的。一个国家只有以文化产业的强盛和文化商品的极大丰富为前提，才能够以强势的姿态居于本国文化市场的主导地位，同时也才能跻身于世界文化艺术市场。反之，失去了文化经济的强力支撑，国家文化的主导权只是一句空话。

（三）应当重视文化网络与文化技术的安全

在当代，文化借助于网络技术获得极大的传播优势，而且网络同时也能够依据本身的技术创造出虚拟社会，以供人们实现新的文化创造与拓展消费空间。而在当下，国际互联网上的网页大部分是英文的，西方媒体在互联网上占有绝对的话语霸权，保护本国文化网络的安全应是今后文化安全的重要方面，特别是在网络文化将要成为一种重要的文化增长点的时候，应当建立起我国自身的文化网络系统，争取和拥有文化制网权，既要增大网上中文文化信息的总量，同时又要增进网上中文文化意识形态对大众的影响力。与文化网络相联系的还有文化技术的安全，在当代，文化技术主要体现在与电子媒体相关的技术以及知识产权方面的问题。由于我国在数字技术方面拥有的核心技术还很少，缺乏在核心技术方面对技术标准的制定权，这样，就难以掌握国际文化市场的主动权，缺乏竞争力。在许多方面，特别是美国等西方国家将其文化产品大肆销往发展中国家，既占领该国市场，攫取大量利润，同时也控制其文化技术系统，就会形成多国在文化技术领域对西方的依赖，以及导致西方文化技术对我们国家文化发展的控制。

（四）应当重视对传统的，或者已经衰落的、濒临灭绝的文化艺术品种与样式的挽救与保护，亦即对民族非物质文化遗产的保护

一个民族的文化传统，是千百年来在人民群众和无数的艺术家、艺术活动家的艰辛努力下逐渐形成的，是属于该民族的瑰宝。由于历史的发展和人们大众审美情趣的变化，以及科技对艺术的影响，在当下，一些传统的艺术样式和品种逐渐失去市场和走向衰落是难以避免的。但是，即使这些艺术样式和品种已经不再作为人民大众主要的艺术活动形式，也并不表明这些艺术样式和品种价值的丧失。相反，它们作为民族文化传统的重要意义是十分突出的，它不仅可以以自身的存在体现了艺术史上的价值，标志着民族文化的辉煌和进程，而且可以以其内在的优秀艺术素质和成分，对今天的艺术活动，包括大众文化、流行文化给予源源不绝的充实与补足。当代文化艺术的发展，一时也离不开传统文化的滋养，它们是一脉相承的。所以，对传统文化的保护，以及对传统文化艺术作品的严肃性与客观性的维护，都是十分必需的。我们应当特别注意对我国一些文化品牌的保护，不能听任西方某些艺术机构对我国传统文化艺术题材和作品的随意扭曲和篡改，其对我国优秀传统文化艺术的传承与发展，以及人民大众的文化情感，都是危害极大的。

（五）应当重视文化生态特别是文化资源的开发和保护，对国外文化实体和机构参与对我国文化资源的开发与利用，更要慎重对待和控制

对属于我国珍稀的文化资源，必须注重保护和有计划地适度开发，要以不伤害资源的价值，基本可以实现良性循环，亦即可以做到资源的可持续性开发为基础，将对资源的保护放在首位；对那些不可再生的资源，更要十分珍惜。西方有的国家特别重视本国的文化资源的保护和有计划开发，但对其他国家的文化资源却毫不顾惜，有时是近于一次性开发，甚至是破坏性和掠夺性开发。有人还因为自己国家文化资源的缺乏而对发展中国家丰富和悠久的文化资源持有一种渴求的欲望，不惜破坏该国文化生态的平衡，不惜以损害他国文化资源的种种方式，来达到攫取更多文化利益的目的。在当下还缺乏相关国际文化法规的情况下，应予以高度的警惕，对各种合作开发、合作生产，既要以积极和热忱的态度来推进良性的发展，同时更应把握适当的度，亦即以不损害文化资源

为前提。在合作中一旦逾越了度，即可视为对我国的文化资源造成危害，立即加以制止。值得注意的是，我国某些地方的官员为了短期的经济利益或创造政绩的欲望所驱使，不惜牺牲祖先留下的仅存的文化资源，不顾子孙后代的根本利益，迎合某些国外文化实体的需要，对当地文化资源实施破坏性开采，其历史罪责是难以推卸的。

建设社会主义的文化艺术，是建设社会主义精神文明的重要方面，也是我国综合国力得到提高的重要标志。在我国推进文化建设的进程中，只有适应世界文化发展的现状以及时代的要求，牢牢把握国家对文化发展的主导权，不断强化社会主义文化的主导地位，维护人民大众的文化利益，才能保证文化建设的顺利实施，以及不断取得丰硕成果。

第四章　文化事业与公共文化服务

　　我国党和政府历来十分重视对人民大众的文化服务。自改革开放以来，各级党和政府更是将对人民大众提供丰富的文化艺术活动及其产品作为重要的使命。21 世纪以来，党的十六大向全党和全国人民提出了积极发展文化事业与文化产业的战略任务，将具有公益性和服务性文化事业与具有市场性和商业性的文化产业实施分离，既突出了文化产业在当代社会发展中的地位，更把公共文化服务提高到十分重要的位置来看待。突出强调国家支持和保障文化公益事业，并鼓励它们增强自身发展活力。这是对中国特色社会主义文化建设理论体系的重要贡献，同时也成为我国当代文化建设指导思想的重要构成。重视公共文化服务不仅体现出社会主义制度的特色，而且也是当代世界文明国家共同努力的目标。为人民大众提供丰富和健康的文化服务，是对人民大众文化权利的最大尊重，是满足人民大众不断增长的精神文化需求和提升全民族成员精神文化与审美素质的基本举措。多年来在实施公共文化服务的进程中，党和各级政府做出了最大努力，持续地付出了极大财力、物力和人力，使以城市为中心的公共文化服务体系得到不断健全和完善，同时对广大农村、边远和欠发达地区、少数民族地区的公共文化服务做出特别巨大的努力。持续提升公共文化服务的层次与水平，使人民大众获得更多更优质的文化服务，已成为各级党和政府以及全社会的共识。

第一节　公共文化服务的当代意蕴与发展路径[①]

　　公共文化服务是当代社会文化建设与发展的重要目标，同时也是社

---

　　①　本节主要内容已于 2014 年第 6 期《艺术百家》刊载。

会主义制度优越性的充分体现。多年来,我国各级党和政府对人民大众的文化服务付出了巨大的努力,获得了重要的成效。特别是改革开放以来,人们逐渐将对人民大众的文化服务上升到更高的层面来看待,逐年增大公共文化服务的经费投入,加大文化服务的力度,不仅对满足人民群众当下的精神文化的需求,同时对提升人民大众的精神与审美文化水准,都起到了举足轻重的作用。21 世纪以来,党中央做出了大力发展公益性文化事业和文化产业的战略部署,同时提出了建设与完善公共服务体系的部署,使公共文化服务成为公共服务体系中的重要组成部分,将公共性文化建设与文化服务上升到一个更高的层次,并使之形成一个完善和巨大的系统,同时社会也对各领域文化服务提出了更高的要求。

一 公共文化服务的内涵与目标

公共文化,是指与纯粹产业化和市场性文化艺术相对应的社会文化,具有极强的公益性、服务性。通常所指称的公共文化多是指包含图书馆、博物馆、展览馆、科技馆、文化广场、文艺雕塑等在内的公共文化设施、场所及其相关活动,以及具有一定公益性的广播电视服务、公益性农村电影放映等,同时还包括具有一定经营性质的部分音乐厅、剧院或文化遗址、公园等方面的服务。尽管这部分文化活动尚需受众付费,但仍然承担着进行公共文化交流与普及文化知识的责任,具有服务的职能。在当代,公共文化已成为供广大公众积极参与文化发展与创新的公共空间与公共活动,并随着时代的发展而不断提升,具有推动文化发展、文化创新和提高大众文化素质的重要作用,同时也生成了经济发展的巨大驱动力。

在现代社会,公民不仅享有政治、经济方面的权利,享有接受教育的权利,同时也享有文化权利,文化权利已成为公民的基本权利之一。在当代世界,一般国家和政府均把发展公共性文化、实施文化服务作为执政的重要使命和目标。越是发达的国家,就越是重视对公民的文化服务,政府一般要列支大笔经费,使用大量的文化资源,满足人民大众的文化权益和精神文化方面不断增长的需求,使公民在享有各种基本权利的同时,享有充分的文化权利。是否使公民享有充分的文化权利,已成为判定该国家现代文明水平高低的重要标准。

公共文化与公益文化有着密切的联系,但也具有一定的区别。公益文化是以公益性服务为主要职能的文化形态,它通常以免费的形式为大众提供文化产品或文化活动的服务，大众无须支付报酬就可以享受到精神文化与艺术领域的服务。而公共文化除包括公益性文化之外，还应包容一部分虽然具有一定经营性特征，但同时也以服务社会的姿态面向大众，接受政府和社会的主导与调节，将公共服务作为其主要职能。正是在这一方面，公共文化的外延应大于公益性文化，但其服务社会的宗旨是基本一致的。

公共文化与文化产业也有着多层面的联系与区别。文化产业主要指与文化艺术产品的生产、流通与消费相关的生产活动及其经营行为。文化产业活动必须遵循经济规律和市场规律，同时也要遵循文化艺术运行的规律。在许多文化产业活动中，均与公共文化有着多方面的联系，具有一定公共文化的特性。公共文化的建设与发展一方面有待于文化产业的蓬勃发展，同时也为文化产业的发展带来巨大的消费群体与动力。并非只有国有文化部门负有文化事业与公共文化建设的职责，任何不同所有制性质的文化艺术实体及经济实体均应承担社会公共性和公益性文化建设的职责，对全社会文化事业的发展做出自己的贡献；并非只有经营性的文化艺术实体需要遵循经济规律和市场法则、实施市场化运营，即使承担公共文化与公益性文化服务的国有机构与实体也需要适度引进产业的规则，融入市场理念，在一定部门或一定工作环节中采取产业化运行模式。如此，才能适应当代社会文化建设的需要。文化产业与文化事业共同成为社会主义文化艺术建设的两翼，是全文化建设中不可忽视又相连接的两个方面。事实上，文化事业与文化产业从来都是难以分割的，同时又是相互影响与促动的。

面对各个方面公共文化服务中新的社会要求和现代使命，应当看到，我国不少地区和部门在公共文化服务方面还存在各种各样的缺陷和认识的误区，需要深化理性认识，提升对公共文化服务内涵与性质的认知度，同时对存在的各种不足与误区加以匡正和厘清，以求获得更大的从事公共文化建设与社会服务的自由。

二　公共文化服务的特性与指向

公共文化服务具有十分鲜明和突出的特性。认识这些特性，有助于人们在当代文化产业与文化事业并举的时代背景下，获得更大发展的主动性。

（一）服务性

公共文化的服务特性是其最为突出的特性之一。作为公共服务的构成之一，公共文化服务充分体现了当代社会文明与进步的特征。文化服务的根本目的在于满足社会大众精神文化方面的需求。人民大众不仅有对生活的物质的欲求，同时也有着精神文化及审美方面的欲求，随着物质生活水准的提高，人们对精神与审美文化的诉求愈加凸显出来。在社会主义社会，优越的社会制度更是要求各级政府充分重视和满足人民大众不断提升的精神诉求。

对大众提供精神和文化方面的服务体现出社会对人的重视。社会主义制度下的文化建设，理应以不断提升人民大众的精神与审美文化素质为目标。只有人的精神与审美素质的不断提升，才能持续提高整体社会的文化层次，建构高度文明的社会，同时极大地提升人民大众的文化创新能力。人类社会发展的历史表明，只有人民大众创造能力的持续提升，方能促使社会各个领域的建设得到更快的提高，社会每个成员创造能力的提升，标示着社会发展的层次和水准。正是基于此，社会对大众进行公益性服务显得十分必要。看似政府为大众付出了较大的费用，一方面，其费用本就来自社会税收，是取之于民，用之于民；另一方面，对大众进行文化服务，将有利于提升大众的精神文化素质，以及社会的持续发展，是深谋远虑的战略举措。

对人民大众的文化服务，还要把握一定的导向。不仅应满足人民大众增长文化知识的需求与技能的提高，还应包括对大众进行文明健康与审美的精神素质的培育、道德与理想的教化，使大众通过享受文化获得更多精神的传导、审美的滋养、灵魂的陶冶。任何放弃对大众实施教育的做法都是偏颇的。当然，其教育的实施特别是审美教育通常应寓于审美的精神活动之中，即寓教于乐，而不是强加于人们。正是在这一层面上，服务与教育是完全一致的。

（二）非营利性

公共文化服务区别于经营性文化产业的重心在于，文化产业所提供的产品和服务直接面向市场，具有突出的营利性，而公共文化或公益性文化则要承担对大众免费或低费的文化服务，使消费者无须支付费用或是仅支付低于产品实际生产成本的费用，就可以获取满足自己文化需要的文化产品。其间，公共文化所具有的公益性或非营利性成为最突出的特征之一。公共文化服务的资金主要来源于政府从国民经济收入中划拨。此外，社会及企业、个人的捐助与对文化项目的承担等，都是公共文化服务的重要资金来源。依靠国家的政策扶持，以公益性的方式服务大众，达到平衡社会文化供给，普及文化成果，提高大众整体文化层次，正是公共文化服务的基本目的。

公共文化服务的非营利性并非意味着所有的服务均免费。事实上，其中一些文化服务项目及其产品的提供仍需接受者购买。这样做，一方面可以在对社会实施文化服务中起到一定的平衡与调节作用。公共文化的服务对象是全社会范围内的广大人民群众，因为服务对象的宽泛及其地域差异、经济水平的差异、强势与弱势群体的区别而存在一些诸如服务层次、服务水平、服务范围、公共资源的使用等方面的差别，这些是需要充分正视和加以改善的。除却基本的文化服务之外，对一些更丰富更具深度的文化产品的提供，可采取一定的收费制度，使那些已经获得较丰富文化服务的人们和群体若要得到更多的文化享受，需要付出一定的费用，这正是对上述差异的适度调节。另一方面，适当的收费有利于文化部门和企业的再生产以及服务质量的提升。由于各地经济水准的参差不齐，一些文化部门尚缺乏充足的资金保障，为了维系自身的再生产与发展，有必要通过适度收费加以补充。

政府对大众的文化服务，也要借助于文化产业和市场机制。特别是政府对大众提供免费的文化服务，实质上是政府通过购买的形式获得文化服务与产品，或是通过对文化资源的调配与利用换取文化产品，亦即政府是通过市场运作来实现的，而不是凭空得来的。因此，政府实施文化服务，也需要遵循市场运营的规则和通过经营核算的方式加以运作，其间，应当让社会各界与人民大众熟悉与了解政府为大众提供文化服务的基本投资状况、实施方式和社会效应。

（三）大众性

公共文化服务面对广大的人民群众，具有最广泛的大众性。公共文化服务表现出社会管理主体对人民大众文化权益的充分尊重，以及对大众文化利益的充分满足。在现代社会，是否充分尊重人民大众基本的文化权益，是社会进步与文明的重要表征。人民大众的文化权益如同其在政治、经济、教育等方面的权益一样，是人们应当拥有的基本权益之一，充分尊重这一权益，是对社会文明及其发展规律的遵循。人民大众逐步增长和越来越高的文化需求，以及对文化艺术多元的和多层次要求的提出，正是人类不断发展与进取的表现。以此为基点，人民大众的文化利益应当得到充分的保障。

文化艺术需要更加广泛地走向大众，而非少数人的象牙之塔，同时艺术也需要提升，亦即无论是艺术的样态、表现形式，或者是艺术内涵，均要不断获得嬗变与提升。其艺术形式的变化，即对艺术形式的表现样式、语言的丰富性与多样性的拓展，其意蕴的提升，是指对艺术活动的意蕴与精神含量的开掘，同时也是指对艺术作用于社会的多元指向性的把握。

在当代，公共文化服务表现出大众文化艺术活动的多元内涵。大众文化或艺术除应当体现出与大众紧密交融的特点之外，还应充分体现出与世界文化交流的特点、艺术活动的高科技特点、与产业和市场紧密结合等特点。其间，应特别注重艺术的高雅与通俗的统一。在公共文化服务中，大众文化或艺术一方面意味着对大众的适应，同时也标示着对大众文化艺术水准的促动。高雅的艺术追求体现为对审美品位的高扬，而通俗的大众性的艺术活动与作品则意味着对大众的适应。大众对文化艺术的需求，以及趣味的变化，是所有艺术工作者值得研究和重视的。大众对艺术的喜爱，以及自觉地接受，是促进艺术发展的基本动力。培养大众较高的审美意识，应当是公共文化服务的基本宗旨之一。为了实现这一目标，公共文化服务既应充分考量受众的接受水平与审美能力，使其艺术活动及其作品不致过高地凌驾于大众之上，同时又不应将艺术品位停滞于与一般大众等同的水准，而应做到一定程度的把握，使其文化艺术服务的层次及水准适度高于一般大众，并能审时度势，通过各种方式，适时地将艺术品位推向新的较高的层次。

（四）多功能性

公共文化服务除了具有满足人民大众的文化需求、陶冶人的灵魂、提升大众审美文化层次等作用外，还具有其他多样的功能，在当代社会发展中发挥出十分积极和重要的作用。

提升城市或地区文化形象的功能。艺术需要繁荣，更需要提升。艺术的不断提升意味着该城市或地域文化品位的提高，同时也标志着文化艺术形式与内涵的丰盈，以及自身品格的完美。艺术的提升有多种标志和价值体现。其一，艺术形式多样性的体现；其二，艺术内涵当代形式历史感的深化；其三，新的艺术形象与意境的创造；其四，多样性的艺术活动方式的出现；其五，大众的普遍参与和社会的广泛关注。应当说，这是一座城市或地域文化精神与审美理想的升华，是社会在其本体意义上的提升。

与现代科技相融合的功能。艺术与当代科技的融合，势必得到更广泛的瞩目。在一般意义上，艺术以表现和展示浓郁的审美和娱乐内涵为主体，而在当代，科技的发展将为艺术带来极其广阔的发展空间，为艺术的审美形式的丰富和提升营造十分自由的天地。因此，当代艺术的递进，意味着艺术与科技更为有机地融合。公共文化服务的基本指向，理应更多元地汲取和借鉴当代科技文化的因素，特别是在城市，应将高新科技尽可能地融入艺术创新之中，在开拓艺术的空间与提升艺术丰富性等方面发挥更重要的作用。

引领社会文化发展的功能。公共文化的发展水平是一个地区或一座城市品质与品位的体现，公共文化服务既应开展丰富多彩的文化艺术活动与拥有大量的文化产品，同时又应注重涵育大众的艺术素养。艺术服务于大众，也在引领着大众，提升着大众的品位。一个地区或城市的文化素质，与富有美的气息的艺术活动及其艺术家、艺术作品紧紧相连，同时也与具有一定艺术品位的大众相联系，艺术在这样的土地上孕育，懂得艺术的大众也在这样的土壤中形成，艺术生长于斯，又回馈于斯，文化在这样的过程中形成，又在这样的历史中走向辉煌。

三　努力探索公共文化服务的现实路径

在当代公共文化服务越来越走向深入和规范的形势下，也相继出现了一些新的矛盾与催人思索的课题。建设具有中国特色的公共文化服务体系，是一项由时代赋予的艰巨和重要的使命，需要更多的人为之付出巨大努力，在不断的理论研究与实践过程中进行不懈的探索，探索公共文化服务的现实路径。

（一）提升与彰显当代性文化特征

艺术与文化，深蕴着一个地区或城市的气质与品格，维系着生活在这里的人们的精神生命，成为一座精神的城标，甚或一张新的城市名片。公共文化服务显然应当具有鲜明的当代性特色。

公共文化服务应聚集各种文化资源和优势，使之具有服务与产品的较大的容量。公共文化建设与发展的基本水准，是一个地域文化与艺术走向繁荣的体现。它设置了巨大的平台，营造了浓郁的氛围，云集了大量的受众，使艺术活动得到丰腴的土壤，以及宽阔的空间。在一定的文化形态下，文化艺术的繁荣应与艺术生产的总量相联系。特别是在文化产业迅捷发展的态势下，文化艺术创作与生产的总量需要大幅度增长，以满足各种文化媒体传播的需要，以及人民大众文化艺术需求的增长。艺术水准与品位的彰显虽然主要不是由艺术活动与产品的总量高下来决定，但在当代，艺术活动与产品总量高下也应成为艺术繁荣的基本体现。人民大众文化需求的增长，必须有一定的总量来支撑，公共文化服务正是调动和激发艺术家与艺术创造机制加快创制艺术产品的重要路径。

公共文化服务活动既基于地域文化的土壤，又应与世界文化艺术的现实发展接轨。面对世界文化艺术发展的潮流，公共文化服务一方面应吸取其他国家传统的和现代的艺术元素，同时又将自身的艺术元素影响其他国家，使本地区艺术的进程融入国际艺术发展的大潮之中，在这一潮流之中充分展示与弘扬本地区民间与地域文化元素，使拥有浓郁地域特色的文化艺术具有了世界的意义，在世界文化与艺术发展大潮中获得更广泛的认知，展示其永恒的精神魅力。

公共文化服务应与市场需求紧密结合，实现良好的经济效应。大众艺术的地位和当代发展，不能离开对其市场性和产业性考量，正是基于艺术本来就具有的经济价值，公共文化服务在展现其丰富内涵与艺术形式特色的同时，理应注重其社会的和市场的效应。公共文化服务虽以非市场化的形式服务于大众，但其服务的项目及其产品的生产却必须与市场相衔接，依托市场为公共文化服务提供源源不绝的文化产品。同时，作为产业和市场的文化也与公共文化服务的文化样式与产品紧紧相连，市场的文化样式势必时常影响与冲击着公共文化服务，公共文化服务也从来不是停留于一个静止的和孤立的境地。大量当代艺术，或是得到新生的传统艺术样式均具有一定的社会及市场竞争力，应当占有市场的一定份额。但同时又不能勉强要求所有艺术活动均主要地追求市场效应。事实上，只有一定的艺术活动与创制在市场和产业中具有较强的竞争力，而一些高雅艺术与民间艺术则未必具有突出的竞争力，但这并不表明其不具有艺术价值。高雅艺术与民间艺术对当代艺术的发展提供了重要的研究价值、历史参照及源源不绝的素养。同时，高雅艺术与民间艺术的许多艺术形式仍旧具有一定的娱乐性和审美性，因此也会带来一定的市场与产业价值。当代艺术只有在不断继承和融入传统艺术中有益元素的基础上，才有可能获得更具当代意义的生命力。

（二）合理开发、配置与使用公共文化资源

公共文化服务须依赖于大量文化资源。作为公共文化服务的资源属于公共的和社会的财富，其资源包括有形的和无形的资源，自然的与文化的资源，历史的与现代的资源。当代文化产业的发展，对本来属于公共文化服务的资源也形成了一定的分流或共享，但如若处理不当就会形成对公共文化服务的损害。因此，对公共文化资源的调查、整合，以及合理地开发、配置与使用，已成为当代文化建设中的重要课题。

对有形的公共文化资源的任意开发，是影响公共文化服务的重要因素。应当看到，在文化产业发展的大潮中，一部分本来仅属于公共文化服务的文化资源被推向市场，在市场竞争中发挥更大的作用，这样做，一方面，可以充分调动文化资源的潜力，使其内在价值得以极大地发挥；另一方面，也会形成对文化资源的争夺，以及对资源的肆意开发，而不顾及其是否具有更高的开发价值，以及是否影响其可持续发展。有的地区或城市对某些历史名胜或自然景观进行粗放型开发，急匆匆地推向市场，有的单位则将某些属于社会的公共资源据为己有，既影响了公共文化服务对资源的利用，也不利于市场运行的合理与长期规划。

对无形的或者非物质文化遗产类公共文化资源的任意采用或曲解，也是影响公共文化服务的一大弊端。对此类文化资源的开发，具有很强的历史与文化意义，以及可持续发展的价值。非物质性文化遗产通常更为脆弱，最易在传播、开发、利用中遭到曲解与变异。文化产业的发展使更多非物质文化遗产类资源被推向市场，而作为公共文化服务的意义有时却被压抑和遮蔽，甚至成为对历史任意涂抹的闹剧，诸如对一些历史名人的胡拉硬扯、随意编纂故事，形成多个地区争夺一个人物的尴尬现象就是明证。

文化产业对当代公共文化资源的争夺，也是当下影响公共文化服务的重要原因。长期以来，我国大量公共文化设施、场所主要依靠政府作为依托，由政府投资建设、政府出资维护，在大量增设公共文化设施的同时也增大了当地财政的负担，有时会阻隔更多高品质的文化设施继续建设与持续维护。尽管有相关企业赞助、个人捐款以及一定的门票收入作为经济来源的补充，但是这部分有限的资金尚无法真正带动公共文化服务达到一个更高的层次。即便如此，有时当地政府或某些组织仍会千方百计将一些公共文化资源或设置转化为市场运营模式，甚至个别公共文化服务部门也将自身内部的某些服务项目演变为营利性项目，这就对公共文化服务形成了一定的竞争与争夺之势。产生以上问题的重要原因之一，即在于经济动力不足、缺乏后续资金，以及责任与权利的不明晰。国家与各级政府尚不具备全面保证公共文化服务的充裕资金，此外，来自社会各界的文化艺术基金会等机构的支持也不够完善。在如此境况下，坚守公共文化服务的基本原则，确保必要的文化资源为公共文化服务所用，应成为文化建设与发展的一条准则。与此同时，如何在政府政策、税收杠杆等方式调解下缓解公共文化公益性质与经济动力不足之间的矛盾，如何适度开发公共文化的产业价值，也已成为亟待研究与改善的问题。

（三）保护与深入发掘地域性特色

当今公共文化在职能上普遍指向普及文化、提高人的素质、加强城市竞争力等方面，在一定地域的社会发展与提高其综合实力中发挥十分重要的作用。公共文化服务是否呈现出一定的地域特征，已是当下人们关注的重要课题。一定地域所具有的相对个性化的自然、文化、习俗及其审美习惯，深刻地影响着人们的文化诉求。人们面对各种文化艺术活动方式，以及文化艺术的产品样式与内容，均会呈现出独特的要求。正是这种丰富的、具有突出个性的文化特征，驱动着该地域文化的世代传承。在当代信息社会的冲击下，各地域文化均面临外来文化的挑战，公共文化服务尤其需要十分重视保持其鲜明的地域性特色，以求保障地域文化的持久发展，以及大众在参与文化活动和接受文化服务时获得亲和的效应。

在当代，公共文化服务面临的文化冲击是多方面的，既有国外和境外各种文化的影响，也有国内各地域文化的影响；既有积极健康的文化涌进，也会出现低俗、腐朽的文化侵入。应当看到，任何时代和地域的文化都不可能是凝滞不动或封闭不变的，必然伴随各种异质文化的进入而出现流动与渗透。

公共文化在承担提升大众文化素质重任的同时，必须肩负彰显民族或地域个性的职责。民族或地域的文化是其民族历史的凝结及其精神的不竭源泉。作为充分体现了该地域丰富文化底蕴的公共文化服务，不能仅仅止步于表层的建设，而要深入其文化积淀的底蕴，深刻开掘其人文价值，通过文化传承促使其富有个性的精神或灵魂得以世代传扬。

呈现于公共文化中的地域文化特色，首先积蕴于浩如烟海的文化样式与产品之中。作为深层的精神与意蕴的体现，也已深深地镌刻在各种文化样式和物象之间。正是这些属于民族或地域的文化瑰宝，成为当代文化建设与传承的重要基石。同时，将这些属于民族文化精华的精神与意蕴传达于大众，使世世代代人民大众在面临各种文化进入时能够积极地进行辨析与遴选，自觉地接受和传承民族精神，方可推进地域与民族文化世代高扬。

公共文化的地域特色还大量地体现于文化样式、物象以及语言、形式等层面，包括文化创造活动中的工具、材料、载体及其人们进行文化创造的技能和技艺等，均体现着地域文化的特色。对这些方面的因素的保护、继承与传播，也属于公共文化服务的重要组成部分。面临大量同质化产品铺天盖地涌来，面对众多体现了浓郁的民风民俗的传统技艺和形式的衰落与消亡，公共文化服务的一项重要使命，即在于致力于对这些珍贵的文化遗产的保护、利用与传承。弘扬民族与地域的精神，凸显浓郁的地域文化特色，在公共领域、公共空间内以公共文化的方式实施全面的精神渗透与传承，应成为公共文化服务的重要旨归。

（四）全面提高与改善公共文化服务质量

公共文化服务的产品质量不高，是当下困扰公共文化服务的重要瓶颈，特别是在艺术产品的服务方面尤其突出。在实施公共文化服务中，其文化艺术的样式与产品的总量，以及审美含量、娱乐性元素等方面，大都不及文化市场的丰富与多样。无论是有关文化艺术的服务型活动，还是文化艺术产品的购置与提供，均存在质量不高的现象。有时一些为大众提供的产品，因其免费，便对其质量重视不够，以为只要提供产品就不错；有的在实施公共文化服务时，形式大于内容，只注重形式的轰轰烈烈、热热闹闹，至于人民群众喜欢什么，需要什么，并不十分关心；有的地方只是重视服务项目的安排、服务场所的保证，或者下乡放映电影与组织戏剧演出场次的落实，至于不同农村群众的需求状况，以及有的地区由于人员结构的变化带来的需求特点的变化则考虑不多；较多文化服务的产品原创性不够，一些作品流于对陈旧题材或题材的翻新，缺乏对人们的吸引力；有的只是重视将一些偏于政治思想教育的产品提供给大众，缺乏产品的多样呈现，忽视大众的娱乐性和趣味性，致使大众逐渐对某些形式产生厌倦之意。

改善公共文化服务的质量，一方面，应当改变传统的一味实施文化教育的理念，而应立足于实施社会文化教育与大众进行文化选择的双向运动，使文化服务的具体内容呈现为多样性、综合性与实用性，克服单一的教化性。另一方面，应强化公共文化服务的管理，确保有限的资金与设施切实使用于公共文化建设与服务，在对公共文化服务的设置建设方面不走样、不缩水，在对公共文化产品的采购方面，坚持思想性、审美性和娱乐性的统一，将最优秀的文化产品投放于公共文化服务之中。

公共文化服务中的艺术服务，与一般的文化服务尚有一定区别。公共文化服务包括艺术服务，而艺术服务更应注重适应大众的审美特点和需求，不是一味地灌输和教化。应当重视大众在公共文化服务中的参与性。公共文化服务不应是单向的，不应单纯强调对大众的文化输入，而应充分调动大众对文化活动及其产品的兴趣，艺术服务尤其如此。应当立足于寓教于乐和潜移默化，使社会每一个成员均能以自身对文化的热爱以及浓郁的艺术趣味，积极和主动地参与到文化和艺术活动中来。对大众参与艺术活动不仅应激发其接受的兴致，还应调动其创新能力，使其想象力和创造力得到充分张扬，不仅对艺术活动主动参与，还要对扑面而来的文化艺术产品进行积极的审美欣赏和遴选，甚至直接参加更为新颖的艺术产品的创造。正是在这样的意义上，方能体现公共文化服务的本质意义。

（五）充分调动与发挥社会各方面的积极性

首先，要发挥政府的主导作用。政府对公共文化建设与服务负有重大责任。政府应加大管理力度，随着国民经济的增长，不断加大投资比例，以使公共文化服务体系得以确立和持续完善；政府还应不断制定有效的政策，调动社会各方面的积极性。应发挥社会团体、事业与国有企业、民营企业及个人的作用，鼓励企业和个人对公共文化建设投资，以税收为杠杆，对积极参与公共文化建设的企业和个人予以精神鼓励以及减税、免税等方面的奖励。

其次，要充分发挥各领域艺术家、文化艺术从业者以及大众接受的积极性。公共文化活动既是对社会文化发展进程的检验，也是对社会文化新型样式的遴选和追求，还是对艺术家及其接受者的激励，以及对创作取向和接受取向的调整。艺术家必须适应大众，大众也须适应艺术，这不是低层次的循环，而是一次次螺旋式的提升。正是从这一意义来说，公共文化服务的过程既是对艺术家及其创作的调适，也是对大众文化接受心态的调适，以及对艺术家的锻炼和陶冶、对大众的培养与提高。正是在这样的交互作用下，艺术获得了升华，大众的审美文化层次也将获得提升。

再次，应鼓励企业和个人兴建各类具有一定公共文化服务性质的文化设施，如企业或私人博物馆、展览馆、艺术馆等。特别是一些专项类博物馆，如酒文化博物馆、钟表博物馆等，适宜于企业或个人兴办。它既可以弥补国家综合类博物馆的某些欠缺，同时又以小型、精致和专项的特色为社会大众提供文化服务。对该类社会型的文化服务，政府可以为其提供一定的政策支持和经费扶持，同时也应允许其适当收费，以及将部分产品或复制品投入商业化经营，以保障其持续发展与运行。

最后，应继续建设与完善各类文化艺术基金会，以及社会赞助制度，发挥基金会与社会各界在公共文化服务中的积极作用。在当下，我国各类基金会的设立尚不够完善，一是数量偏少，二是运行不够规范。这是由我国国情所致，尚需要大量的实验与探索，难以在较短的时间内获得大的进展。例如，不同所有制性质基金会的确认、政府所属基金会的设置方式及管理、对基金会的减税制度等，均需要逐步摸索。而在社会赞助方面，虽然社会各界及其个人对公共文化的赞助由来已久，但制度不够完善，在赞助途径、资金使用等方面均存在不规范不严谨现象，也需要不断加以改进。

为人民大众提供广泛和丰富的文化服务，是对人民大众文化权利的最大尊重，是满足人民大众不断增长的精神文化需求和提升全民族成员精神文化与审美素质的重要举措。持续提升公共文化服务的层次与水平，使人民大众获得更多更优质的文化服务，已成为各级政府和社会的共识。在社会各界的共同努力下，我国公共文化服务将会呈现出更加丰富与多样的景观。

第二节　艺术与城市文化精神的传承①

　　城市文化精神，是一座城市在其诞生与发展的进程中，历经无数的努力与积淀，最终形成的属于该城市的精髓与灵魂所在。在城市文化精神的形成过程中，艺术活动居于重要的地位，发挥了不可替代的作用。在当代，城市文化精神的传承与延展，仍旧与艺术文化的发展密切相连。重视和强化艺术文化建设，对弘扬城市文化精神，克服现代社会带来的弊端，具有重要的意义。

一　城市文化精神的基本内涵

　　城市是人类文明的重要象征，城市文化精神则是城市文化的长期积淀并得以深度呈现的结果。在城市文化及其文化精神初始与建设的进程中，艺术活动伴随始终，成为城市文化精神的重要载体和形态显现。深刻认识城市文化精神的内涵，解读文化发展进程中的诸多课题，同时充分发挥艺术在城市文化建设中的作用，方能促使城市文化在科学与理性的指导下获得更迅捷更自由的发展。

　　城市是人类社会发展到一定阶段的产物，也是人类得以集中和全面展开文化建设的时代的开始。在世界许多国家和地区，均在不同时代诞生了大大小小的城市。这些城市既有从原始社会走向文明社会的重要代表，也有在漫长的农耕时代出现的不同形态的城市，更有众多在工业时代催生的闪烁着科技与人文光辉的现代化城市。每一座城市均镌刻着无数人们付出的艰辛与贡献，铭记着人类聪明和智慧的篇章，承受着历史的洗礼以及一次次衰败与荣光，经历着与其他文化的交流与融合。每一座城市又在自身发展历程中，积淀着属于自己的文化内涵，形成属于该城市的文化特色，同时也造就了该城市独具的文化精神。

　　城市文化是一个广阔的概念，包含有关一个城市社会文化的各个领域和不同层面，既涵盖着城市的物质文化，也涵盖其精神文化，在精神文化中，又包容着与人们的精神生活息息相关的各个方面，如政治、艺术、教育、科技、新闻、出版等各个领域，形成了城市的政治文化、经

---

　　① 本节主要内容已于 2010 年第 12 期《山东社会科学》刊载。

济文化、艺术文化、科技文化等。而在诸多的文化建构中，艺术文化表现出独特的地位。

城市文化精神是对城市文化的总体的涵盖、提升与抽象，是人们在一定文化氛围与文化背景下的浓缩与升华，是一座城市赖以生存和传承的巨大的精神力量，是人们的精神皈依和理想寄托。当这一精神为人们共同认可、向往和遵循之时，便会化作巨大的精神力量，在一定的条件下，甚至会产生具有一定信仰的力量和权威的作用。

城市文化精神是城市文化的精髓，它通常须经过漫长岁月的陶冶，与城市的形成与发展同步，记录着城市文化的轨迹，凝结着市民的观念与意趣，表现着人们的价值与理想，同时也清理着一些污浊的和消极的文化构成。经由人们不断创新、聚合与凝结的文化内涵，逐渐获得定格，便成为代表该城市最具核心价值的文化精神，成为该城市的精神坐标，成为人们世世代代予以传承、引为自豪的精神财富。

城市文化精神，通常是由一些重要的文化遗存、社会习俗，以及对城市文化建设做出重要贡献的人们的精神形态中显现出来的。它渗融于城市的政治风尚、民风民俗、伦理道德、艺术创制、建筑器物、有形的和无形的文化遗存等不同领域，集中体现于市民的价值观念及其文化品位。城市文化精神的深层内涵，通常又经由历史精神的嬗递、思维方式的聚合、审美意趣的凝结、艺术风尚的传扬、时代情趣的氤氲等过程，得到高度的凝练、抽象与概括。

城市文化精神具有鲜明的个性色彩，每一座城市均在它形成与传承的过程中表现出特有的风采，特有的轨迹，与其自身政治、经济、文化等领域的活动有着密切的关系。因其文化构成及其内涵的差异，不同城市之间的文化精神当会各具特色，其间既有属于本城市自身文化的沉积，也有与其他文化形态交融结合的元素，自然也有厚重高下之区分，甚至还有一些属于消极的低俗的元素杂陈于该城市的文化内涵之中。这些，均成为一座城市文化精神特色的显现。正是因其呈现出极其复杂的状态，以至于在人们认识该城市文化精神时，常常有着较多的争议。

城市精神文化既属于人类的文化与精神遗产，但同时又与一般的文化遗产、非物质文化遗产不同。其一，城市文化及其文化精神并没有中止其发展，而是在应对当代文化进入的时代背景下，继续进行着城市文化精神的深化与发展；其二，城市文化精神具有极大的辐射力和感染力，正是这种存在于人们精神之中的具有巨大力量的精神理念，成为维系该城市持续发展的重要资源和动力结构。城市文化及其文化精神，不可能在没有根基的条件下生长，对城市文化精神，不能像文化遗产一样主要予以保护，而是应当予以持续地建设和拓展。

艺术是城市文化的精灵，是具有核心影响力的文化构成。艺术活动不仅表现于审美或娱乐活动的表层，更与社会发展、人的精神陶冶息息相关，成为具有核心作用的文化因素；艺术不仅在于以音乐、美术、戏剧、舞蹈、影视等样式为城市文化带来活力，成为支撑起城市文化的重要主体，同时艺术又以其巨大的影响力和感染力，渗透于城市文化活动的方方面面。可以说，无论是城市民俗、宗教信仰、人际礼仪，还是文人创作、民间工艺、休闲娱乐等，无不渗透着艺术的元素，浸染着艺术的灵气；即使是在政治文化、经济文化、科技文化之中，也与艺术有着种种联系，特别是一些表现形式与传播载体，更与审美和艺术紧密融合，形成有机的整体。

与政治文化、经济文化、科技文化等相较而言，艺术文化对城市文化精神具有特殊的影响，成为城市文化精神的重要构成，担负着城市文化精神建设的历史重任。其一，艺术最具有鲜活性，在诸多文化中表现出灵动的气息；其二，艺术最具有渗透力，其审美的特质更是对人们产生潜移默化的感染；其三，艺术具有持久的生命力，能够生成十分久远的影响力；其四，艺术最具有普及型，能够对所有城市成员予以普适性的审美影响。

如果从狭义的角度来理解，艺术是一切有关审美的和娱乐的社会活动及其产品创制的基础；而作为广义的理解，人类在艺术活动中所从事的美的创造与人类从事的所有社会化活动在其终极目标上获得完全的一致，正如马克思所指出的那样，即"按照美的规律来建造"。这就从更高远更广阔的层面上洞察到艺术作为社会文化的基本地位，以及在城市文化精神的传承与弘扬中所具有的重要意义。

二 在多元文化的背景下传承城市文化精神

传承城市文化精神，必须正视当代文化发展的多元化现象。多元化的文化构成，既是对既有的城市文化精神的挑战，也是对城市文化精神的拓展。艺术文化在其发展过程中具有举足轻重的作用。

出现城市文化的多元化，是当代社会政治、经济、文化发生重大变化的结果。世界经济的一体化进程，打破了所有城市闭守的格局，进入世界范围的共同发展的轨道上来；高新科技的发展，使得所有城市人们的生活节奏加速，在时间与空间上均获得极大的释放与自由。但同时，几乎所有城市的文化构成与建设均面临着考验和挑战。

多元文化的进入，既为城市带来活力，增添色彩，同时也是对每座城市人们既有的思维方式，生活习惯、文化传承、民间习俗、人际礼仪、伦理操守、宗教信仰等方面的挑战，以及对那些具有物质形态的文化遗产、艺术资源的冲击和消解。作为挑战，多元文化将对已有的文化格局进行重组，对已经积淀而成为文化精神的元素予以遴选。更多体现了多元文化象征的各种新的艺术表现、社会时尚、娱乐方式、城市建筑、器物装饰等蜂拥出现，使城市增添了亮点，同时也意味着对传统文化的解构，甚至促使该城市文化内涵悄然变异。

这种文化的多元化现象的出现，几乎成为一种浪潮。在中国，伴随20世纪70年代后期出现的改革大潮，不仅对那些未曾获得多元文化洗礼的中西部城市具有巨大的影响力和冲击力，而且对已经具有浓郁的多元化特色的东部沿海城市也实施新一轮的冲击和洗礼，其城市文化精神与内涵也在这一文化冲击中获得增强或变异。

人们对多元文化的进入通常是毁誉参半，喜忧参半，多元文化的进入当然对城市文化建设予以巨大的推动。但同时人们也看到，由于多元文化的进入与影响，原来既有的一些文化形态将不复存在，即使存在，也会变得十分孱弱，难以对该城市文化精神增添更多的内涵。

人们曾经对城市文化精神有所误读，以为只有时代传承的，历史沉淀的，方能成为城市精神，而对多元文化的影响，以及新的文化风尚的进入对城市文化精神的升华与变异缺乏应有的准备，甚至有一定的抵触。其实，城市文化精神的构成，不仅具有历史的积淀性，同时也具有当代性。当多元文化进入并形成对该城市的重大影响时，这种多元文化的诸种元素也将成为该城市的文化构成，以及逐渐成为城市文化精神的组成部分。换言之，一座具有重大影响力的城市，理应具有自身文化的凝聚力、化合力，亦即可以将更多的文化元素予以吸纳，使之成为属于自身的文化构成，以及文化精神的一部分。世界上许多重要城市均如此。北京曾经经历数次异域文化的进入，其多元文化的因素未能彻底改变城市的整体文化精神，同时又使该城市文化精神获得极大的丰富与拓展。

也有一些缺乏久远文化历史的城市，在其形成的过程中，首先受到的可能就是多元文化的影响与洗礼，既包括本国多个城市文化的影响，更有世界各国多个城市文化的影响，其中一些具有主流地位与重大影响力的文化元素及其特征，便成为该城市文化精神的主体与核心。例如，上海城市文化中的革命性、现代性与灵动性，既蕴涵中国传统文化的精髓，同时又融合了外来文化的因素。

城市文化精神不是凝滞的和一成不变的。城市的文化精神往往形成于该城市历史发展的最关键最重要的时期，当人们对城市文化精神的共识深入血液，便会化作巨大的精神力量，成为人们不约而同地自觉恪守的思维及其行为规则。人们在恪守这种精神的同时，又要对城市文化精神予以新的充实和完善，甚或有着些许的改变。作为一种习惯的社会化的精神与信念，其力量的巨大是难以估量的。即使是一些后来人，本来并不在该城市生活的人们，一旦来到该城市，也会不由自主地融入这个社会，接受城市的文化精神。倘若少数人试图加以改变，往往难以达到目的。

在城市文化的多元化进程中，艺术的多元性发展，以及多元艺术的进入，同样是十分突出的。人类艺术正是在其多元的交融之中，不断获得艺术形式的拓展与丰富，以及艺术内涵的充盈与深化。城市文化精神正是通过多层次的艺术活动，以及与艺术相关的大量非艺术活动，获得丰厚的积淀。首先，艺术影响与改变着社会物质的形态，诸如建筑、园林、庭院、工艺、器物等；继而，艺术渗透与改变着社会精神生活的载体及其样态，诸如人们的宗教信仰、人际礼仪、伦理道德、生活方式等；最后，艺术浸透于人的精神的深层，形成人的知觉认同以及共同愿景，成为人们自觉认同与恪守的文化规范、精神寄托和理想追求。

多元文化在艺术领域的体现，有着多个方面，其一，多样化的外来艺术。即指不同国别不同民族艺术的进入，既包括不同国家和民族的传统艺术，也包括一些生成于不同国家的现代艺术。其二，多样化的艺术样态。即指那些与该城市艺术形态迥异的样式，以及新生的艺术品种的引进与生成。其三，多样化的艺术层次。包括高雅的、雅俗共赏的或通俗的艺术样式。在这样多元艺术的影响下，既直接影响和作用于该城市的艺术活动，使艺术活动与创制有了新的色彩，同时也潜移默化地影响和作用于人们的物质生活，以及教育、科技等活动，深刻地影响和作用于人们的精神与价值观念。

但在艺术多元进入的过程中，一些属于低俗的、劣质的艺术同样也会进入，这对城市文化的负面影响同样是不可低估的。特别是在大力发展文化产业的进程中，各种各样的文化形态、艺术样态均会蜂拥而入，形成对城市文化的纷扰。诸如浅层次的低俗艺术的表现，偏于低俗的艺术形式，甚至属于庸俗、腐朽的艺术样式或产品，也会跻身于城市文化的时空，或明或暗、或公开或隐蔽地呈现于艺术的、准艺术的和具有一定审美含量的非艺术的领域之中，成为城市文化的组成部分，甚至在某些地方占据着重要的位置。消极的腐朽的艺术活动与制品当会促使艺术活动及其创制走向庸俗与低下，进而促使城市文化精神生成消极的、病态的元素。历史上所有从属于城市文化精神中的不良因素，均会对城市文化带来负面的促动作用，以及对城市文化精神带来消极的影响，足以引发人们的高度警惕。

三　在多样性文化发展中抵御文化的同质化

在出现城市文化多元化趋向的同时，当代城市文化建设中的同质化现象也已显现，成为城市文化精神传承的严峻课题之一。其间，艺术活动与艺术文化既可能起到重要的推波助澜的作用，也可以成为抵御同质化、高扬城市文化精神的重要力量。

城市文化的同质化，在一定意义上说是文化现代化进程中出现的负面影响力，是对城市文化精神的消解。其基本表现是：面目一律，生活一体，泯灭个性，缺乏进取。同质化的要害在于消解特有的文化个性，使文化趋于雷同，最终促使文化走向一个模式。同质化体现于各个方面，首先是作用于具有表象意义的物质文化；其次是形成对非物质文化的影响；最后是促使城市文化精神的变异。

所谓同质化，势必以某种文化或者某个国家的文化为标准，对其他国家实施同质化。文化同质化的过程，主要是以当代世界居于强势地位的国家的文化艺术为基础，向着其他不发达、居于弱势地位的国家的进入。强势国家的艺术在其水准上未必具有领先的地位和普适性，但是他们可以依据其经济、军事等方面的优势，强行将其文化和艺术产品推向世界其他国家和地区，逐渐形成艺术样态、艺术观念、审美意识乃至文化精神一体性或曰同质化，最终试图以世界的某一种文化取代其他一切文化，这当然是人们所不能接受的。

如果说，多元文化的进入当会给城市带来更多的活力，易于为人们所接受，而文化的同质化，带来的更多是具有一体性质的现代文化，是与多元文化背道而驰的。文化的同质化最初常常以多元文化的进入为旗帜，但最后则以文化的一体化而告终，这将对一座城市的文化精神产生巨大的颠覆与破坏。可以说，文化同质化是驱使文化走向极端并出现变异的结果。在当代世界经济一体化的背景下，一些人呼唤的所谓世界文化一体化，与城市文化的同质化具有异曲同工的效应。

城市文化的同质化现象的出现有其重要社会根源。由于人民大众对文化精神的现代性需求，文化的同质化在一定意义上满足了人们的这种需求。如果设身处地，深刻体察在陈旧与落后的生活方式下生存的人们的心态，就会理解人们为什么会具有强烈的思变要求。即使处于传统文化中心与具有多元形态的地域的人们，他们也不是置于真空之中，也具有极强烈的追求现代生活的意愿。因此，在一定意义上说，城市文化的同质化正是文化多元化与现代化的继续。

而在同质化的文化形成过程中，一切传统的文化都将受到冲击与挑战，艺术也将受到突出的影响。对此，努力倡导文化的多样性，以大量鲜活的、本土的、经典的文化样式及其产品丰富文化市场，满足人民大众的需求，是一项根本性的举措。其间，艺术既可以起到为同质化推波助澜的作用，也可以成为抵御同质化趋向的重要力量。

在当代文化建设中，许多城市都将受到大量具有时尚化因素的文化艺术活动及其制品的影响，对此，可以理解为对多元艺术的接受，但是，如果不加节制任其泛滥，势必促使艺术同质化的形成。时尚的，通常是诱人的和新奇的，但同时也是俗化的和浅陋的。如果在世界的无数城市，涌动着同一类艺术表演、同一种流行歌曲、同一种抽象的造型艺术、同一类娱乐化电影，不仅在艺术样式上呈现大量的重复与雷同，同时也在精神内涵上出现大量的单一与浅薄，势必形成对不同城市特有文化的消解与弱化；如果为了追逐经济利益，大量吸纳时尚化艺术，以及过多体现西方某些国家价值观念与生活方式的艺术，不惜损害自身城市的艺术积累与文化格局，势必造成艺术文化建设的低层次重复和低水平泛滥；如果几乎所有城市的人们都已认同某些同一性的艺术品种和活动方式，甚至大有取代其他艺术样式之势，而且这些所谓艺术呈现为十足的形式整一与意蕴寡淡之态，这样的艺术状况不仅是对具有个性化的艺术活动方式与艺术传统的冲击与消解，更是对城市文化精神的颠覆与损害。

而对当下出现的城市文化的同质化现象，艺术恰是最具有抵御能力的。比较其他文化领域，艺术本身就意味着多样性和丰富性，最富有个性化特色，最不易为同质化所消解。艺术的基本元素凝结于文化的各个方面，其审美的精神更是对城市整体社会文化具有生生不息的作用。艺术的传承最忌出现同质化现象。同质化意味着对文化艺术特质的泯灭，而艺术个性的地位，正是对城市文化的精神的最准确、最恰当的诠释，失去了具有个性意义的艺术，当然也就失去了从属于该城市文化的精神。因此，艺术也就成为城市文化同质化的抵御性力量。正视艺术的特殊地位，珍重艺术的作用，繁荣艺术活动与创作，有效地传承艺术遗产，正是高扬艺术个性、弘扬城市文化精神所不可或缺的。

当然，由于文化与经济在意识形态、民族精神等方面的差异，文化难以像经济那样出现世界范围的一体化，同样，也难以出现完全的同质化。但是，我们不能因此而放弃对同质化现象的警觉。事实已经表明，同质化现象并非空穴来风，而是开始进入人们的物质与文化生活之中。如果任其发展，民族文化、城市文化的要素及其特质将会一天天走向衰落。

四　坚守文化自觉与推进城市文化建设

21世纪城市文化建设及其城市文化精神传承的核心，在于人们应以高度的文化自觉，科学地推进城市文化的进程。健康与积极的艺术活动及其科学与理性的艺术文化建设，正是文化自觉的体现。

人的文化自觉，主要表现在对文化发展的自由与自觉的精神与意识，表现于人们在城市文化精神的传承与发展中所具有的科学与理性的水准。文化的自觉至少应具备如下的要素：懂得文化建设终极意义；懂得文化建设的当代使命；懂得文化面临的挑战；懂得进行文化建设的基本策略和原则。

当代城市的艺术建设已经成为所有城市文化发展的重心。一些城市将具有突出特征的艺术设施作为自身城市新的地标，有的城市将代表了本城市特色的艺术样式和品种作为艺术遗产加以保护和弘扬，其主旨，均在于传承和拓展城市的文化精神，持久地保持该城市的文化活力，促进城市的可持续发展。坚守城市的文化精神，就要坚守文化自觉，形成对城市文化精神的社会化认同，以及对各种文化艺术活动的理性把握。只有充分坚守文化自觉，城市文化建设以及文化精神的传承与发展才能具有丰腴的土壤和厚重的基石。

坚守文化自觉，就应十分重视文化艺术在发展经济中的重要地位。在当代，艺术已经不再是经济的附庸，而是在具有文化本体的同时，也具有了经济本体的地位。发挥艺术在经济活动中的作用，不仅对增强社会经济总量，而且对提升经济文化的品质，以及作用于艺术的再生产，均具有不可忽视的作用，成为十分紧迫的战略性任务。

但是，在经济增长的短期利益与艺术的持续发展之间，最忌狭隘的功利性。文化建设与艺术建设不是一蹴而就的，也不是人为堆积的，每个人，包括政治家、知识界每个成员，均应担当起文化责任，突出其文化自觉。在社会做出的每一项重要决策的时候，均应以是否有利于文化建设以及文化精神的传承为基点。文化建设不能以 GDP 为旨归，也不能以数量作为考量政绩的标准。应当清醒地看到文化产业的快速发展所滋生的负面效应，特别是面对低俗文化的进入，以及可能对社会产生的不良后果，即使与经济收入总量产生较大的矛盾，也应当毫不迟疑地加以拒斥。

坚守文化自觉，就要在文化与艺术建设中突出科学的理性的文化观，抵制落后文化。

城市文化的基本构成，主要体现为积极的、进取的、健康的文化元素，来源于城市大部分市民阶层，以及相关的知识界、科技界、各领域人民大众的文化积存。一方面，应当以高雅艺术的存在与发展，以及大众审美文化水准的稳步提升为基点，在保证典雅艺术具有较大影响与市场地位的前提下，适度把握大众文化具有充足的市场份额。另一方面，城市文化中也具有消极的落后的因素，主要体现于城市低俗文化、权贵文化的蔓延。城市低俗文化是城市文化中的糟粕，低俗文化包括民间文化中低俗的部分，城市中的流氓文化、淫靡文化等现象，大多表现为醉生梦死、纵欲放荡、寡廉鲜耻、投机取巧、贪图享受、不思进取等形态。城市低俗文化对城市文化精神具有极大的销蚀性，足以形成对城市文化精神的冲击与解构。

同样，城市的权贵文化也是城市文化精神的天敌。权贵文化与大众文化相对立，代表着城市极少数人的利益，显现出与大众文化利益的悖反。特别是在维护其根本利益方面，当会表现出与人民大众的格格不入。人民大众的文化权益，如同其经济权益、政治权益一样，是属于社会每一个成员所具有的基本权益，保护和满足人民大众的文化利益，应是城市文化建设的重要原则。城市文化建设，主要是为大众服务的，思考与决策文化建设的重大问题，均应符合这一基本原则。

坚守文化自觉，还要在文化建设中坚持富有特色的艺术创意，突出文化个性，克服文化建设中的种种弊端，弘扬具有鲜明特色的文化精神。

艺术创意，是指在当代文化活动中，人们对新的意蕴、新的意念的创造与张扬。在艺术创意之中，充满着人们对艺术创新、文化进步的渴望，洋溢着人们发自本能的内在的智慧的光彩，体现出人们的文化自觉。

艺术创意是一种最具活力的创意元素，加之经营创意、科技创意、管理创意等，共同构成文化创意的整体。而在其间，艺术创意最具鲜活与灵动性，同时具有核心的与主导性的作用。上述创意，均与人的精神解放以及文化精神传承密切相连。精神的解放，意味着对新的理念与意旨的创造与高扬；文化精神的传承，表现出对历史文化精神的珍重，以及在此基点之上的创新与拓展。

坚守文化的自觉，就要在艺术的交流融合与传承本体文化精神之间，遵循文化的本体特性，选择适宜于该城市发展的道路。

文化自觉，既表现为文化的宽宏与襟怀，又表现出对本体文化的珍重，增进本体文化的凝聚力与同化力。历史文化的发展正是这样，当该城市具有了博大的襟怀和能够融合所有外来文化的能力的时候，人们就不必天天为这些方面文化的影响而忧心忡忡，而是以足够的信心、科学的方式，应对各种不同文化的进入。只要该城市具有了厚重的文化积淀与强大的文化融合力，无论面对何种文化的进入，均能够应对自如，即使是面对以强势政治、经济、军事为后盾的文化样态，也会以自身的文化操守，对这种文化的影响力与渗透力予以化解，以至吸纳，甚或转变为自身文化的重要元素。

无数的艺术工作者在自身城市文化精神形成中做出了贡献，同时也逐渐自觉地传承这一文化精神。无论城市存在时间的长短，无论这一精神形成于哪一个重要的历史时期，这种精神还会继续得到深化、充实与完善。对城市文化精神的恪守、理解与不断充实，正是对该城市业已形成的文化精髓与内涵的继承与高扬。以高度的文化自觉，科学地认知城市文化建设及其城市文化精神的地位及其价值，缜密地清醒地看待城市文化发展进程中的各种课题，在推进城市文化建设的健康发展中，具有重要的意义。

第三节　娱乐文化与人民大众文化利益[①]

面对当代日趋繁盛的娱乐文化现象，深入认识其内涵与社会价值，将会有助于准确把握娱乐文化的基本态势与发展前景。

一　娱乐文化的缘起及其存在意义

娱乐文化具有丰富的内涵。早在古希腊和中国的春秋战国时期，人们就已经看到文化及艺术活动产生的愉悦的和娱人的作用。欧洲近代以来关于艺术起源的游戏说，更是清晰地阐明了娱乐文化的实质。正是从人的生理、心理以及情感需求等为基点，游戏说论证了艺术活动的缘起，以及娱乐文化存在的意义。

娱乐文化的存在是客观的，它在历史进程中并不因为社会文化的进步与发展而失去其存在的意义。同时，它又与各种文化现象有着密切的关联，相互渗融，显现其不可忽视的价值。娱乐文化不必在其思想性方面具有十分突出的表现，但必须拥有浓郁的愉悦性元素，其存在的价值主要在于产生丰富的娱乐性效果，使人们获得精神享受。

因此，娱乐文化是具有较强商品特性的文化，它以创造较大的商业效应作为自身的主要目标；娱乐文化是具有较强通俗性的文化，它以致力于追求艺术的娱乐性和感官的快适性为旨归；娱乐文化也是以审美形式为主要展示内容的文化现象，它并不排斥其内涵与形式的审美性，相反，完全失去审美特性的文化不应称之为娱乐文化。

在社会文化活动中，娱乐文化占有重要的地位。一方面，娱乐文化具有一定的文化特性，可以作用于人的精神；同时，又具有鲜明的产业

---

① 本节主要内容已于 2006 年 11 月 30 日《文艺报》刊载。

特性，是文化产业的重要组成部分。在其文化特性方面，娱乐文化既表现为独立的文化形式，也可以与其他文化艺术形式相交融，尤其在艺术活动中，拥有较丰富的娱乐性因素。而作为产业特性，更是渗透于各种文化和艺术活动之中。在许多国家，电影电视本身就属于娱乐性文化；在音乐、美术及文学作品中，娱乐的成分越来越多；出版业中娱乐性出版物所占比重也越来越大；动画、网络游戏等，这些具有较大产业前景的文化现象，均属于娱乐文化的范畴；休闲、体育、健身、旅游活动中的较多方面，也与娱乐性文化有着密切的关系，其中很多活动方式，显示出浓郁的娱乐性色彩。

在满足人民大众的文化需求，以及情感需求等方面，娱乐文化均具有不可替代的作用。娱乐文化的基本构成，既含有一定的审美因素，与人的较高层次的精神需求密切相关；同时，它又具有较多愉悦的或恬适的因素，主要体现为人的心理或生理的需求，但通常它们又是难以分离的。在文化或艺术活动中，那些率先打动人们、吸引人们的往往是形式层面的魅力，传统艺术创作中的旋律、节奏、色彩、造型、情节等，均是具有永恒意义的审美的娱乐性因素。当代文化艺术活动中数字技术的广泛运用，对形式美因素的创造与渲染，进而加强了艺术的感染力与震撼力。人们对形式美感的不懈追求，正是增进娱乐文化内在魅力的体现。

应当承认，无论任何时代或社会形态，人们对艺术欣赏的首要目的均是审美娱乐。其他各种艺术的功能与价值，是在基本实现审美娱乐价值的基础上而相继生成的。

高雅文化不能代替娱乐文化的存在。无论在任何时代，高雅文化都只能是部分受众乐于接受的文化。高雅文化通常代表了一个时代和民族艺术发展的最高水准，致力于追求高雅文化的品位与完美，是无数艺术家毕其一生努力的目标。但是，高雅文化是艺术精品，其产量偏少，难以满足社会大众的基本需求；同时，高雅文化制品的品位通常较高，超出一般受众的鉴赏能力，因而也难以取代娱乐文化的地位；即使鉴赏品位较高的受众，也需要参与和接受一定的娱乐性文化，借以调节自己的身心和情感。

文化与艺术的教育功能和认知功能不能取代文化或艺术的娱乐功能。众所周知，文化艺术活动具有多种功能，正是由于文化艺术多元功能的彰显，才使人类所从事的艺术活动持续数千年而不衰，并将继续保持其强劲的发展势头。特别是在当代，人们越是面对社会的丰富与多元，就越是追求艺术社会功能的多元。娱乐，常常是人们从事文化艺术活动初始的动机，而当人们进入了审美的艺术活动之中，随着审美活动的深入，才会逐渐生成对艺术的审美认知与审美教育等方面的要求。单纯追求其教育与认识功能，往往不会收到好的效果。同时，文化或艺术活动还具有其他功能，诸如伦理功能、休闲功能、情感交流功能等，但是这些功能的存在与发挥作用，通常也与其娱乐功能交融在一起。

娱乐文化与文化产品的娱乐性既有联系，又有区别。即使经典性艺术作品，也应当追求一定的娱乐性，缺乏娱乐性的艺术作品，未必是好的艺术作品，只有在作品的形式与内容、欣赏性与精神性俱佳的作品，才可以得到更多地域人们的欢迎，同时也可以得到跨时代接受者的广泛认同。娱乐文化并不意味着走向庸俗或低俗，它首先满足人们的是感官的健康需求，但它并不仅仅以其是否具有形式美感而取胜，在娱乐文化中同样具有一定的内容要素，体现出一定的精神与思想的含量。

基于娱乐文化的诸多特性，在当代社会，它将在两个方面发挥重要作用：其一，满足人民大众迅速增长的审美娱乐的需求；其二，增强市场活力、扩大消费、大力发展文化产业的需要。在我国全面建设和谐文化、发展文化产业的进程中，重视娱乐文化的建设尤其重要。可以看到，在文化市场中占据最大份额的只能是娱乐文化，忽视对娱乐文化的积极建设与促进，无助于文化产业与文化市场的迅速发展。

二　娱乐文化是大众需求及其发展文化产业的需要

接受与享用娱乐文化，是人民大众的基本要求，同样也是人民大众的文化权利。通常，人们认为，人民大众的基本利益是指物质利益以及与之相关的社会利益等，而在当代，人们越来越明晰地看到，人民大众的文化利益同样是基本的利益，亦即人民大众在享受基本的物质利益的同时，也应充分地享受其文化的利益，这正是人民大众文化权利的体现。

文化权利，是人们的基本权利之一，它与人们的其他权利，诸如政治的、经济的、人的安全与人格的权利同等重要，属于人们的基本权利的范畴。人们的文化权利，应当包括如下内容：其一，接受与享用文化产品的权利；其二，对一定的文化产品予以选择的权利；其三，对一定的文化活动与文化产品予以批评的权利；其四，参加一定的文化活动并参与创造的权利。

人民大众的文化权利又是与人们的其他权利相一致的，特别是与人们的政治、经济的基本权利联系在一起的。同时，人民大众的文化权利又是与社会的、民族的利益相一致的和紧紧相连的，人们的权利不会也不可能超越社会的与民族的根本利益，在通常情况下，人们的文化权利的实现，是在适应与符合社会与民族的根本利益的基础上形成的。在人民大众物质利益与政治的和人格的利益尚不能得到满足与保障时，其文化利益的实现只能是一句空话。只有在社会安定、民族富强、人民大众物质与政治利益得到充分保障的前提和基础上，其文化利益才能得到实现和予以保障。同时，社会的民族的利益不可能代替人民大众的文化利益，忽视人民大众的文化权利，不能达到社会与民族根本利益的真正实现。反之，孤立地强调文化利益的实现，脱离社会现实和当下的条件，也不能使人民大众的文化利益得到真正保障。人民大众文化权利意识的觉醒，以及社会对这一课题的关注，正是社会的重大进步，也是国家走向和谐与富强的重要表征。

人们对娱乐文化的要求，主要源于人的内在生理、心理与情感的需求，比如情感宣泄的需要、心理沟通的需要、心灵抚慰的需要、精神陶冶的需要等，均需通过一定的文化艺术的活动方式来满足。事实表明，在所有人类文化活动中，娱乐文化活动最能够贴近人的某些生理的、感官的需求，具有调节人的生理与心理机制、激发人的精神快感、消解人的心理疲劳等功能，因此，娱乐性文化活动是一种贴近人的本体需求的文化活动。

在当代，基于人们文化需求的多元性与丰富性，大众对文化的需求，既包括高雅的、严肃的、经典的文化艺术活动与产品，同样也包括娱乐性、通俗性、商业性较强的文化活动与产品。人们不仅需要高雅文化，从而获得精神的陶冶与认知的提升，同时也需要娱乐性文化，借以得到感官的愉悦与满足，获得心理的调适与慰藉，情感的调适和休憩，这同样是人们的文化利益所在。

即使在各种传统的高雅的文化艺术活动中，也需有大量娱乐性因素的交织和渗融。在一些当代文学艺术创作中，致使其艺术魅力弱化的重要原因之一，正是由于娱乐性因素的缺失。对娱乐性因素的弱化，就是对其审美要素的抛弃，娱乐性因素缺失的基本代价，则是失去受众，而大众对文化艺术作品的接受，才是文化艺术作品基本价值的体现。

娱乐文化以满足人们的视听感官的愉悦或审美需求为目标，而对更多人们来讲，满足其视听感官的基本需求，只是实现其文化价值的第一步，人们需要在其获得视听感官的基础上继续前行，追求其艺术更高层次的功能，比如认知的功能、宣传与教育的功能、精神陶冶的功能等。其间作为娱乐文化，虽然较少直接承担上述功能，但在实现文化艺术的更多功能中，仍会将娱乐性因素融会其间而发挥重要的作用。

促进娱乐文化的增长，也是与发展文化产业密切相连的。特别是当人民大众的物质利益不断提升、获得基本满足的时候，大力发展公共文化与文化产业，正是不断满足人民大众文化利益的体现。享受和满足文化需求，是人民大众的基本权益之一，政府应当对人民大众的文化利益给予充分的保障，但同时，人民大众的文化利益有相当一部分应当通过交付货币的形式来购买或交换，这同样是对大众文化利益的保障与满足。伴随社会发展与物质生产的丰富，人民大众文化利益的需求也会越来越丰富和多元，作为政府对社会与大众所提供的文化利益也会越来越充实。但在相当长的时期内，政府和社会对大众文化的调控，除了确保不断增长的公共文化的基本份额之外，其他仍应以商品交换的消费机制为主体，亦即人们必须以消费主体的身份置于娱乐活动之中，通过对有偿的娱乐活动的参与以及对娱乐性商品的购置，实现其享受文化娱乐的目的。这样，文化艺术活动特别是偏于娱乐性活动的主体部分，均应引进市场机制，纳入产业运行的轨道，使人民大众文化娱乐生活得到迅速发展的同时，文化产业也由此而获得长足的发展。

在文化产业已经成为国民经济主体性产业之一的当代，人们越来越清晰地看到，将文化艺术活动引入经济的、产业的轨道，不仅是发展经济的需要，同样是满足人民大众日益增长的精神与文化生活需求的需要。如果没有产业化机制的注入，就不会有大量的文化艺术制品的涌现，当然也就谈不上满足人民大众文化娱乐的需求。正是有了产业化的运营，才出现了文化艺术活动与制品的丰富，在一定程度上缓解了人民大众文化需求的紧迫的态势。而在其间大量涌现的文化艺术制品，其主要部分正是娱乐性文化艺术制品。也可以说，在当代以市场运营为主体模式的文化艺术活动中，其文化的主导方面，无疑是属于具有时代精神的文化艺术精品，而占据市场主流的则是娱乐性文化艺术产品。

因此，文化产业的发展不仅对社会的文化需求，同时对社会的经济及其他方面的综合发展，都是极其重要的。只有文化艺术产品总量的持续增长，才能使文化产业得到发展，使之成为社会产业的中央组成部分，甚至成为支柱性产业，促进国民经济的提升，也才能使人民大众对文化艺术的需求得到最大限度的满足。正是在这一意义上说，促进娱乐文化的发展与增长，体现了人民大众文化与经济的双重利益，是对人民大众文化权利的维护与保障。

三 坚持娱乐文化的科学发展方向

维护和保障人民大众的文化利益，应当重视和发展积极、健康的娱乐文化。基于人民大众对文化艺术活动需求的多元性，文化工作者应当从不同方面为社会提供不同类别、形式和层次的活动方式与作品，满足不同层次受众的需求。

重视和促进娱乐文化的发展，需要克服以往人们对娱乐文化的种种偏见，以一种积极的、建设性的心态看待娱乐文化在当代文化发展中的地位和作用。

只看到娱乐文化对社会的负面影响，忽视甚至贬低娱乐文化在当代社会的重要作用，对娱乐文化可能出现的低俗现象只是一味地指责批评，动辄施以讨伐与鞭挞，而对如何发展和建设健康的娱乐文化则缺乏研究，缺乏鼓励与帮助，这样，既不能大幅度增长娱乐文化总量，同时也不会有效阻止低俗的娱乐文化的泛滥；以鄙夷与轻蔑的心态对待娱乐文化，同样是非常有害的。持这种心态的人们，轻视娱乐文化的社会地位和作用，自以为本身所从事的文化艺术创造是高贵的和不可逾越的，同时又是一般芸芸众生不能理解的，因而对娱乐文化的存在不屑一顾。这种缺乏理解与宽容的态度也是与时代发展不相容的。

重视和促进娱乐文化的发展，必须加强对娱乐文化的科学管理。首先，应将娱乐文化从业人员作为发展文化产业的重要力量来看待，同时提醒人们需在法律规范的基础上对自己的经营行为予以有效的约束，还要以积极的和热忱的态度，创造各种有利条件，帮助娱乐文化工作者不断提高文化活动及其作品的质量和规模；其次，要加强法制管理的力度，不断增设有关文化法规，使之有法可依，同时加强执法的科学性与准确性，减少执法过程中的盲目性。

重视和发展娱乐文化，必须坚持与维护娱乐文化科学的发展方向，时时警惕低俗甚至恶俗文化的泛滥。正是由于娱乐文化具有巨大的经济效应，所以可能会随时激起一些利欲熏心的人们不顾一切地以追求最大利益为基点，而视人民大众的精神、道德与审美需求于不顾，将那些低俗的和腐朽的文化制品予以推销，这是绝对不能容许的。

粗鄙是娱乐文化的天敌，娱乐文化一旦陷入粗鄙，就将失去健康的文化内涵，而步入恶俗的泥潭。粗鄙与恶俗的娱乐是人类的鸦片。人们需要审慎地对待娱乐文化可能出现的各种问题。

低俗的倾向。为了追求利益的最大化，某些娱乐文化的制作可能会不顾人民大众的伦理特点、审美习惯，一味强调其感官的享受与满足，甚至有悖于人们精神需求，假娱乐之名，追求低级的庸俗的甚至是恶俗的娱乐，把娱乐文化的基本内涵降低到单纯满足人们的感官需求上来，使娱乐文化脱离健康的轨道，成为人们宣泄原始的动物性感官需求的过程和场所，某些近于色情的或低俗的活动皆属于此。低级趣味的肆意横行，带来的将是审美品位的弱化和精神的下滑，这种现象早已为社会广大受众所不齿。

过分的商业化倾向。不言而喻，娱乐文化要将追求艺术文化活动的商业性目标作为重要的目标之一，但它不应是唯一的目标。除去作为政府掌控的公共性娱乐文化之外，更多的娱乐文化均应把实现较大的经济效应作为自身的基本任务之一。但是，无论何时也不应将娱乐文化视作单纯挣钱的工具。文化产品与物质产品最大的区别正是在于娱乐活动具有物质生产活动所不曾具有的审美因素和其他精神性因素。如果违背人们精神需求的倾向，以及社会伦理、大众习俗，甚至将那些严重伤害大众精神需求的精神垃圾充塞其间，则是不能令人容忍的。

偏误的意识形态倾向。在当代娱乐文化中，还存在一定的违背当代社会意识形态的现象，以偏误的或扭曲的意识形态侵害人民大众的心理，伤害人们的民族情感，甚至与国家利益、社会安定、民族和谐相违背，这种以娱乐为名、行损害社会之实的行径是十分值得警惕并应随时予以打击的。

娱乐文化的生命在于不断嬗变与提升。既是娱乐文化基于自身内在规律不断推进内容与形式的嬗变和提升，同时，娱乐性文化也需要不断从其他文化中获得有益的因素，继续生成新的因素，以求得到变化与提升。由于当代世界经济一体化的形成，跨文化交流越来越成为重要的特征，而娱乐文化又由于其较强的商品性特征、较淡化的意识形态特征、较浓郁的形式美特征等因素，促使娱乐文化一边以迅捷的速度传播与蔓延，产生极大的经济效应，同时也在交流与互动中实现娱乐文化特质的迅速嬗变。在娱乐中增进其精神的和审美的含量，在艺术中保持其娱乐性特色，营造艺术的娱乐性与娱乐的艺术性，正是当下许多娱乐界和艺术界人士共同追求的效应。

娱乐文化在不同时代有着不同的内涵与表现形式，而娱乐文化又因为与其他文化之间千丝万缕的联系，形成了相互交融与渗透的现象。在各种文化现象包括典雅文化中应当有充分的娱乐化内涵与倾向，而在娱乐文化中也应有积极的健康的内容。娱乐文化与典雅文化之间并没有不可逾越的鸿沟，高雅文化需要尽可能适应大众的需求，而娱乐文化则需要不断提升，无论是在娱乐化形式上，还是在其精神内涵上，均需要不断提升，以适应人们不断增长的新的文化需求。

娱乐文化的基本形式，是使人们获得愉悦的首要因素。在不同种类的娱乐文化中，有着不同的娱乐化形式，但其本质仍属于审美形式，其中有的已经属于艺术形式基本范畴，诸如音乐中的声音（主要指乐音）、声响，特别是其中的旋律、节奏等因素，造型艺术中的色彩、线条、构图等因素，叙事性娱乐文化中的情节、语言等因素，均是娱乐文化乃至艺术中的最基本的形式美因素，而且是经久不衰的基本因素。从其本质来看，其形式因素是相对稳定与持久的，同时也是易于交流以及可以超越时空界限的。因而，对形式美因素的追求和提升也应当是永恒的。丧失了对形式美因素的追求，或者完全成为一定意识形态的传声筒，或者成为某种非艺术的观念的代言品，其艺术的或娱乐的价值将会大大消解，随之而来的便是大众对其的拒斥。

娱乐文化的内容因素也需要不断嬗变和提升。与其形式的因素相比较，内容因素具有更大的可变性与提升其品位的内在潜力。时代的变化，物质生活的提高，各种文化交流的纷至沓来，均会促使娱乐文化的内容因素得到不断冲撞和充实，敏锐地意识到其内涵因素的转化，不断促使那些新颖、健康的文化内涵在娱乐文化中占据主导的地位，是文化工作者的重要职责。

在当代文化建设中，会在社会生活中不断派生出新的娱乐文化活动形式，亦即有的本来不具备娱乐特色的文化类活动可以转变为娱乐活动；也有的娱乐性文化活动可以通过人们的加工与改造，使之成为亚艺术，比如休闲、体育、旅游等；还有些具有浓郁娱乐特色的文化活动或者创作，能够在保留其娱乐性特色的同时，具有更加丰富的精神性内涵，提升为典雅的艺术。正是在这样的意义上，我们可以在发展娱乐文化的探索中得到更多的启示。

第五章　文化创意产业及其管理

改革开放以来，党和政府文化艺术领域中对不断涌现的经营性、市场性现象予以密切关注，逐步加大理解和支持的力度。在我国由计划经济向市场经济转型的 20 世纪 90 年代，文化市场得到全面和长足的发展，并正式使用了"文化产业"的概念，政府有关部门开始对我国文化产业的发展概况予以统计。2002 年，党的十六大做出了积极发展文化事业与文化产业的战略部署，开始了全面发展文化产业的历史进程。这既是改革开放的重要成果，也是对中国特色社会主义文化建设理论与实践的极大丰富与贡献。在我国大力发展文化产业，既适应了世界经济一体化以及世界性高科技时代业已到来的基本要求，同时也是我国政治、经济、文化、科技综合发展形势的客观需要。我国拥有悠久的和博大精深的文化资源，以及当代文化生产力的巨大资源，同时具有世界上最多的文化艺术受众和最大的文化市场，发展文化产业拥有得天独厚的基础和条件。发展文化产业是繁荣艺术创作、为人民大众提供大量优质艺术产品的必由之路，将对满足人民大众不断增长的精神文化需求发挥十分重要的作用；发展文化产业可以极大地提升文化生产力，不断激活市场、激活消费，为国民经济的增长做出贡献，使之成为国民经济的支柱性产业。文化产业的重心是发展创意性产业。文化艺术活动及其产品的创意已成为推进文化产业的关键，重视文化产品的内容创新，是当代发展文化产业的核心。而在发展文化产业的同时，又必须清醒地看到，它是一柄"双刃剑"，进入产业生产和市场运营的文化活动及其产品，极易受到市场法则的制约以及不良文化倾向的侵蚀与诱惑，滋生低俗与庸俗的现象，对社会主义文化建设产生销蚀与侵害。因此，必须牢牢把握文化产业的发展方向，在重视文化生产经济效益的同时，又必须特别注重其社会效益。坚定不移地走中国特色社会主义文化的道路，这是发展文化产业的基本原则。

第一节　我国文化与艺术管理的基本特征

加强文化与艺术管理建设，已为当代社会及其学术界高度重视。建设中国特色的社会主义文化艺术管理机制与体制，需要对我国文化艺术管理的基本特征予以科学的认识，同时深刻剖析其间存在的各种关系和存在问题，方能准确把握我国文化与艺术管理的内在规律，将文化及艺术管理推向更加科学与规范的轨道，使之成为提高文化生产力的重要保障和驱动力。

一　文化管理与艺术管理外延的重合

我国文化管理与艺术管理有着十分丰富的内涵，其外延超过西方关于文化管理和艺术管理的一般认知。自20世纪80年代初以来，我国学术界及相关方面管理者就提出了文化管理的概念，人们实际已经开始了对具有中国特色的文化与艺术管理的研究。在我国，作为狭义的文化，通常除包括音乐、舞蹈、戏剧、美术、设计、电影、电视等所有艺术部类外，还要包括新闻出版、广播电视、会展、旅游、游戏、娱乐、群众文化等。这些活动具有一般纯粹艺术所不具备的其他方面的元素，同时又无不渗透了大量的艺术元素，因此，在人们所从事的文化管理中，很难与艺术管理划开界限。其间，文化管理包容艺术，而艺术管理也需要向更广阔的文化辐射，对那些不属于艺术范畴，但与艺术息息相关的其他文化范畴方面的内容予以观照。

而在艺术管理或文化管理的外延上，其相互交叉与重合也是时常出现的。文化与艺术管理既包括属于文化产业和市场运行的文化部类和活动，又包括公共文化服务体系的内容，还包括对文化遗产与非物质遗产的保护及利用的研究。有些文化机构，诸如图书馆、博物馆、展览馆等，即同时具有文化管理与艺术管理的特点。国家和政府对文化或艺术管理的要求正是基于我国自身的特点，如果将上述艺术方面的活动及其管理与属于文化方面的活动及其管理截然分离开来是不合适的，同时也是难以做到的。在国外，有的国家虽然称艺术管理，其实质也将更多其他文化的范畴包括在内；有的称之为文化管理，但在实质上，也是将艺术管理作为其核心，两者并非是截然分开的。当然，每个国家都有自身文化建设的具体特点，任何国家也没有必要照搬他国的经验与模式。作为我国文化与艺术管理工作者及其相关学科建设，没有必要画地为牢，抑制自我发展和建设的视野，束缚自己的手脚，而应解放思想，开拓视野，将文化或艺术管理的目标及使命服从于国家与民族文化建设的实际需要。

近年来，人们推进文化创意和艺术设计与相关产业的深度融合，更多第一、第二产业中的大量项目融入了越来越多的文化内涵，使人们从事的文化活动增添了更新的内容。事实表明，文化与农业、工业、科技等领域的广泛融合，具有极为广阔的前景，不仅可以大大丰富文化的内涵以及扩展文化辐射的疆域，同时由于文化因素的进入，使得更多产业及其产品创造具有了丰富的文化和艺术色彩，文化附加值大幅增加，创造出更高的产值。面对越来越丰富和广阔的文化与艺术管理领域，人们应具有更为开放的认知。不仅一般艺术管理应当充分注重管理活动中对艺术活动、艺术现象、艺术运行的规律的考量，文化管理、文化产业管理活动也需要融入大量艺术元素，使之拥有更为广阔的时空和更为丰富多样的审美表现方式。

二　宏观管理与微观管理的并行

在我国，宏观文化与艺术管理主要体现为国家和政府的管理，是由各级党和政府相关部门实施和操作的管理行为；微观文化与艺术管理主要体现为各类从事文化艺术活动的事业性单位、文化遗产和非物质文化遗产保护机构，以及各类文化与艺术企业，包括生产性、经营性、传播性企业的管理活动。

其管理特性，宏观管理是指对国家或一个区域的文化与艺术活动的管理，其管理具有纵向性、指导性和多层次性。微观管理则是指管理主体在相对具体的艺术生产、艺术服务、艺术传播、艺术营销、艺术保护等方面活动中实施的管理行为，其管理具有具象性、可操作性、实效性。在我国，无论宏观管理还是微观管理，均具有领导与制约的意义，而在具体实施中，依据各种关系的不同，在管理一方，有时会体现出主导、引领、制导或服务的地位与功能，而在被管理一方，则主要体现为对管理的接受。作为微观管理，既要接受宏观管理的制导，又要实施对自身机构的管理，具有双重性特点。其管理使命，宏观管理主要体现于对所属区域的文化艺术的规划、战略以及实施方案的提出，对文化艺术活动指导思想以及政策的确立，对文化艺术法律、法规的制定与实施，对文化艺术资源的调研、开拓及其配置，对重大文化艺术项目的设置和提出，对政府文化艺术资助资金的分配与监控等。微观管理则是侧重于对本部门本企业活动与生产目标的制订，对本机构在生产、服务或经营等方面具体运作中的创意与策划、计划与生产、组织与控制，对项目进行中的阶段性评估以及最终的反馈与绩效评定等。

作为文化与艺术活动中的管理主体和重要领域，文化与艺术的宏观管理与微观管理从来都是在一个有机的系统中运行和发展的，但也应当看到，二者会在一些局部和地域性的活动中出现某些不够和谐或矛盾的现象。注重调节和克服其间的摩擦与冲突，是推进文化艺术的社会生产和服务以及文化遗产保护与利用的重要环节。

文化与艺术的宏观管理和微观管理是社会文化艺术管理活动的两个方面。从理论上讲，两者应是相互依存，同时又是相互支撑的。作为相互依存，即没有宏观管理，就不会有微观管理；反之亦然。同时两者又是相互支撑的，即宏观管理需要得到微观管理的协同与配合，微观管理也需要得到宏观管理的扶助与支持。宏观管理对社会文化与艺术活动起到十分重要的制约、引导、保障、支持的作用，而微观管理对社会文化与艺术活动则会发挥具体实施生产和创造文化艺术财富的功能。没有宏观管理，文化与艺术活动将会沦入无序的状态，没有微观管理，大量文化与艺术的生产及社会服务的机构和企业，也将陷入低层次运行的境地。微观文化与艺术管理需要时时得到宏观管理的指导和支持，而宏观管理政策法规的推出，也需要得到微观文化与艺术管理的经验对其理论的充实。

宏观文化与艺术管理与微观管理的和谐共处及相互协调发展，是文化与艺术管理活动的理想境界。两者之间存在这样或那样的碰撞与摩擦，是由社会文化与艺术活动的复杂性决定的，只要有两种管理模式的存在，就会有矛盾。但无论是宏观管理还是微观管理，其根本目标都是一致的，其摩擦也是可以化解的。由于作为宏观管理主要体现为政府的行为，因此，在其实质上，这种关系又属于政府与社会实体之间的关系。文化与艺术管理活动的协调发展，其根本上正是政府与社会之间在文化领域中目标一致性与利益共同性的体现。此外，无论是文化与艺术的宏观管理或微观管理，在其体制及其运作机制方面，还都存在一些尚待改进之处，需要在改革进程中加以克服和解决。宏观管理层面权力过大、管理过于具体，将凸显出与微观管理层面的碰撞与摩擦。宏观管理应以法治为基石，对大量文化与艺术实体依法实施管理，更多以市场规范、经济制约、舆论引导等模式，实施间接性管理，而非直接参与对艺术实体的具体管理。国家政府机构权力过大或过分集中，易于在资源配置、投资、融资等方面出现不合理、不公平现象，同时也易于在公务人员中滋生寻租等腐败现象。作为大量文化艺术机构或企业的微观管理，也应在其管理活动中不断探索与改进，克服机构运行中的种种弊端，注入良性的管理理念与科学的管理方式。

三　管理职能与特色的多样呈现

在我国，文化与艺术管理的职能是丰富的和多样的。人们在认真履行国家所赋予的管理使命与责任的同时，也在努力探索适应当代社会进步与发展的科学的管理职能与方式，使其管理职能融入丰富的内涵，显现出多样性特色。

（一）领导与管控

即运用国家所赋予的权力，以及法治和政策的力量，对不同区域或实体的文化艺术创作、生产、传播等项活动予以领导、制约、调控与监督。作为宏观管理，充分体现了国家意志和民族利益，旨在通过科学的强有力的管理，推动文化艺术活动健康发展，保障人民大众的文化利益，维护国家文化安全。在当代，繁荣艺术创作，提升国家文化综合实力，对大众实施公共文化服务，大力发展文化产业，对文化遗产与非物质文化遗产实施保护与充分利用等，均成为文化管理的重要内涵。而作为微观管理，主要体现为对文化艺术的生产、服务或传播实体的组织、控制与督导。从历史与当代社会发展来看，上述职能属于文化与艺术管理的基本职能。但作为这一职能的实施，我国与西方国家具有一定差别。西方国家与政府对文化或艺术的管理均较多表现为间接的或隐形的管理。有的没有设置专门的文化管理类部门，有的即使设有管理机构，但与社会文化企业之间也需保持"一臂之距"的关系。而我国，在文化与艺术管理方面具有十分严谨的组织结构，以及适合我国国情的管理模式。其管理的实施，作为政府，大都表现为直接管理与间接管理的交织。如何使其管理行为更为科学与规范，尚需要进行积极的探索。

（二）指导与引领

即采用各种举措，对社会文化活动与广大生产实体及其从业者予以充分的指导，同时实施引领，使人们获得有效的启示。在当代文化与艺术管理中，管理主体既不应成为脱离实际、颐指气使的衙门，也不应放弃对社会及大众的管理性责任，而要加强对文化艺术从业者及其大众的指导与引领。应当看到，文化与艺术活动既有别于物质生产活动，也与一般精神活动有较大的不同。无论文化艺术的创作与生产，还是服务与传播，均充溢着极为丰富的审美精神内涵。而作为文化艺术活动的参与者和生产者均是鲜活的具有丰富情感的人，既体现出多样的精神风貌和活动方式，也显现出文化水准、科学素质及生产能力的差异。正是基于此，需要人们在实施管理中既能遵循文化与艺术的规律，又要充分尊重人及其人的情感。应在对文化艺术活动实施法治与政策性管控的同时，对人们予以高屋建瓴的指导，帮助他们理解政策，把握方向，要求他们切实遵循国家法律、法规与政策，恪守行业与市场规范，接受政府管理部门的指导与调控，而不能逾越规范自行其是，引领他们生产出更多更好的艺术产品，满足社会与大众的文化需求。而在大众与文化消费者层面，也需要指导与引领。大众的文化需求应予满足，而大众的文化品位也需要不断提升，只有在实施制导与管控的同时，对大众文化接受与消费予以充分的指导和引领，方能使大众逐步提升审美认知与辨析能力，自觉选择和从事健康与有益的审美活动，自觉抵制腐朽与低俗的艺术活动，不断提高全民族的文化素质。应当看到，当下一些管理者尚存在强力控制有余，引领与指导不足的现象，因而有时难以与消费者获得有效的沟通，这正是当下文化与艺术管理需要改进与强化的重要方面。

（三）保障与服务

这同样是当代文化与艺术管理的重要拓展，即指管理不能止于对管理对象的一般性管控、约束与制约，而要通过法律、法规与政策，以及具体的行政方式和相关举措的实施，对文化与艺术生产实体及其从业者的基本权利与权益予以保护，保障其合法生产与经营，推动文化生产力的快速发展。通过保障与服务型管理的开展，不断排除种种传统理念或者制度方面的羁绊，充分解放生产力，为文化企业的建设及运行铺路，减少运营中各种烦琐的手续与环节，排除种种不必要的审查与批复，使文化与艺术生产实体得到更多自由与自主的空间，迸发出更大的创造与创新的能量。同时为文化创意型人才的培养与引进设立优质的平台，为大量文化与艺术生产的从业者排忧解难，令其放开手脚，大胆创新，为文化与艺术建设贡献才智。应当看到，实施保障与服务性管理是在传统管理模式基础上的延展和补充，同时也是管理职能的深化，近年来已然在我国兴起，但是还不够普遍。应当通过深化探索与实践，使这一理念成为文化与艺术管理者的自觉意识。

四　多种所有制形式的长期共存

在我国，由于国情与当代社会各种因素的制约与规定性，不可能像西方社会那样全部或基本上实施文化艺术机构的私有化。至少在部分领域，例如新闻、出版和广播电视，将会长期实行或主要实行以国有为主体。这样，我国的文化与艺术管理，就与西方的文化产业活动及其管理存在较大差异。我们许多政策的制订，以及具体管理的方针、政策、方式与路径均要以此为基点，由此而显现出突出的文化与社会特征。

我国当下文化艺术的生产、服务与传播机构呈现为多种所有制形式。首先，是国有的文化与艺术实体，又分为文化事业机构和文化企业机构。作为文化艺术的事业单位，主要承担公益性的文化艺术服务，以及文化遗产和非物质文化遗产的保护与研究等项工作，其归属纳入政府管理体制，由政府拨款，这一方面体现了我国社会主义性质的基本特点，同时也是当代社会对人民大众文化权益予以充分保障的体现。作为国有文化与艺术企业，主要是由原来的国有事业单位转型而来，也有不少是在近年来成立的，它们在当代文化艺术建设与发展中承担着发展文化产业的重要任务；其次，是民营文化与艺术企业，出现在我国由社会主义计划经济向社会主义市场经济转型的进程之中，经过二十余年的建设，已经成为发展文化产业的重要力量；最后，是混合体制的文化与艺术机构。这些机构一般体现为国有、民营的联合经营，或者国有、民营与境外、国外企业之间的联营。此外，还有大量个体的文化与艺术的从业者。这种多种所有制形式的共存，既成为我国当代文化产业发展的基本模式，同时也为当代文化与艺术管理提出了严峻与复杂的课题。

在我国出现这样的现象是历史衍变的结果，也是由中国特有的国情决定的。1949年以前，中国文化与艺术活动主要呈现为民营与私有的形态。而在新中国成立以来，随着经济领域社会主义改造运动的实行与逐步完成，文化领域大量民营与私有机构逐步转变为国营或大集体性质。及至"文化大革命"期间，所有文化机构均成为国有。到了70年代末，中国社会进入改革开放的新时期，人们既看到了国有文化体制巨大作用，同时也看到其间的弊端，并开始一些新的探索。1992年党的十四大召开以来，国家开始向着社会主义市场经济转型，伴随经济领域的深刻变化，文化领域也出现了大量改革的尝试，逐渐出现以民营体制为基础的文化机构，为社会文化艺术建设的发展提供了新的模式。但基于国情因素，我国不可能在文化艺术领域全部实施民营化，至少在新闻、出版和广播电视等行业，将会长期实行以国有为主体的模式。多种所有制形式的长期共存，既适应了我国社会的现实需要，同时也显现出运行中的种种难点。一方面，人们深刻地看到国有体制在许多领域的必要性，同时也看到国有体制的一些弊端，如在激励生产力发展方面，就存在明显的不足；另一方面，民营体制或混合体制虽然拥有有利于文化生产力发展的一定优势，但也存在固有的缺陷，市场的驱动会侵蚀文化的根基，如果不加管理就会使意识形态出现失控的状态。因此，我国21世纪以来文化艺术建设与文化产业发展的许多政策的制订，均充分顾及这些方面，并不断探索与此相适应的管理原则、方式与路径。国家大力推进文化体制的改革，将大量适宜于市场运作的国有文化事业单位改制为国有企业，使其在产业与市场大潮中增添活力；鼓励和支持大量民营文化机构的生成，使其在文化建设中发挥作用；倡导混合所有制的文化机构与项目的出现，以及境外企业或资金参与国内文化建设。而在仍然保留文化事业体制的部门，例如新闻出版广播电视等部门，也在保持原有体制的同时，实施部分分支机构的企业化运作，倡导实施编辑与出版相分离、制作与播出相分离，这正是适合我国国情的较为有效的做法，能够在激活艺术生产力、调动文化艺术工作者的创造性等方面产生积极的效应。

但是也应看到，近年来，传统计划经济下文化管理的惯势在我国仍在持续，国有事业单位向企业的转型，在一些地方尚未显现出积极的效应，较多国有企业仍旧背负着沉重的人员、债务、设施陈旧、资金匮乏等压力，其内在创新活力尚未获得释放；国有企业与民营文化企业在政策与待遇方面存在较大差异，不少民营企业的经营环境尚需改善；在投资方面，国有文化企业运营大多还是依靠国家单一方面的投资，民营文化艺术实体投资存在严重不足的现象；艺术投融资方式和渠道单一，艺术基金会匮乏，文化与艺术类的非营利性组织不仅缺乏，同时也不够规范。以上几个方面，均有待于在深化改革中加以化解。

五　市场驱动与政府制导同在

在当代，我国政府不仅大力倡导发展文化产业，强调市场在文化建设中的地位和作用，同时又基于文化艺术所具有的精神属性，始终紧紧掌握文化与艺术的发展方向，形成了我国文化艺术建设的特有景象。迄今，是充分强调市场的地位，将文化与艺术活动更多置于社会和市场的广阔领域之中，还是将文化艺术与市场隔开，更多依赖政府的行政管理推动其发展，依然存在较大的探索空间。

在文化与艺术领域是否实施市场驱动，历来存在不同的见解。一些人基于文化艺术活动所具有的精神和意识形态属性，认为在文化及艺术领域实施市场驱动，将使文化与艺术染上浓重的金钱与利益的色彩，致使其精神性发生变异，偏离正确的方向，对社会产生负面影响，不利于积极和健康的文化建设，以及人民大众的审美文化素质的提升。因此，更多强调党和政府的领导与管理，以及相关政策的制约。

然而，历史又充分表明，文化及艺术始终是与市场联系在一起的，市场从来都是驱动文化与艺术发展的强大动力，是推动社会经济以及文化发展的重要杠杆。没有市场，就没有艺术的繁荣与长足发展。特别是文化产业的发展，不仅对文化与艺术的繁荣具有决定性作用，同时又在当代社会经济建设中与越来越多的产业活动相融合，对国民经济发展显示出支柱性作用。正是基于此，我国党和政府20多年来大力倡导努力发展文化产业，推动国内与国际文化艺术的传播与产品贸易。

科学地处理两者之间的关系，是保障我国文化与艺术事业健康和持续发展的重要基础。在广阔的层面上，文化艺术有其特殊性，具有突出的精神性和意识形态性特征，不能忽略各种意识形态对艺术的影响。然而，不能因此就放弃对市场的重视，以及产业化运作。过分依赖市场，夸大和放纵市场的作用，将会受到金钱和利益的驱使，在文化与艺术领域滋生腐朽与低俗的现象，改变社会主义文化的方向和性质。然而，文化与艺术的繁荣又离不开市场，艺术活动的再生产以及国民经济的发展，均与文化与艺术市场息息相关，市场的高效运行，是驱动艺术创作繁荣与提升大众审美文化素质的强大动力。不仅国内市场，也包括国际市场，均应成为文化与艺术的重要领地。正是在这一层面的意义上，文化与艺术工作者应当成为市场的主人，善于驾驭市场，通过市场的运作，不仅实现社会与大众审美文化层次的较大提升，同时努力推进文化产业的快速发展，使之成为繁荣文化艺术的强劲动力，以及国民经济发展的重要支撑。在经济领域，人们已经意识到，能够以市场的方式来完成的工作就不应由政府来解决，能够以社会的方式来解决的问题就不要以行政的方式来操作。这样做，更有利于市场的繁荣。而在文化艺术领域，也应清醒地看到市场的重要性，只有既充分尊重市场规律与经济规律，又充分尊重艺术规律，方能实现文化及艺术的创新与繁荣。

与此同时，在发展文化艺术产业和繁荣艺术创作的进程中，又应时时警惕各种不良倾向的侵袭，警惕市场可能带来的负面影响和对艺术产业的掣肘。不能为获取较大经济效益而动摇党和政府在意识形态方面的主导地位，以及扭曲对广大艺术从业者和文化消费者的引领。坚守正确的方向，高扬积极与健康的文化内涵，追求真善美的精神价值，应当成为文化艺术创作与传播者始终不渝的信念，科学的文化与艺术管理应当成为艺术市场的有力保障。

六 依法治文与行政管理的交织

自古以来，我国便有着自上而下和严密的文化与艺术管理的体制及传统。新中国成立后，在我国既有各级党委对文化和艺术的领导，又有政府各部门的领导，还有党委领导下的文联与作协的管理，同时又有较多部门对文化艺术的间接性管理，如工商、税务、财政等。这种完整和严密的行政化管理体制，长期以来在文化建设中发挥着重要作用。我们一方面应当充分看到这一体制存在的必然性与客观性，另一方面也应看到其管理机制还有较大的改革的空间与可能，但又不是向西方模式转换。对文化与艺术管理机制的研究，离不开对中国国情的客观认识与对文化艺术内在规律的遵循。

在当下，是否应当对传统的行政管理模式予以改革，在文化领域加大依法治文的力度，一些人尚有疑义。尽管我国党和政府早已将依法治国作为基本国策来强调，同时也在多年前就已提出依法治文的重大课题，使之成为依法治国的重要构成，但在不少人的思维模式中，依然与行政管理区分不清。在客观上，我国有关文化艺术的法律案偏少，许多法规与相关政策混为一体；较多政府人员对依法治文的认知及其实施水准尚处于起步阶段，不少人仍然习惯于以具体政策或意识形态观念管理文化与艺术，管控意识大于服务意识。种种迹象表明，强化改革意识，逐步实现依法治文，已成为繁荣艺术创作、全面提升艺术生产力的关键所在。

我国在文化产业方面起步时间不长，艺术市场虽有悠久的历史，但由于历史与现代的各种原因，以及诸多因素的影响和制约，一方面，法治建设不够完善，长期存在管理主体以计划经济下的文化管理思维模式与经验代替法规的现象；另一方面，又存在市场运行不够规范，甚至混乱与无序的状况。诸如在文化资助及其投融资等方面出现的不公平与不合理，艺术生产中少数人为了追求利益最大化，不惜制造与倾销低劣产品等，均是文化与艺术管理者面临的严峻课题。事实表明，对文化产业与艺术市场运营的管理，仅靠行政管理是难以奏效的，必须强化法治建设，才能标本兼治，驱动文化产业与市场的良性发展。即使在当下许多方面依然不能离开行政管理，其管理也必须以法律为准绳，强调依法行政。

事实上，文化产业与艺术市场的诸多问题，只有在法治的基础上才能得以解决。比如，公共文化服务、文化产业、文化遗产及非物质文化遗产的保护是一个有机的整体，它们有着密切的关联，但又不能将公益性服务或者文化遗产的保护与传承混同于市场的产业性活动，如何使三者获得科学定位与良性发展，需要法治来保障；某些地区属于社会的文化资源被少数人所占有，有人利用掌控政府文化与艺术建设基金或项目的权力，进行权力"寻租"，甚至出现有人对艺术交易市场的控制，使之处于无序的境地，必须以法治的手段加以治理；某些文化与艺术领域，如美术品交易，长期以来地下运行成为主要方式，国家难以获得应有的税收。同时，假拍假卖、洗钱谋私、以假制假、欺行霸市等现象也严重存在，目前的相关法规及市场规范尚不能从根本上解决问题；我国尚缺少规范意义上的艺术基金会，艺术活动资金匮乏的现象普遍存在，国有艺术企业仍然主要依靠国家或有关部门拨款，或者项目性支持，而大多民营企业则更难得到资金的扶持。民营资本投入的不足、国家税收制度的不健全，以及极易出现管理机构的"寻租"现象等，都是严重影响艺术基金会健康发展的重要原因，亟待有关法规的出台与实施。

依法治文，既包括立法，即对法律案的制订；也包括执法，特别是各级政府文化与艺术管理机构执法能力的提升；还包括守法，主要是大量文化与艺术机构的从业者守法意识的强化。只有以此为基础，方能推进文化与艺术管理的法治化建设走向新高度。当然，依法治文的全面实施还需经过较长的时间，法治管理与行政管理也将长期共存。无论政府的管理活动，还是文化企业自身的管理，均应不断强化法治的地位与作用，将行政管理与法治相融合，这才是科学的选择。

七　地域之间与城乡之间的差异

我国文化与艺术活动的开展及其相关管理，存在几个方面的较大差异。首先，由于我国历史与自然生态状况所致，东西部之间、各民族之间、城乡之间的文化与艺术活动存在较大的差异。作为东西部的差距，在我国主要是由自然地貌、人口分布等差别而形成的，西部地区在自然地理等方面的条件一般不如东部地区更为优越。同时也与文化传承有关，不同地区历史文化的积淀及其传播使之形成了基本的文化特色。基于文化传统的差异，不仅东西部，甚至南北各地间、大城市与普通城市之间文化与艺术活动的状况也呈现出较大的不同。其次，我国是一个多民族国家，少数民族不仅在社会习俗、文化传统、审美习惯等方面与汉民族有着较大不同，而且文化与艺术活动的特点也有明显的差别。再次，我国还存在较突出的城乡之间文化方面的差距。在广大农村，文化设施偏少和偏于陈旧，文化的当代资源相对不足，大众接受文化以及参与文化活动的机会偏少，与城市之间有着较大差距。

以上差异，主要体现为文化资源、文化投入、文化及艺术活动方式等方面的不平衡。在文化资源方面，有些地区以当代文化资源为主要内容，有些地区则以传统文化资源为主体；在文化投入方面，各个地区基于自身经济发展状况，在文化建设方面的投入也有明显的差别；在文化活动方式上，有的地区以突出时尚性、科技性活动为特色，有的地区则以凸显民间工艺、文化遗产和非物质文化遗产的利用为特点。无论是东西部之间，或是不同民族之间、城乡之间，其不平衡都是客观存在的。多年来，国家和各级政府在消除差距、促进平衡等方面付出了巨大努力，在许多方面采取积极措施，努力改善一些地区文化建设的条件，其差异也在不断缩小，但由于基础条件的不同，这种差距仍是现实的，其不平衡现象还会长期存在。

其差异与不平衡当然会带来文化产业产值的差距，有的地区其文化产业已经成为国民经济的支柱性产业，有的地区其文化产业还未能达到应有的水准。而在一些较为贫困和偏远的地区，文化建设主要应以广泛开展公共文化服务为主旨，使人们尽可能多地享受到文化服务，其文化产业尚处于起步的阶段。针对不同地区文化产业发展的现实，应当在管理理念上有所分野，在管理策略、管理方式上采取不同的举措。

其差异和不平衡同时也会产生文化的多样性特色。正是由于诸多方面的原因，使不同地区、不同民族在文化艺术活动中体现出多样性特点，无论是民间文化与外来文化的并存，或是通俗文化、通俗艺术与高雅文化、时尚艺术的同在，都是正常的现象，各种文化的相互碰撞与融合将有利于民族和地区文化特色的长足发展。

上述特点要求我们在研究文化产业管理和艺术管理及其制定政策时，应当实施差异化的思维及其管理模式。即针对不同的情况和地域，采取不同的思维方式，实施有差异的管理政策和模式。在投资、资源配置等方面，对一些基础薄弱的地区给予更多的优惠。创造条件，使更多区域的人们能够充分发挥自身的优势，开发有特色的文化与艺术产业项目。作为文化与艺术管理的人才培养，同样应当基于上述差异，因地制宜、因时制宜，使其理论素质与专业能力能够适应社会需求，服务于不同地区的文化建设与发展。

正是基于以上因素与特征，要求我国文化与艺术管理的探索须强化创新思维和差异化思维，充分尊重我国的国情和现实，科学辨析不同地域、不同民族、不同艺术样式、不同文化及艺术体制等方面的异同，实事求是地看待各方面的现实问题与矛盾，既要汲取世界各国的先进经验，又不能照搬西方国家的模式，而要努力探寻适合中国特点的文化与艺术管理的发展道路，全面服务和推进国家文化建设与艺术发展。

第二节　文化创意产业与内容创新①

当代文化产业正在朝着以创意为先导的方向前行，显示出强劲的动力和不可限量的发展前景。文化产业或创意产业发展的核心即内容的创新。特别是在将文化产业推向国民经济支柱性产业的进程中，内容创新

① 本节主要内容已于 2013 年第 3 期《艺术百家》刊载。

已成为文化产业发展的关键。内容创新的严重不足，将会严重阻碍文化产业持续和健康地发展。

一　内容创新是创意产业的核心

我国发展文化产业是建设文化强国的必由之路。在这一进程中，注重文化设施和数量的增长是必要的，但当下关键的问题在于，当人们注重设施和数量增长的同时，在许多方面忽略了对文化内容的建设和创新。

我国发展文化产业的战略目标，是增强国家文化实力，进而增进综合实力，满足人民大众不断增长的文化需求，而文化建设的终极目标是提升人民大众文化素质。在文化产业的活动中，内容即指充盈着丰富内涵的具有较大精神含量的信息或信息群。它集中体现了文化产业的软实力，而大量承载或传播文化信息的场所、设施或工具，则是文化产业的硬实力的主要构成。

文化产业的发展，在其本质上，就是作为精神生产的文化或艺术等产品的大量涌流，以及文化精神的不断提升，使之在社会整体发展包括经济的发展中居于重要的地位。文化产业的内容创新，主要是指应当特别注重文化产品的生产以及服务中所包容的内涵及传达信息的不断更新并保持新颖的特征。

内容创新是创意产业的核心。文化产业作为内容经济、眼球经济、注意力经济，其实质就在于它要保持一种新颖的、独特的、吸引人的特征，将更多的信息传达到社会，吸引更多人对它的注意。在新媒体时代，内容经济具有十分突出的特点。第一，低成本投入；第二，多元模式盈利；第三，持续盈利。因此，重视内容创新，以内容作为事业发展的核心与龙头，是一项有着巨大社会效益和经济效益的工作。

而在当下，文化产业发展中的一个重要现象已经引发人们的注意。一些地方文化主管部门在致力于文化产业的跨越式发展和快速增长中，只重视文化设施、文化产业园区建设数量的增多和体量的扩大，而忽视以这些设施为表现载体的文化制品的生产；只是重视文化活动项目的设置，以及作品数量的推出，而忽视文化作品的内容构成；只是重视文化产业投融资额度的增加，而忽略资金使用所获得的文化产品生产的回报率；只是重视文化产品营销的数额，而不重视产品的实际效应，特别是对社会产生的精神效应；只是重视文化产品表面的光鲜与繁华，而忽视文化特别是艺术创造的内涵深度与创新。

以上种种现象，表明人们正在陷入文化产业发展的误区，其症结所在，集中于对一般物质生产与文化生产的异同认识不清，缺乏内容创新的高度自觉。

内容创新应适应人民大众文化的基本层次和水准。对文化产品水准的掌控，应当不断提升整个文化产品的品位。作为典雅的文化产品也是如此，而通俗和大众的文化产品，也应当不断提升其品位，适应人民大众文化需求的基本状态和水准。

内容创新的主要任务，在于推出具有时代性、审美性和商业性的文化产品。忽略文化内容的创新，是文化产业发展中不尊重文化和艺术发展规律，以及急功近利的表现。尊重文化艺术的规律，主要表现为应切实遵循文化艺术创作规律、传播规律、大众接受等各种内在的规律，按照文化发展和运行的各种规律办事，既不能逾越规律而自行其是，也不能放弃人的能动性而随波逐流。这二者对文化产业的内容创新都是有害的。

内容创新还应以推进产业增值为重要目标。不断提升人民大众文化需求的总量，是它的基本使命之一。文化产业只有通过内容创新才能获得新的增长点，也才能激发人民大众消费的积极性，推进文化产业经济效益的增长。内容创新是与赖以承载其艺术信息的传播方式、传播工具、传播设施等方面的改进与建设相一致的，但是在二者之间，内容的创新显然居于核心地位。如果没有完美的、生动的、鲜活的艺术信息，所有载体的存在都是无济于事的。只重视文化设施建设，不重视文化内容建设，只重视生产了哪些产品，不重视产品对大众的适应性，即使拥有先进的设施，也未必能够实现更大的产值；即使有了较大的数量，也未必能够增强文化的综合实力。只有不断推进文化产业发展中的内容创新，充分表现出对文化艺术活动客观规律的尊重与认真遵循，同时也表现出对人民大众的文化权利的尊重以及高度的社会责任感，才能促进文化产业的健康发展。

二　实现内容创新重在遵循艺术规律及其推出优质产品

一切人类的文化艺术活动，都是人的自由和自觉意识的充分体现，是人对世界的一种重要的把握方式。尊重文化与艺术发展的内在运行的规律，就应当在文化艺术的运行中做到尊重客观规律与发挥人的作用的统一。

内容创新首先要遵循文化发展的客观规律。只有尊重和适应其规律，才能源源不绝地推出优质的产品。文化艺术的创作与生产具有自身的基本规律与特性。文化艺术产品生产与一般物质产品生产都是生产，当然应当遵循一般生产以及商品交换的原则。然而，文化艺术的生产与物质产品生产又有着重要区别，主要在于文化艺术创作具有较强的意识形态特性与民族特性。基于此，文化艺术产品的创制永远也不会等同于一般物质的生产和交换。物质的生产可以较少顾及产品的精神性因素，而文化产品则必须在其生产的过程中时刻意识到其精神特性可能产生的影响，以及不同地域、不同民族、不同群体的人们在接受时可能出现的反应。文化艺术创制当然应当承担发展国民经济、在国内和国际文化市场创造更大经济效益的重任，但是，文化艺术创制首先应当承担精神文明建设以及提升人民大众文化艺术审美水准的重任。因此，当代文化的内容创新，必须时时考量其创制可能对社会与人民大众带来的影响与效应。

文化艺术是不断嬗变和提升的，即由低到高不断发展、持续演进，具有不断继承和创新的特性。在这一进程中，文化艺术的生产及其发展逐渐形成了自身的规律。只有充分尊重其自身的规律，才能适应和推进文化与艺术的递进与嬗变。其间，持续创新已成为文化与艺术得以延续和繁盛的生命之源。尊重文化艺术发展的客观规律，就应当对文化艺术产品的构成做出区别。文化史表明，文化艺术产品的生产历来都是分为不同层次和不同品位的，它们分别满足人民大众的不同文化需求。在充分继承传统文化艺术特质的基础上，作为典雅的文化艺术产品应当不断提升其品位，而作为通俗的和大众的文化艺术产品的品位也应当不断提升，适应人民大众对文化艺术的基本需求水准。其创新，既包括内涵的范畴，也包括形式的因素，即指样式、语言、品类及其具体艺术方法的持续创新。文化艺术创作既不应游离于人民大众的实际审美水准，形成曲高和寡类作品的一统天下，也不应使其作品停滞于大众的一般审美水平，甚至低于大众的水准。

在长期的艺术发展的过程中，有时虽然没有人为的推动作用，文化艺术依然能够按照其内在的规律发展和前行，这主要是因为在艺术内部，其自身发展有着极强的内驱力，同时具有内在的自律性和自平衡性、自调节性。这些规律及其特性，有时与政治的影响和经济的作用并没有太多关联。马克思关于艺术发展与经济发展不平衡规律的论述，正是对这一特征的科学洞见。在历史上，即使是在缺乏人的积极推动的条件下，文化艺术的总体取向也是朝着积极与向上方向前行的，只是这一过程和步履要缓慢得多，有时甚至会出现倒退，或者出现低俗文化占据主导方向的现象。而在更多的时期和条件下，文化艺术能够摆脱逆流走向正途，与人们的参与和努力有着密切的关系。人的自主性和主动性行为通常具有积极的意义，对文化艺术产生直接的推进作用。但有时由于人为的作用，致使文化艺术活动受到较大损害，出现明显的耗损甚至倒退，"文化大革命"就是铁的例证。对文化艺术建设的重视，通常并不在于对具体的文化艺术工作涉入较多或较少，而主要在于对文化艺术客观规律是否尊重，同时是否做到对其客观规律的适应和遵循。

重视文化内容的创新，体现为对人民大众文化权利的尊重，即让人民大众享受到更加优质的文化。文化产业的终端是大众接受，大众接受是人民大众文化权利的体现，强调重视内容的创新，才能源源不断地将具有时代气息和丰富审美内涵的文化产品奉献给大众。

大众接受是人民大众文化权利的体现，是完成文化产业战略目标与社会文化建设终极目标的体现。尊重人民大众的文化权利，一是对人民大众文化获得权的尊重；二是对人民大众文化选择权的尊重；三是对人民大众文化消费心理的尊重；四是对人民大众文化消费能力的尊重。人民大众的文化权利是其基本权利之一，而在这一权利中，人民大众既具有享受文化的权利，同时也拥有选择文化的权利，人民大众有权利选择这样或那样的文化产品。政府和意识形态部门面对人民大众文化选择权利，不应当放任自流，同时也不能越俎代庖。而在目前，既存在有的地方放任自流和失去管理的现象，也存在较多地方管得过宽、过多、过分的现象。而且就当下来看，后者是主要的。

人民大众的选择是驱动内容创新的强大动力。首先，人民大众对文化的需求总量是不断增长的；其次，人民大众对文化艺术产品审美水准的要求也是不断提升的；最后，人民大众对文化艺术的需求又是以不同的趣味而存在着层次和样式差异的。只有在社会提供出大量丰富的文化艺术产品时，人民大众对文化产品的自由选择才成为可能。重视内容的创新，就是将大量具有时代气息的，具有丰富审美内涵的文化产品奉献给大众。而在这时，人民大众对文化的自由选择与文化产品的相对单一和模式化，成为文化产业发展的重要障碍。

人民大众的文化需求是客观的，同时又是有差别的，其审美水准也是不断提升的，同时又因不同审美趣味的存在，对其层次和样式的要求存在较大差异，甚至存在一些不够健康的文化艺术需求，主要体现在一些人单纯满足感官享受的需求，因此，人民大众的文化需求也是应当不断引导的。适度满足人们的娱乐性需求，而又不致使其滑向低俗与腐朽，是必要的，因此正确的文化引导又是必需的。无论社会哪一层次的人们，均有接受文化引导或教育的必要，即使是社会精英，也需要在自己不熟悉、不够完善的方面接受教育。作为社会大众，更需要不断接受新颖和健康的文化艺术的熏陶，而不是放任自流，任何对人民大众文化引导的放任，都是放弃文化责任的表现。

对大众的教育，必须是在潜移默化和引导的过程中进行的，而不是强制的、勉强的和灌输的。我们曾经引来国外的灌输的理念，但文化艺术活动的基本规则告诉人们，任何教育和引导都不应勉强，而应因势利导。人的精神与思想的转变和提升必须经由人民自身的接受和理解，方能获得效益。强行迫使人们接受某种思想，不仅难以达到目的，而且是对人民大众意愿的扭曲，是违背人的本质需求的。在当下，应当转变这样的观念，即以为自己的思想与精神素质高于大众，具有天然的教育大众的权力。其实，任何人也不应以自己的意愿代替人民大众的意愿，即使人民大众的接受能力和水平尚不能达到一定高度的时候，也不应强行扭曲大众的意愿，迫使大众做出不情愿的选择。

三 内容创新须重视相关元素的提炼与深拓

文化产业的实质是内容产业。欧盟"Info 2000 计划"中把内容产业的主体定义为"那些制造、开发、包装和销售信息产品及其服务的产业。"根据社会的共识，人们一般对内容产业的构成做出如下表述：其范围包括各种媒介上所传播的印刷品内容（报纸、书籍、杂志等），音响电子出版物内容（联机数据库、音像制品服务、电子游戏等），音像传播内容（电视、录像、广播和影院），用作消费的各种数字化软件等。可以看到，所谓内容产业的主体，指的就是当代各种媒介所传播的信息。其间，包容着大量与文化相关的元素。为了不断推进文化产业的内容创新，提升其精神与审美含量，应当特别重视与创作相关诸多元素的提炼与深拓。

（一）思想元素，厚重与深刻的思想呈现，是内容创意的基石

这种思想元素更多地体现为人们思想、文化、精神的积淀及其倾向性，包括一切有助于人类社会发展进步要求和人民大众的审美意识。近年来，文化艺术的多元性催生了大量文化艺术产品的问世，但真正堪称艺术经典的产品却为数甚少。人们也在呼唤现实主义的创作，认为只有在这些创作中，才有可能融入较丰富的精神意蕴，体现出较大的思想张力。虽然也有极少体现了现实主义精神的作品问世，但有的在思想深度方面欠缺，得不到人民大众的认同；有的尽管试图体现其史诗性特征，但常常在史诗性与娱乐性结合的探索中失当，导致娱乐成分压倒精神内涵，同样得不到观众的喜爱。而在我们时常批评的西方文化中，却不断出现令人们震惊的文化制品。斯皮尔伯格不仅创作了像《侏罗纪公园》等娱乐片，同时更以他创作的几部战争大片震撼世界，例如《辛德勒名单》《拯救大兵瑞恩》《战马》等。他以一种广阔、博大和历史的襟怀，以人性和人类思想的凝结，在电影中表现出他对战争的深度透视和对人性的强烈呼唤，以及对世界和人类文明发展的密切关注。这种充满了忧患意识、批判意识和反思意识的文化艺术作品，同样也是我们应当倡导的。

（二）审美元素，主要指艺术创制的审美品位，以及相关元素的呈现

文化产品的审美与艺术含量是内容创新的灵魂，如果离开了审美元素的大量融入，艺术产品就会失去感染力和竞争力。在当代创意产业为主体的文化产业中，艺术的元素已经成为创意的重要构成。不同的艺术样式，都在长期的文化演变中积淀了丰富的艺术语言。人类传统艺术的多样性与丰富性，成为当代艺术创新的重要源头。在艺术美的范畴方面，人们不仅在漫长的艺术发展中形成了对优美、壮美、崇高、悲剧、喜剧等范畴的广泛表现，同时也具有对滑稽、幽默、荒诞、怪异，甚至丑的深度表达，使人们在寻觅更为丰富的精神样态和情感模式中不断前行。近年来，随着人类艺术表现力的继续丰富，以及科学技术在艺术表现中作用的增强，诸如暴力、惊悚、悬疑、魅惑等新的美学元素广泛融入各种体裁和题材的艺术作品之中，更为准确地表达了当代人们的精神状态，拓展了人对自身审美把握的领域和深度。

充分吸取文学的元素，对克服当下各类艺术创作中的肤浅与单薄，增进审美含量，具有十分重要的作用。文学作为文化艺术创作的核心，其审美元素对所有文化艺术样式均具有极大影响。虽然文学独占鳌头的局面消失了，但文学的地位仍旧举足轻重。文学以其巨大的文化含量，成为诸多艺术的母体艺术，更多艺术活动与创制均以文学提供的范本或元素作为创制的重要来源和参照，不仅在戏剧、电影和电视剧中有鲜明的体现，而且成为一些新兴艺术样式诸如动漫、游戏、网络艺术的重要源头，文学语言、文学典型的创造、文学意境与意象的创新等将会持续地在各种艺术表现中显现出无穷的魅力。

（三）文化元素，综合与多元文化元素的传达，是内容创新得以拓展的表征

历史与现实生活中的各种文化元素，特别是与人民大众现实生活息息相关的生活方式、生活形态，均应成为人们开掘的源泉。民俗元素呈现于人民大众的日常生活及其行为之中，浸润于人们的精神和灵魂之中，是一个民族的血脉和精神传承的彰显，为当代文化艺术的创作提供了源源不绝和取之不尽的意象和素材，成为一切文化艺术创作的土壤；历史文化元素也是当代文化艺术产品内容的重要构成，以丰厚的历史资料作为艺术创作的基本素材，可以获得历史文化与民族精神的滋养，使之在丰富与厚重的历史基石上，完成文化承续与时代精神的表达；地理风物元素，包括一切影响人类精神与美感的自然界的存在，如自然生态、山脉河流、动物植物等，均与各民族的文化构成及其精神传承息息相关，对这些方面的开掘，同样可以大大丰富艺术的表现形式与意蕴呈现，使之成为文化艺术内容创新的富矿。

近年来各类文化艺术产品中的创作实践表明，文化的缺失，是导致文化艺术产品弱化和浅薄化的症结所在。许多影视剧以及纪录片、专题片、综艺栏目等作品虽然试图表现一定的文化意象，但是，更多的作品或是处处显现出文化的瘠薄，或是伪造一些莫名其妙的文化事象，不仅难以表现出文化的厚重，甚至会对文化取向产生误导，值得人们警惕。

（四）娱乐元素，即指在文化艺术制品中的能够满足人们娱乐需求的元素

娱乐化元素的丰富性，可以增进人们对艺术活动及其作品的欣赏兴趣，促进艺术精神的广泛认知与接受。在当下，关于娱乐性较强的艺术

作品的争议一直不绝于耳。一方面，是人们对娱乐性文化以及艺术作品中娱乐性元素的广泛需求；另一方面，则是对大量娱乐性文化产品的批评与指责。我们很难回避艺术作品娱乐性价值存在的必然，同时也需要认同大量以娱乐性为主要功能的文化活动的存在价值。因为这正是人民大众文化艺术活动及其需求的重要方面。

多年来，人们在探索娱乐性元素与审美性元素结合的艺术创作实践中，做出了积极努力，但仍普遍显现出娱乐功能乏力的现象。在大量艺术作品中，有的对娱乐元素生硬套用，显得不伦不类；有的制造一些偏于低俗的娱乐化效果，令人感到品位低下；有的借助于科技的效能，但由于技术与艺术结合的欠缺，出现二者的游离；一些作品在娱乐性形式的创新方面落入俗套，原创力不够；还有不少人缺乏基本的讲故事的能力，不能将一件事情完美地予以叙述，其作品的感染力如何也就可想而知了。即使在以娱乐性功能为主的文化艺术制品中，也难以创造出让人们感到淋漓酣畅、充分满足人们娱乐要求的情景。如何使此类创作真正具有满足人们视听感官的巨大魅力，让人们获得充分的娱乐性享受，成为令人深思的问题。

（五）科技元素，现代科技的渗入与融合，是内容创新的巨大动力

在全媒体时代，科技成为创意产业须臾不可离开的重要元素。当代科技发展对广电、影视以及其他产业带来的巨大冲击让人们感受到，科技层次的高下决定了内容的高下。在所有文化艺术类别中，哪一种类别能够有效地、及时地、更多地融入科技因素，就能够在当代文化产业中得到迅猛发展，占据主导地位，哪一种文化样式难以融入科技因素，不能将科技因素作为自身的有机构成而出现，这种艺术样式势必导致衰落，甚至走向消亡。

在融入科技因素和运用科技条件进行文化产品生产时，应当将科技思维与艺术思维相结合，形成一种新的思维态势，促进作品的创作。由于科技元素的进入，一方面出现了各种艺术样式表现语言的深化，另一方面也出现了不同艺术样式语言的交织与互融，形成新的综合艺术样式，极大地丰富和扩展了艺术的表现力。无论是表现艺术、造型艺术或者实用艺术，对科技元素的广泛采用均已成为必需，而对影视艺术来说更是得天独厚。各种新材料、新技术的采用，特别是数字技术所带来的艺术表现的新方法，为影视、动漫等艺术产品增添了极其丰富的元素，

使其创新具有了拓展的可能。应当看到，我国各种艺术创制包括电影创制在内的科技含量还很低，一些方面刚刚起步，需要付出很大的努力，方能制作出与世界先进文化产品相媲美的作品来。

四　内容创新的决定因素在于创意人才

文化创意人才群体在当代的突起，是文化创意产业的必然现象，创意人才是当代最富个性、最具创新精神的人才群体，对创意人才的管理，应当具有不同于其他人才的策略与方式。内容创新关键在于人的创造能力的发挥，重在创意人才作用的彰显，以及创意人才阶层的形成。

（一）创意人才是文化产业中具有核心地位的人才

文化创意的实质是增进文化产品的多种文化含量，创意人才正是文化产业中最具积极因素和动力作用的群体。创意人才的特质体现于原创性、灵动性和前沿性，他们是所有人才中最具前沿性的人才。

关于文化创意，还应具体区分为艺术创意、科技创意、经营创意、管理创意等。其中，艺术创意是文化创意的核心，科技创意是文化创意的驱动力，经营创意是文化产业的拓展，管理创意是其重要的支撑。与上述几方面的创意相联系，创意人才也就相应地分为艺术创意人才、科技创意人才、经营创意人才、管理创意人才。这几方面的创意人才既有区别，又是相通的，也即侧重于一个方面创意活动的人才，同时也应当具有一定其他方面创意的能力。能够做到将几个方面创意贯通为一体的人才更是难得的人才。

文化产业或创意产业的发展，越来越表现出对创意人才的倚重。凡是获得较大效益的文化产业项目和产品，均具有较高的创意含量。而创意人才积极与主观的能动作用，以及丰富的创新能力，已成为能否实现项目目标的关键。事实表明，无论是以艺术创意为主体的创意活动，还是以科技创意、经营创意、管理创意为主旨的创意行为，均属于极具个性创造的活动。个人的创造因素能否得到充分的开发，创新能力能否得到极大的释放，是项目与产品能否成功的关键所在。所以，在一定意义上，一个项目的成功，主要就是创意的成功，而创意的成功，主要在于创意人才特别是主要创意人才的能力和水平。内容创新是一种人的自由精神的迸发，是人的内在动力的驱使，如果忽视了这一点，文化原创就会停滞于一般水平，难以上升到更高水准。

（二）优秀创意人才是文化产业中最重要的品牌

以重要创意人才为核心，造就文化项目或栏目，已成为文化产业的重要模式。那些著名的导演、制片人、主持人、项目主管，都可以成为一个项目的核心。一个人可以成就一个项目，一个人可以成就一部产品，一个人甚至可以支撑起一个台、站的生存，这就是创意人才的价值所在。

内容创新意味着创意人才独创能力的迸发。文化产业的重大进步，即在于对人的创新能力的极大解放。而当下文化产业发展中的最大弊端，也正在于一些体制与导向方面的痼疾，仍旧极大地束缚着艺术家特别是创意人才的聪明才智。继续深化体制的改革，继续解放人们的思想，打破既有的清规戒律，仍旧是当下最为重要的任务，它比起建造几座影院、增加几块银幕等都重要得多。

（三）内容的竞争就是创意人才的竞争

关于创意人才的培育，应当倡导竞争，只有在竞争中，才能激活市场，推出具有特殊创新能力的人才，产生最大的创造力。事实表明，人才只有通过竞争才能脱颖而出，得到社会的认同。关于竞争，当下倡导的差异化竞争值得注意。所谓差异化竞争，是指参与竞争者"应根据自己的目标、资源和环境，以及在目标市场上的地位，来制定不同的竞争战略，以获得竞争优势"。[1] 差异化竞争主要是在竞争中避开竞争对手，避开他人关注的重心，跨越现有竞争边界，避免同质化拼争，将视线移向更多样、更前沿的方面，这样，既可以充分展现创意者的聪明才智，将自身的优势和长处得以淋漓尽致地展现，同时可以通过在类同题材、类同风格、类同样式、类同艺术语言的表现中挣脱出来，避免拥挤、撞车和同步消解。

对人才，特别是创意人才的管理，应当实施差异化管理的策略。即通过采用差异化竞争的模式，促使其发挥更大的优势和内在的创造力。

其一，拓放式管理。即对人才采取拓展与开放式管理方式，不要多加干涉，给其自由，营造创意人才自由竞争的氛围与环境，让人才在十分宽松的环境中自由驰骋。这种方式不意味着放弃管理，而是形成一种

---

① 何群：《当下中国电影公司全产业链经营模式的问题和对策》，《山东师范大学学报》（人文社会科学版）2012年第1期，第131页。

隐性形态，能够随时对人才予以一定的积极调控。

其二，焦点式管理。即对可能形成和已经形成的社会文化产业中的焦点型创意活动及其人才予以重点管理，紧紧围绕焦点项目或课题，形成强有力的支持，让创意人才在突破重点项目或产品生产中脱颖而出，使其创造力得到极大的迸发，创造出显著的社会效益和经济效益。

其三，竞争式管理。即通过项目招标、课题承包等形式，在创意人才群体中展开积极的公平的竞争，使其创新能力得到最大限度的发挥。应当引导人们避开同质化内耗，实施差异化竞争，让人才在其最擅长的领域里获得展示能力的机会与平台。

其四，激励式竞争。即充分承认创意人才的价值，通过采取特殊政策，实施各种激励性举措，争夺优秀人才，让人才为我所用。有的省市某些产业集团，开始给最优秀的创意人才以赠送股份的形式，让他们真诚地服务于实体，这不失为一种有效的方式。

应当重视和建设文化创意人才的社会群体，形成有利于创意人才成长的政策和舆论，营造创意人才自由发展的氛围与环境，进而推出创意人才的阶层，使之成为当代文化产业中具有核心地位的、最有活力和创新能力的人才群体。只有这样，才能使当代文化产业中的内容创新得以不断实现，推进文化及其艺术生产力得到最大解放。在当下，从事艺术创意活动的人们往往散居于不同的部门和企业，即使一些以创意为主旨的企业或部门，其内部管理模式也很难说已经达到创意者感到理想的程度。因此，只有在全社会创建适应文化创意者生存的环境，才能极大地驱动创意者自由和自觉意识的最大发挥。一是要在更多文化部门和企业设置有利于创意者活动的工作室或机构；二是推出更多以创意为主要经营目标的中小型企业，如形象设计、剧本创意、文化策划等方面的中心或工作室，使得更多创意型人才拥有自己的活动平台；三是应当在全社会催生创意者阶层的形成，这一阶层是以其工作性质为表征的，只有出现了这样的创意人才阶层，方能使创意者得到社会更多的认同，获得更多的保障，得到应有的精神回报与合理的经济利益。

综上所述，内容创新已成为当代文化产业建设的瓶颈。内容创新的关键在于尊重文化与艺术创作的规律，以及人的自由创造的意识，进一步解放艺术生产力，营造和谐与宽松的氛围。只有这样，才能真正促进文化产品量的快速增长和质的较大提高，实现国家文化软实力的全面强化与提升。

第三节　艺术品与艺术商品的价值[①]

艺术品与艺术商品是相近且又相异的范畴，具有各自鲜明的特征。艺术品成为商品，对社会经济、文化与人的发展均具有积极的意义。由艺术品转化为艺术商品，须经由不同的渠道，呈现出十分复杂的景象。对艺术品及艺术商品价值的判定，不同于一般物质产品，其间会受到各种因素的影响。准确把握艺术商品的特质，在各个环节努力创造和实现艺术商品的价值，是推动艺术创作和繁荣艺术市场的题中应有之义。

一　从艺术品到艺术商品是其综合价值的实现

艺术品与艺术商品是相近且又相异的范畴。艺术品泛指由人们创造的具有审美特质的物品，是人的审美意识的物化形态；艺术商品则是指进入商品流通领域之后的艺术创造物。

艺术品与艺术商品都具有价值。艺术品主要具有审美的精神价值，艺术商品则不仅具有审美价值，同时也具有商业价值。

艺术品具有鲜明的特征：精神性与审美性并重；娱乐蕴涵于审美之中；精神性大于功利性。艺术商品除应具有艺术品的一般特征外，其中不少还具有一些相迥异的特征：娱乐性重于精神性；装饰性重于艺术性，复制性大于原创性；赏玩性大于审美性。

艺术品审美价值的获取主要在于艺术家经过精深的审美创造，获得了人们对其艺术品审美含量的认同，以及审美水准的首肯；艺术商品的商业价值则主要在于通过市场的运作，使其获得相应的收益，从而具有了一定商业的和经济的价值。艺术商品既包括审美价值和文化价值，也包括在此基础上产生的商业价值，而艺术商品的最终价值，则是两者的总和。

艺术的审美价值与商品价值在其本质上应当是相一致的。一般来说，艺术品理应在其艺术的审美价值与精神含量方面具有较高的价值，艺术商品则一方面应具有一定的艺术的审美价值，另一方面又应当具有

[①]　本节主要内容已于 2012 年第 6 期《山东师范大学学报》刊载。

较高的商业价值，即能够获得较大的市场效应。艺术商品与艺术品并非格格不入。审美价值居高的艺术品，其商业价值也应当居高。一些优秀的艺术作品既可以具有较高的审美价值，同时具有一定的商业价值，成功的艺术家往往会获得艺术审美价值与商业价值的双赢。

艺术商品是商品，同时又是艺术品，所有已经成为艺术商品的艺术品既具有商品价值，同时具有一定的艺术价值，亦即具有一定的审美质素，可以为人们带来审美与欣赏的愉悦。尽管艺术品在进入艺术商品的过程中，可能会使艺术价值受到一定的耗损，但一般来说，即使成为艺术商品，其艺术价值的持续显现也是必然的。

将艺术推向市场，使艺术品具有了商品的价值，是社会发展的进步，对经济、文化与人的发展均具有重要的作用。充分肯定艺术品走向艺术商品的历史进步性，是马克思主义的一个重要观点。艺术品走向艺术商品的基本通道是艺术生产，艺术生产在当代社会进程中具有积极的意义。

其一，为社会提供大量的艺术商品，满足人民大众不断提升的精神文化的需求。在当代，大部分艺术品可以而且应当成为艺术商品。虽然艺术品可以以非商品的方式服务大众，表现为社会公益服务的形式，但是，由于社会物质生产与艺术生产的相对不足，使公益性艺术活动具有很大局限，难以满足人民大众不断增长的精神与审美文化的需求。因此，将大量艺术品转换为艺术商品，是促使艺术品走向大众、获得更大社会效益的基本途径。

其二，激活市场，推动社会经济的增长。在当代，许多文化活动已经与经济发展融为一体，促使文化产业成为国民经济的支柱性产业，已成为许多国家发展经济的战略性目标。而艺术经济属于文化经济中核心的和基本的构成，艺术经济活动主要是指艺术生产与艺术营销等，艺术生产与艺术营销的创新将会有力地推动国民经济的增长。

其三，通过艺术生产，能够使艺术生产者证实和实现人的本质。马克思在《詹姆斯·穆勒〈政治经济学原理〉一书摘要》中，详尽地论述了社会生产活动与人的本质的关系，其中当然也包括艺术生产。他认为，理想的社会生产活动是人类实现个人生命意义的一种活动，是"我在我的生产中物化了我的个性和我的个性的特点，因此我既在活动时享受了个人的生命表现，又在对产品的直观中由于认识到我的个性是物质的、可以直观地感知的，因而是毫无疑问的权力而感受到个人的乐趣。"同时，这一活动实现了人与人之间的沟通与连接，"在你享受或使用我的产品时，我直接享受到的是：既意识到我的劳动满足了人的需要，从而物化了人的本质，又创造了与另一个人的本质的需要相符合的物品。"因而，这一活动成为人实现自己真正本质的伟大实践，在我个人的生命表现中，我直接创造了你的生命表现，因而在我个人的活动中，我直接证实和实现了我的真正的本质，即我的人的本质，我的社会的本质。[①]

但同时，当艺术生产进入商品生产领域，其作为商品所固有的特性开始显现，与之相关的弊端也逐渐产生。正如马克思所说，一切所谓最高尚的劳动脑力劳动、艺术劳动等都变成了交易的对象，并因此失去了从前的荣誉。……都只是根据他们的商业价值来估价了[②]，警惕和减少艺术商品对社会的负面效应，应当成为人们关注的重心。

在艺术产业获得迅猛发展的当代，艺术品大都要进入市场，成为艺术商品。由艺术品转换为艺术商品，需要经历一个转换过程，即将非经营性的艺术品推向经营的领域，将非营利的艺术品制作转换为艺术商品的生产。这一转换虽然在艺术品制作或艺术商品生产的基本形式上并无大的改变，但作为艺术品实物则已完成其价值实现的重大转变，由不具有经济价值而具有了经济价值。与此同时，艺术商品仍具有审美价值。或者说，艺术商品的价值既包含经济价值或商业价值，也包含审美价值，甚至还含有教育价值、认知价值等文化价值的因素，其经济的和商业的价值主要是以审美价值和文化价值为基础而生成的。

二　制约艺术商品价值实现的诸多因素及其结果

由艺术品转换为艺术商品，获得更高的价值，要受到多方面因素的制约和影响，其商业价值的创造与实现是复杂的。其中既包括艺术家的创造才能、艺术家在长期艺术活动中所获得的社会地位与声誉，以及艺术品在社会与大众接受方面的影响力，除此之外，还包括以下几种因素：

---

① 马克思：《詹姆斯·穆勒〈政治经济学原理〉一书摘要》，《马克思恩格斯全集》第42卷，人民出版社1985年版，第37页。

② 马克思：《工资》，《马克思恩格斯全集》第6卷，人民出版社1961年版，第659页。

(一) 人民大众的喜爱

人民大众对艺术的接受可以通过公益性活动来实现，但为了获得更多、更优质的艺术享受，人们还会通过市场购买艺术商品或艺术服务。即使是在公益性艺术活动中，人们虽然免费或低费接受艺术服务，但作为提供艺术服务的政府或社会，也是要首先购买艺术产品，然后才能无偿地服务于大众。人民大众的喜爱与否，常常是决定某件艺术品商业价值高低的重要因素。

(二) 权贵人士的推波助澜

在市场流通过程中，权贵人士的推崇，将会驱使艺术品成为特殊的商品。从艺术家到艺术经纪人，再到权贵人士，通常会实现艺术品商业价值的倍增，此时的艺术品已主要担当礼品往来的重任。将艺术品作为与官方交易的特殊礼品，具有难以替代的优势。一些品位貌似高雅的官方人士，既有些许欣赏艺术品的能力，又有显示自身文化品位的虚荣，更有攫取与聚敛财富的心机，因而艺术品便成为最好的等价物。艺术品价值虽不易界定，但有市场价位作为参照，人们便心照不宣。由于古往今来艺术品的馈赠大多属于友好往来，人们自以为与受贿不可同日而语，便成为权贵人士内心自我掩饰的虚拟屏障。

一些亦官亦艺的人，其自身艺术品的价值大多与其官位的高低具有直接的联系。有的则是直接以官方为依托和支撑，其商业价值更是十分可观。至于有的艺术家的作品可以拍卖到几个亿的天价，或者一些其他领域文化名人的"习作"居然也价值不菲，一般均与不同时期国家领导人的青睐以及蔓延于社会的名人崇拜有着十分密切的关系。

(三) 投资者行为

近年来，由于社会市场形态的变化，人们将视线更多地转移到艺术投资方面来。其中，有人采用传统的对艺术品的买进与收藏，从而使艺术品直接转变为艺术商品；有人采用一些其他市场领域的通行方式，例如，艺术品股票、艺术品信贷、艺术品期货等方式，实施在艺术品领域的投资行为。有关这些方面的投资，美术与文物界居多，近年来人们在电影、电视或演艺界的投资也有加大的趋势。社会各界对艺术的投资，均意在推动艺术产业的发展，创造更大的市场效益。但艺术品一旦成为人们市场角逐和竞争的对象，就会驱使艺术从业者在不断的抢购、竞买、甩卖等浪潮与旋涡中翻滚，其间充满了成功的狂欢和失败的梦魇。

（四）收藏者保存

艺术品的真正收藏者只是少数人，他们基于对艺术的挚爱以及经济实力，收藏自己喜爱的艺术品，有的已经具有相当规模，且不乏高端藏品，其规模和总量也已达到令人惊叹的程度。当然，这些收藏家也不排除实施一定的投资或者市场的经营行为，但收藏则是第一目的。其当下目标，大都定位于服务社会和大众，而其终极目标，也多是倾向于将其藏品回归于社会。

艺术品向着艺术商品的转换是大多数艺术品的必然归宿，其一，艺术品成为艺术商品，能够获得更多的受众，实现其最大的传播效应；其二，艺术品只有成为商品，才能够使艺术家得到收益，获得艺术再生产的能力；其三，艺术品成为商品，便作为社会市场经济的重要构成，促使国民经济获得更快增长。

但又正如马克思所说：人们一向认为不能出让的一切东西，这时都成了交换和买卖的对象，都能出让了。"此时，"一切精神的或物质的东西都变成交换价值并到市场上去寻找最符合它的真正价值的评价。①艺术作为文化，具有强烈的精神因素，不可与一般物质生产相提并论。物质生产的目标在于获得更大的增值，实现利益的最大化。而艺术活动与艺术创制不尽相同，它一方面具有商品价值与市场交换的功能，另一方面又具有极强的人文价值与提升人民大众文化素质的功能。艺术品的价值主体在于通过审美和欣赏，为人们带来美的愉悦和精神享受。艺术商品的价值主要是为社会带来市场利润的增值，同时也具有满足大众文化需求的功能。其间，艺术商品的价值是通过满足人们的精神的审美需求而实现的，人们使用货币购买艺术商品和艺术服务，作为消费者，付出了货币，购得了审美的艺术品或艺术服务，在这一过程之中，艺术品成为艺术商品。作为具有一般市场经营特性的艺术生产，一方面，具有与物质生产同样的属性，同样应当争取实现物质利益的最大化；另一方面，艺术生产如果不顾及艺术生产的精神性要求，一味追求利润的增值，就会使艺术堕入低俗与腐朽的泥潭。

当艺术活动与商业联姻，其效应必然是"双刃剑"。其积极意义在

---

① 马克思：《哲学的贫困》，《马克思恩格斯全集》第 4 卷，人民出版社 1958 年版，第 79—80 页。

于促进艺术市场的繁荣和满足人民大众对艺术的渴望。而当艺术品成为艺术商品，也会产生与人类文化精神相悖的因素，负面作用是显而易见的。其一，对艺术品内在审美特质的消解作用。正是由于艺术商品的趋利性，换言之，即对金钱的追求，会使艺术品在转换为艺术商品过程中，其艺术的审美因素遭到忽视，引导人们将视线转移到对非审美因素的热望，导致艺术品价值与品格的弱化；其二，对艺术家创作倾向和审美创造能力造成冲击，以及对世人视为神圣和为之崇仰的艺术审美理想的消解。当利润与金钱扑面而来，使众多艺术家猝不及防，在巨大的利益诱惑面前逐渐放弃了执着的艺术追求，即使在追求金钱的同时，还会适度地进行艺术探索，其艺术探索的坚韧与水准也会大打折扣；其三，对艺术接受者的不良影响。艺术品成为艺术商品，既是艺术品走向千家万户的过程，同时也是对受众实施审美陶冶的过程。艺术品审美含量的减弱或扭曲，以及出现对艺术品质量品评的优劣倒置，均会对艺术接受造成损害或误导。

将更多艺术品推向市场与实施产业化生产，是为了繁荣艺术创作，满足人民大众在当代文化与精神的需求，同时也是促进国民经济发展和推动社会经济增长的巨大动力，具有重要的战略性意义。但是，作为艺术活动终极性目标，则在于推进全社会文化结构与层次的完善，以及人民大众文化与审美素质的全面提升。正是基于此，人们在发展文化产业、持续推进艺术创作与艺术市场繁荣的同时，更应清醒地看到其不断生成的负面作用与影响，时刻提防损害人民大众精神健康的低劣艺术产品的泛滥。

三 判定艺术商品价值高下的标准及其影响因子

判定艺术商品价值的高下，是一项极其复杂的工作。按照马克思的经济学观点，判别一般物质生产产品的价值，应当按照其耗费的社会必要劳动时间来确认。但是，判定艺术商品的价值则要复杂得多。依据经济学的一般规则，艺术商品的使用价值（自然属性）是满足人们精神需求的有用性，艺术商品的价值则是它同其他商品进行交换时所依据的量的标准或尺度。我们通常所指称的艺术商品的价值主要是指后者，这一价值的指向主要体现为经济的价值，其中也蕴含着丰富的审美价值和文化价值，正是由于其审美价值和文化价值的高下或优劣，成为其经济价值的最主要的和决定性的因素。判定艺术商品的价值，仍旧应以其内在的审美价值与文化价值为基本依据。但是在市场经济时代，艺术商品实现其价值，除去上述因素外，还会受到多种因素的制约，呈现出十分复杂的景况。

艺术商品的价值判定不能完全依据社会的必要劳动时间，这是由艺术生产的特殊规律决定的。艺术品的创制尽管也是生产，但它是一种特殊的生产，其特殊性在于：其一，艺术品生产主要是一种精神的生产，作为精神的生产，其生产过程中生产者赖以使用的资源、工具、材料与一般物质生产有很大不同，例如，艺术家创作的资源大多是属于非物质性的，难以用物质属性来判定资源的价值。其二，艺术家创作或生产的过程更多的是依赖于个人具有独创性的艺术想象，当然这也属于劳动，但它主要体现为脑力劳动，是艺术家充分的自由和自觉意识的体现，是属于创造性的精神活动，其中包括艺术想象的趋向、范围、强度、自由度等都是无法用一般的劳动时间来确认的。一位优秀的艺术家可以在瞬间获得一个世间旷有的伟大创意或意象，而一位蹩脚的艺术家可能穷其一生也难以创造出富有较高审美价值的艺术形象或意境，其中劳动时间的多寡已经不再重要，更多的是由艺术家的天分和创造才能决定的。其三，作为呈现于世的艺术品，人们对其观赏的重心不是其质料的昂贵、耗费制作时间的长短等因素，而是主要地观赏和接受其内在的审美价值与文化价值。由此可见，单纯依据生产艺术产品所耗费的社会必要劳动时间来确定其价值是不准确的。除以上因素外，影响艺术品价值的因素还有很多，对艺术品的审美价值的判定具有较大的或然性，难以用一个既定的单一尺度来衡量。

（一）在市场经济条件下，判定艺术品价值的审美规则与市场规则一般是能够同一的，但有时也会出现各种矛盾与冲突

人们通常认为，一件艺术品具有较高的商品价值，主要是指其审美价值的高下，凡是审美价值高的艺术品，其商品价值也就高，凡是审美价值较低的艺术品，其商品价值也就偏低。亦即具有较高商品价值的艺术品，正是其审美价值的体现。而事实则不尽然，甚至有时让人瞠目结舌。并非艺术的审美价值居高的艺术品一定能够获得较高的商品价值；并非艺术价值较低的作品一定不具有较高的商业价值。其间，决定艺术品商业价值的主要因素是市场。

在艺术市场中，其通行的营利规则与其他物质产品市场基本类同，

主要表现为供需关系的变化,当艺术产品的求大于供时,其商业价值必然上升;反之,商业价值必然下滑。艺术商品的审美价值与商业价值的矛盾主要在于,无论市场的供大于求,还是求大于供,其审美价值大致是稳定的,但商业价值则会不断发生变化。艺术市场中的大众购买与消费,并非完全依据艺术品审美品位的高低而浮动。有时审美价值十分显赫的艺术品,会因其曲高和寡而失去受众;也有时审美价值未必突出的艺术品,因其通俗晓畅,反而能获得较高的市场价值。

正是基于审美规则与市场规则的矛盾和碰撞,对艺术商品最终价值的判定就会常常出现变异。当艺术品作为审美的艺术品存在时,人们对其价值的衡量主要是其审美价值以及社会价值。而当艺术品向着艺术商品转化时,其艺术的审美价值虽然依旧存在,但时常会因为市场供求的因素而遭到遮蔽,使得商品价值得以凸显。这就表明,艺术的商品价值的实现,并不表明其审美价值的丧失,但当其逐步被纳入市场和商业流通领域时,市场的因素可能会急剧放大,致使艺术的审美因素遭到压抑。由于市场的驱动,那双无情的巨手既可以将某些艺术品推向云端,也可能将另一些艺术品贬得一钱不值;既可以遵循艺术品审美价值判定的一般规则,也可以对其规则熟视无睹,迫使其服从市场的规则。

(二)艺术商品的价值实现不仅会受到市场的制约,艺术品自身的审美价值与文化价值也可能在延续和传播的过程中遭受消解与耗损,或者发生一定的变异

艺术品呈现出的审美价值形态,是其内在审美价值的外部体现。在艺术品向艺术商品转化的过程中,要经受社会各层次人们的检视,以及各种因素的袭扰,虽然其内在的审美价值是基本稳定的,但其外在的审美价值形态,可能会遭到一定扭曲和衍变。

促使这种衍变的主要因素之一是与市场紧密相连的大众接受心理。大众接受心理是由特定的文化背景与人文精神决定的。正是世代传承的文化精神陶冶着一方水土人们的审美意识,造就了既具有普适性又具有特殊性的审美心理。人们在接受艺术品时,会依据既有的审美意识和心理加以审视、体验与评价,审美心理的普适性,会使人们在类同的文化背景下做出相近的评判;审美心理的特殊性,又导致人们在不同的心理结构、文化素质和审美期待中,做出不同的取舍。大众接受心理又是可以演变的,权威话语和现代传媒均会对大众接受心理产生较大的影响。

一些艺术品在市场上受到冷落，长此以往，其审美价值就会渐渐隐匿，若非有识之士和媒体的推崇，很难获得应有的社会声誉；一些处于萌芽状态的艺术创制，其艺术创新的内在因素和价值也会受到大众的忽视，需要得到舆论的声援和支持，方能获得大众的逐渐认可。

促使艺术商品审美价值衍变的另一因素是市场对艺术家的制约与影响。由于市场的制约和掣肘，从事同类创作的艺术家也会因为屡屡受挫而心灰意冷，迫使自己或者在长期的压抑中失去了自信，逐渐改变自己的艺术风格和特色，或者屈从于生存的压力而追随市场的需求，失去创新的锐气和标新立异的想象力。

（三）艺术商品综合价值的实现与确认，以及扭曲和变异，还受制于社会各种复杂的因素，甚至一些不良因素也不可小觑

其一，一定时期国内外政治、经济、文化形态，促使部分艺术家创作倾向及其艺术特色产生较大的变化，特别是在社会发生剧烈动荡的变革时代，这种状况更有较多发生的可能。

其二，国际文化贸易与交流的全面展开及其深入，对人们认知艺术商品的审美价值与商业价值均会产生一定的影响。

其三，艺术市场运行机制与法规的不完善及其由之而产生的一些潜规则，对艺术商品价值的判定与确认具有较大的影响力。

例如，利用权力控制艺术品市场价格的升降、"亦官亦艺"与"亦商亦艺"对艺术资源的占有和优先使用、艺术品地下市场的畅行及其私下交易、某些商家对艺术品拍卖会或交易所的渗透与控制、艺术品的造假售假与赝品的风行等，均在一定程度上左右着艺术商品市场价位的起伏，甚至会产生诸如权力寻租、艺术品贿赂与洗钱等腐败现象。

对艺术品价值的辨析与确定直接关系到艺术生产与流通的正常运行。一般来说，以艺术商品的商业价值或曰市场价格作为判断社会对该艺术品需求的基本尺度，并随之调整生产规模和产品供给，虽然可能会获得一时的利益，但也可能很快发生变化，出现逆转。上述因素有的是长久的和根本性的，也有的是短暂的，是与社会文化艺术活动的终极性目标相违背的，甚至已经危害到当下的艺术生产与流通。只有将艺术的审美规则与市场规则有机融合，予以科学把握，才能使艺术品进入市场并成为艺术商品时，其商业价值与审美价值、文化价值呈现为基本一致。

四　准确把握艺术商品特质，创造和实现艺术商品的更高价值

创造艺术商品的最高价值，是繁荣艺术市场，发展艺术产业的需要，也是不断提升人民大众审美文化素质的需要。从艺术品创作、生产到传播、营销和消费的整个过程中，每一环节均体现了艺术活动的基本价值，而所有环节彰显的艺术价值的集聚，则是其最终价值的实现。由于社会各种因素的制约与影响，以及判定艺术品价值的复杂性，使艺术活动特别是艺术品的生产与经营诸多环节均受到一定制约，艺术商品的商业价值与综合价值之间可能出现较大的差异。一些具有较高审美价值的艺术品未必能够获得较高的交换价值，具有较高市场交换价值的艺术品未必具有较高的综合价值（即指艺术品的审美价值与文化价值的总和）。准确地把握艺术商品的特质，在各个环节努力创造和实现艺术商品的更高价值，是推动艺术创作和繁荣艺术市场的应有之义。其间，艺术活动各个领域的从业者均面临着创造更高艺术价值的责任和困难。

（一）市场上艺术品交换价值的浮动，将直接冲击艺术家的创作倾向、心态或价值体现，有时会使艺术家在追求艺术的审美价值和商业价值中陷入两难的选择

艺术活动的本质需求，在于不断为社会提供源源不绝的优质艺术产品，满足人民大众审美与文化的需求。但是，艺术市场交换价值的呈现，往往会驱使艺术家不由自主地实施创作计划的调整，包括其审美取向、体裁与题材、叙事方式或语言体系等，均会受到不同的影响，其影响可能是积极的，也可能是消极的。从一般意义说，艺术创作倾向的转变，一方面来源于市场艺术品价格的驱动，另一方面也可以理解为大众的需求，在较多的时候，两者是统一的，有时也存在一定的矛盾。

一般来说，人民大众需求量越大的艺术活动或样式，就意味着市场价值较高，因而也就引发艺术家在这些方面注入更多的心血，创作更多的产品。然而，由于艺术产品不仅存在美感、审美快感的因素，同时也具有一般快感的因素，而一般快感的单一呈现在人们精神活动中容易产生低层次的、庸俗的现象，但因其能够满足一些人的愉悦性要求，因而具有一定的社会需求量。面对可能生成的艺术品的负面价值，艺术家应当具有清醒的意识，既要重视艺术产品的市场份额，又要把握艺术品的审美价值倾向，实现其市场价值和审美价值的双赢。作为政府与社会，

应当鼓励和推进艺术创新，对富有较高审美意蕴和精神含量的艺术创作予以扶持和资助，使之在艺术市场占据应有的地位，保障其良好的生态环境。

（二）艺术品的投资与生产是艺术产业与市场中最活跃的因素，也是创造艺术品商业价值的关键。巨大的利益诱惑，易于激发投资者的某种冲动或盲目行事，成为艺术生产的潜在隐患

大量艺术品成为艺术商品，以及艺术品投资的盛行，将极大地刺激文化市场与产业的繁荣，带来新的社会资本的投注热点。鼓励人们对艺术品生产的投资，加大艺术生产的总量，是发展文化产业的需要。即使一些商业意味较浓的艺术作品，如若能满足人民大众当下的审美与文化需求，同样值得生产。

艺术品的投资与生产不同于艺术创作，其重心在于凸显艺术产品审美价值的同时，大力提高其市场与商业价值。艺术生产投资的加大，当会促成艺术品商业价值的提升，但有时也会致使艺术品审美价值的消解。某些艺术样式或艺术品类的生产，可能会出现非审美的市场驱动，形成市场供给的偏斜，以及对大众审美倾向的误导；一些人不理智的艺术投资或收藏，将导致市场运行的失衡与不公平竞争，出现艺术品市场的泡沫化现象，少数人获得巨额利润，而使更多人们的利益受到较大损失。

金钱对艺术从业者具有精神销蚀的作用。一些艺术企业家会徘徊于艺术追求与金钱追求之间，在巨大的经济利润的导引下屈从于市场和利欲的诱惑，而使自身的艺术追求受到严重冲击，诸如艺术良知、艺术价值、艺术理想等遭到扭曲和弱化。面对两难选择，艺术企业家需要自省自励、审时度势，时时考量艺术项目、生产规模的确立与资金投入如何才能获取优质的社会效益和最佳的经济价值，同时又能积聚持久发展的潜质，积极而又谨慎地从事艺术品投资和推进艺术品生产。

（三）艺术品营销同样可以创造价值，它直接促使艺术商品价值的生成。过度的市场化参与，甚至非市场化因素的渗入，也会对艺术商品价值的实现造成扭曲与畸变

艺术品营销的过程，就是促使艺术品综合价值得到充分展现的过程，以及创造更高价值的过程。营销力度的大小、方式的得当与否，不仅对艺术品商业价值的实现具有直接的影响，而且对艺术品审美价值具

有凝聚、彰显甚至放大的作用。一般来说，具有较高市场价位的艺术品，正是较好地适应了社会大众的需求，但不一定是审美价值最好的艺术品。商业价值的上升，可以适度弥补其审美价值的不足，获得比较理想的综合价值；只有少数人对某件作品审美价值的肯定，不仅难以获得商业价值，同时也难以实现其综合价值。充分发挥各类艺术品市场的效能，已成为创造更高艺术价值的重要途径。

当艺术品进入市场，还会有更多的因素渗入其中，以不同的方式和力度影响市场运作及其价格，有时甚至出现强化了的社会权力、话语权威、资源优势等因素，通过地下交易、权物交换、市场垄断等方式，将艺术商品经营导向非审美化运作，出现与人们的道德恪守相悖、与文化的健康发展相背离的不良现象。一些艺术品受制于市场的冲击与钳制，审美价值被遮蔽；另一些艺术品则会获得市场价格的飙升，但要以道德和良知的付出为代价。

积极与健康的艺术营销，应当以科学和理性为基石，追求艺术品审美价值与商业价值的有机统一。一方面，不以追逐商业价值而压抑其审美价值；另一方面，在坚守艺术品位的前提下，充分发掘其可能实现的最佳商业价值。

（四）艺术消费是艺术品价值创造的最后环节，其价值的最终实现，有赖于消费者的广泛参与。艺术商品价值的沉浮，也与广大艺术消费者的接受状况与消费心态直接相连

大众在对艺术品的消费与接受时，已将自身的审美体验与创造性想象融入其中，同样是对艺术品价值的再创造。我国艺术市场中的大众消费，主要呈现为消费的严重不足，无论是大众对艺术活动参与的总量，还是市场消费的总额，都达不到世界发达国家的先进水平，不仅影响到艺术商品市场价值的实现，而且由于艺术品得不到广泛播扬，其审美价值也大打折扣。另外，艺术接受还时常出现盲目消费的现象。盲目消费驱动着某些艺术品出现不合情理的市场价值的上升，也造成一些优秀艺术品门可罗雀的境况。一部分得到较多大众接受与消费的艺术品未必是其真正价值的体现，而一些优秀的艺术品则由于大众消费的忽视，其审美价值遭到冷落或湮没。

盲目消费的存在，在于大众审美素质的相对偏低。艺术品的良莠杂陈，以及艺术市场的鱼龙混杂，致使大众审美素质停滞于一个较低层次

而难以提升，甚至下滑。那些以劣质产品假优质产品之名、以赝品假真品之名的误导与欺诈，既加剧了大众消费的困窘与无奈，又使人们在艺术消费中陷入更深的盲区，难以做出理想的选择，更遑论对艺术品内在价值的再创造。

对某些艺术产品的从众性购买，也是盲目消费的体现。社会的某种风潮或时尚，权威话语或大众媒体的推介，均会驱动大众的艺术消费。充分利用人们的从众性心理，是扩大营销、激励艺术品消费的重要手段，但其间也会出现对低质量艺术产品的夸大其词和功利性引导。大众有理由获得更为丰富和精美的艺术享受。既要充分参照来自社会各方面的信息，又要不断克服从众心理带来的盲目性，是人们逐渐走向审美自觉的重要途径，也是使得更多优秀艺术品实现其综合价值的基础。

综上所述，从艺术品到艺术商品，从艺术审美价值的呈现到艺术商品的审美价值与商业价值共存，呈现出艺术品最终价值实现的必然途径。在这一进程中，艺术品的审美价值既可能得到张扬和放大，也可能遭到消解或弱化。具有时代精神的艺术家和艺术企业家，应当科学地把握艺术与市场的关系，实现艺术与市场及其产业的内在链接与共生共长，促进艺术品审美价值与艺术商品综合价值的不断提升。

第六章　文化遗产保护与文化精神的传承

自新中国成立以来，党和政府就十分重视民族优秀传统文化的继承和各类文物的保护工作，制定了一系列法律法规与政策。改革开放以来，对民族文化遗产的保护逐渐上升到国家战略的高度，各种相关法律法规和政策不断得到完善。20 世纪末叶以来，重视对文化遗产和非物质文化遗产的保护成为世界性共识。有关文化遗产和非物质文化遗产保护的工作进入国家和各级政府的议事日程，成为我国文化建设指导思想的重要组成部分。各级政府在文化遗产和非物质文化遗产保护的理论研究、政策制定、体制建设、具体操作和实践等方面均付出巨大的努力，极大地充实和丰富了文化遗产和非物质文化遗产保护的理论体系，也为中国特色社会主义文化建设体系增添了重要内容。为了人类与各民族文化的可持续发展，必须十分重视文化遗产以及非物质文化遗产的保护工作。在当代，对大量濒于衰亡的文化遗产和非物质文化遗产须加以挽救和保护，而保护的首要目的是为了使其内在的文化价值、历史价值、审美价值等得到研究和传承，以使当代与未来的文化建设获得传统文化的滋养，实现对各种元素的吸纳与传播。大量文化遗产和非物质文化遗产是珍贵的，也是脆弱的，它凝结了各民族历史文化艺术的精华，是历代人民大众审美智慧与创造才能的结晶，也是各民族文化精神的凝聚与体现。但它又极易遭到损害和消解，任何不适当的开发与利用都可能会对其带来致命的危害。因此，应当把对文化遗产和非物质文化遗产的保护与研究纳入科学与规范的管理体系，使之得到可靠的保护与传承，在民族和社会文化建设与发展中持续地发挥作用。

第一节　文化艺术可持续发展的理论思考①

在我国当代文化建设的历史进程中，深化文化艺术可持续发展的课题研究，具有重要的意义。

文化艺术的可持续发展，是在当代社会呈现诸多特点的基础上提出的，既与我国文化艺术建设的实际密切相关，又具有国际社会相关领域发展的宏观背景。关于文化艺术可持续发展的基本范畴，笔者将其区分为不同层次。第一个层次，是对文化生态系统（含艺术生态）的研究，这一层面直接且深刻反映了可持续发展的基本要义；第二个层次，主要是对文化生产力（含艺术生产力）的研究，文化生产力是推进和影响文化艺术可持续发展的基本动力；第三个层次，则主要是在上述两个层次基础上相关方面课题的研究与推进，例如，文化产业与文化市场的建设、公共文化的建设、跨文化交流、文化与科技的互融、文化的主权及其文化安全等，均是文化艺术可持续发展理论与实践的具体体现，并对其发展提供了有力的支持和保障，实质上是对这一课题的延展与深化。在当代文化艺术建设不断拓展与深化的进程中，对这一课题的研究无疑具有积极的意义。

一　可持续发展与文化生态的多样性

文化艺术可持续发展这一课题的提出，是与人类社会主要是自然生态的可持续发展直接相连的。

1987年4月，联合国世界与环境发展委员会主席布伦特夫人提交了《我们共同的未来》这份意义重大的报告，提出了可持续发展应当满足当代人的需求，又不损害子孙后代满足其需求能力的发展，并在1992年巴西里约热内卢联合国环境与发展大会上得到了普遍认可。可持续发展理论是从人类社会连续发展的过程着眼，提出了资源的有效利用、优化环境、促进社会与经济发展的一种良性循环发展模式。因此，可持续发展成为当代社会处理资源开发与发展各项事业的一个重要指导原则。

---

① 本节主要内容已于2005年第4期《齐鲁艺苑》刊载。

　　通常意义上理解的可持续发展属于环境科学的理论范畴，在 20 世纪 80 年代，由国际自然保护协会（IUCN）、世界野生动物基金会、联合国环境规划署联合出版的《世界保护战略》一书中，对"可持续发展"做了简要的阐述。而真正对"可持续发展"做出明确阐释的，是在 1992 年 6 月于巴西里约热内卢召开的以"环境与发展"为主题的联合国第二次人类环境会议上。此次会议通过了《关于环境与发展的里约热内卢宣言》以及《21 世纪议程》等重要文件，这些文件的重要特点就是不约而同地提出了一个主题思想——"人类—环境系统"的可持续发展，并且明确地对可持续发展进行了分析与阐述。具体来讲，"可持续发展"是指在全世界范围内采取协调一致的行动，有效地解决环境与发展问题，制定和实施既可满足当代人类需求，又不对后代人满足其需求构成威胁的全球性可持续发展战略。

　　在我国，可持续发展的思想源远流长。与天地相参，是中国古代可持续发展思想的核心。从庄子"道法自然，返璞归真"，到孔孟的"尽心知性""与天地参"，人与自然平等和谐的"天人合一"的思想一直延续至今。可持续发展最本质的含义在于通过阐明人与自然关系的极端重要性，明确自然资源的可持续力，使人类经济活动合乎理性，形成人类社会与生态环境之间的良性循环，其突出标志是资源的永续利用和良好的生态环境。随着文明的进步、时代的发展，可持续发展的思想被赋予了更为广阔深远的内涵。

　　以可持续发展理论指导文化生态的建设以及文化艺术的发展，有其特殊的文化意义与精神内涵。对文化生态的关注与探求，是我们研究文化艺术的可持续发展的重要契合点。所谓文化，涵盖了人类迄今为止物质文明和精神文明的全部成果，是人类精神与实践创造的结晶。我们当下所研究的文化生态系统则是以透视人类精神生活为主体，同时也涉及与此相关的物质生活的许多方面，是指构成社会生活的多种文化因素所形成的内部协调一致、外部完整统一的整体。

　　世界上任何事物都是共性与个性、整体与部分、一元性与多样性的统一体。人类的生态系统同样表现为多样性的统一体，这是该系统平衡发展和协调进步的基础。除社会生态系统与自然生态系统之外，它还包括文化生态系统。自然生态系统的多样性是指"生物多样性"，文化生态系统的多样性则是指"文化多样性"。联合国教科文组织在 2001 年 9

月 11 日通过的《文化多样性宣言》指出："文化多样性"是指"文化在不同的时代和不同的地方具有各种不同的表现形式"，具体表现为构成人类各群体和各社会的独特性及其全部独特性所构成的多样化。如果说生物多样性是实施可持续发展、保证地球生物圈与人类延续的物质基础，那么，文化多样性则是实施可持续发展战略、保证地球生物圈与人类延续的精神基础。正如联合国教科文组织在《文化多样性宣言》中指出："文化多样性对人类来讲就像生物多样性对维持生态平衡那样必不可少"。"文化多样性是人类的共同财富，应当从当代人和子孙后代的利益考虑予以承认和肯定"。

文化多样性是文化艺术可持续发展的思想源泉。从提出可持续发展到全面实施可持续发展战略，人类已从单纯地关心自然生态系统拓展到对人类发展的全面关心，重新考虑和变革人类的资源观、价值观、科学观和道德观。保护和促进文化多样性，为人类确立可持续发展的思维体系提供了源头活水。如中国文化传统中的"天人合一"思想，西方的动物权利论、生物中心论和生态中心论等环境伦理思想，均为建立人与自然的新型关系，实现社会与自然生态系统的可持续发展提供了文化根基。东方文化中"和而不同"的思想，将"和"的统一建立在"不同"的理解和尊重基础上，则体现了新型的人与社会、人与人关系，为实现文化生态系统的可持续发展奠定了思想基础。文化的价值在于实现真善美高度统一的自由境界，促进人的个性解放、个性自由和全面发展。文化还以它所具有的可兼容性和流动性，促进文化生态系统内部的交流、融合和补充，进而促进社会系统的相互联系与交融，推动社会系统的平衡和优化，保证系统发展的稳定性、协调性和持久性，实现可持续发展。

文化生态平衡的概念源自人类对自然生态系统平衡的关切。自然生态系统是占据一定空间的自然界客观存在的实体，是生命系统和环境系统在特定空间的组合。生态系统的成分包括无生命成分、生产者、消费者和分解者，以及生物和非生物环境，它们相互联系、相互作用，彼此之间进行着连续的能量物质交换，共同维持自然生态系统的平衡。自然生态系统平衡包括两个最重要的特性，即多样性及有序性。当自然生态系统体现出成熟、稳定的多样性及有序性特征时，其物质和能量的输入输出接近相等，生态系统在一定时间内结构和功能的相对稳定状态，且在外来干扰下也能通过自我调节恢复到原初的稳定状态，自然生态系统即呈现平衡状态。当外来的干扰超越生态系统的自我调节能力而不能恢复到原初状态时，生态系统就缺乏多样性及有序性特征，整个系统即进入生态失调或不平衡状态。

文化生态与自然生态类同，文化物种的多样化是文化多元化的基础，而文化多元化则是维系文化生态平衡的关键。首先，文化的繁荣和昌盛同样是多种不同文化物种多元共生的结果。各种文化物种都有自己存在的空间，都在服从整个世界和社会文化发展规律的基础上保持一定的自律性，按照文化自身的规律延续发展；其次，文化的多样性表现为文化物种之间的平衡。只有多样性的文化相互碰撞、对话和交融，才能不断滋生出新的文化要素。各种文化物种之间的矛盾与碰撞，以及新的文化要素的生成，正是体现了文化生态系统的平衡。

由此可见，文化生态平衡是指文化与环境间，文化与文化间以及各种文化内部诸因素间保持能量流动和物质循环的稳定有序的状态。文化自身的建设也应遵循多样性、系统性、整体性原则，实现可持续发展，即在不损害后代满足其需要的前提下，追求一种最大限度地满足当代人生产、生活需要的模式。因此，我们对文化艺术可持续发展基本内涵亦即第一个层次的理解，正是对文化生态系统意义的把握。

文化生态学启示我们，无论从历史还是从现实来看，人类文化都不可能离开自然环境而存在，把文化层置入自然环境中进行研究，能把遮蔽在文化与环境之间割舍不开的关系显露出来，显然更符合客观实际，也能弥补传统生态学的不足。

生态文化既包含当代的生态文化现象，同时又特别注重原生态文化状态，生态文化是由那些动态的富有生命力的当代文化生态现象与那些由远古而来的已形成历史积淀的文化生态现象共同构成的。在生态文化中，原生态文化与自然环境和历史环境的联系更为密切，它既可以是有形的、物质性的，也可以是无形的、非物质性的。文化是一定的历史阶段、一定的地域环境、一定的人类种群的生存状态、生活方式和思维方式的反映。有生存环境的较大差异，才会有各不相同的文化。文化反过来又影响了人的生存状态，影响到人的生存方式和思维方式，最终影响到人赖以生存的环境。所以，各种形式的传统、民间文化以及与生产和居住环境等有形文化相关联的各种特殊的人类文化活动，比如民族的共同语、宗教活动、图腾崇拜、节庆仪式、传统的生活方式、仍旧操作着的传统工艺、按照传统规范进行的传统民俗、民族与民间艺术活动等都可界定为原生态文化。可见，原生态文化是由生存于特定自然和文化环境中的文化群体创造并拥有的，并在文化群体中自然传承着的文化形态。创造和拥有原生态文化的文化群体可以是民众、民族，甚至是一个民族共同体。原生态文化是文化多样性中最珍稀的部分，也是文化生态链上最脆弱的部分。

人类生态意识的觉醒不仅表现为生态忧患意识的与日俱增和对自然生态平衡的特别关注，更重要的是这种觉醒延伸到了和人类生产、生活息息相关的其他领域，人们的自然生态意识也引申为文化生态意识。在当下，人类警觉地注意到在经历了20世纪以来不断显现的生态危机后，人类有可能将面临另一次危机，那就是文化多样性的消失带来的文化生态危机。文化发展不平衡突出地表现为文化物种发展的失衡，致使不同文化物种之间丧失了相互对话和碰撞的机会。就像自然界中生物链的失衡一样，在自然界，当某种或某几种生物处于"疯长"状态，而另一些生物却由于生存空间受到挤压而濒临灭绝。同样，文化生态中只有少数几种文化物种繁荣的状态并不是一个真正多元化的文化生态，物种的单一化会使文化生态进入不平衡状态。同时，文化生态平衡态是动态的，维护生态平衡不只是保持其原初稳定状态，生态系统在人为的积极影响下，可以不断克服消极因素，建立新的平衡。在当代，体现了其存在价值的各种文化形态均是影响文化生态建设的重要因素，各种因素的紧密联系与相互作用，共同影响和制约着文化生态的平衡。

文化资源是文化生态状况的直接显现。资源状况是社会生态系统最直接的表现形态。可持续发展理论十分重视对资源的保护、利用与开发，强调资源开发的公平性与科学性。资源可分为自然资源和由人类劳动创造的各种资源，即社会资源。文化资源主要从属于社会资源，同时也与自然资源有着密切的关系，是人们从事文化生产或文化活动所利用或可资利用的各种资源。这里不仅包括物质的文化资源，同时也包括精神文化资源，它们均是人类社会劳动实践所创造出来的成果，并作为人类征服自然的历史见证而存在。文化资源是历史的馈赠，是人类的共同精神财富。文化资源是特色资源，是形象资源，具有独特的社会价值。

文化资源是有限的，不仅应当允许当代人充分享受，而且后代人也有享受的权利。我们利用文化资源，必须做到既要满足当代人需要，又要顾及后代的开发空间，不损害后代人的利益。可持续发展理论的实质，就是反对为满足自身需要而损害或剥削后人享受利用文化资源的权利。可持续发展的利用文化资源既是全球化语境下文化发展的要求，也是人类文明进步的标志。作为一种宝贵的社会资源，人们在对文化资源开发利用过程中的消耗是绝对的。文化资源有增殖的特征，但对大量文化遗产来说，则是不可再生的。为了保证其公平性，要求人类在开发利用的过程中，绝对不能以牺牲人类文化遗产、生态环境来换取自身的利益与享受，对其开发和使用都要有一定的限度，要求人们必须在保护的基础上进行合理的开发利用，尽可能地延长文化资源的寿命。就全球而言，特定地区的文化资源都是世界文化资源的重要组成部分。可持续发展作为全球发展的总方向、总目标，要求各国联合起来，共同承担保护人类文化资源的责任。保护与开发、利用文化资源是一项系统工程，涉及规划、资源特点、环境、人才等各个方面，需要调动全社会的力量，从整体上发挥资源的综合效应，同时又使文化资源得到有效的保护。

二 推进文化艺术可持续发展的核心动力是文化生产力

文化生产力（包括艺术生产力）是文化艺术活动基本价值的体现。正是文化生产力的基本状况，决定了文化艺术的发展趋势与前景。

文化生产力，是指借助一定的物质技术手段或方式，以文化为主要资源，以满足人们精神文化需要而进行的生产与服务的能力。文化既是资源又是能源，实现文化艺术的可持续发展，关键在于发展社会的文化生产力。精神生产与文化生产力，是马克思主义文化思想的重要组成部分。马克思主义创始人把人类社会从结构上分为经济基础和上层建筑两大部分，与此相对应，又把人类的基本活动归结为物质生产和精神生产两大部类。作为人类精神生产的部门之一，马克思提出了"艺术生产"，并逐步形成其艺术生产理论。西方马克思主义文艺理论家瓦尔特·本雅明是较早从生产观点看艺术问题并探求科技对艺术生产发生作用的人，本雅明所提出的艺术生产理论，突破了传统马克思主义者仅从社会意识形态的角度理解艺术的局限，而从艺术生产角度去把握艺术的本体。本雅明坚持科学技术和生产力的发展必将而且最终会推动社会与艺术的进步，他认为，艺术生产作为人类的一种实践活动同样也要受到时代生产力与生产关系的矛盾运动的制约，艺术创造和物质生产一样是一个生产的过程，呈现为一个由生产—产品—消费组成的动态流程。艺术生产活动同样也是由生产与消费、生产者、产品与消费者等要素构成，艺术家就是生产者，艺术品是商品或产品，观众或读者是消费者；艺术创作是生产，艺术接受是消费，艺术创作技巧构成了艺术生产力。一定的创作技巧代表了一定的艺术发展水平。艺术生产者（艺术家）和艺术消费者（读者或观众）之间的关系构成艺术生产关系。

自 20 世纪 80 年代始，伴随着世界性的信息革命与知识经济时代的到来，文化已逐步确立了在社会发展中的主导性位置，正在成为社会发展的战略资源和强大生产力。文化产业的发展是随人类社会发展到一定阶段而产生的，只有在市场经济发展到一定程度，物质生产力水平达到一定程度，文化才得以具备产业化的基础。文化生产力逐渐从隐性状态向显性状态发展是社会文明的巨大进步。

文化生产力的诸多基本要素，均在文化艺术的可持续发展中具有重要的作用。文化艺术生产者，是文化生产力中的第一要素。人是文化的创造者，又是文化创造的成果。随着社会不断进步，其主体地位和价值在逐渐增强，文化艺术生产者作为艺术生产的主导性因素，逐步成为满足人们文化需求的生产者与工作者，成为生产的阶层。在艺术生产力中，文化生产者的产生除了经济学上的意义以外，更重要的是其社会学意义。一个多世纪以前，马克思就已看到在资本主义生产方式以及艺术生产商品化影响下，文化艺术生产者的地位变化，艺术生产者——艺术家的生活双重化了，演员对观众来说，是艺术家，但是对自己的企业主来说，是生产工人。[①] 在知识经济时代，人是文化生产中最能动、最活跃的因素，人力资源是支配、利用其他资源的资源。文化生产者本身就是具有意识力、情感力和创造力的一种资源，而且是唯一可以连续投资、反复开发利用的资源。

在当代，包括与文化产业紧紧相连的文化艺术的制作者、策划者、管理者、经营者、传播者、批评者等，都是文化艺术的生产者，正是由于在文化艺术活动各个环节从事创造性劳动的人们的合力作用，才能够推动文化产业或艺术产业呈现出繁荣之势。在现实的文化产业中，只有

① 马克思：《资本论》，载《马克思恩格斯全集》第 26 卷第 1 册，人民出版社 1972 年版，第 443 页。

通过人的精神作用与创造性劳动，才有可能转化为现实财富。文化不再仅仅是个体的生存方式和环境，而是在艺术活动各个部门的人们共同创造的结果，同时又在不断重复或复制符号信息的基础上，为大众所经历、认同和接受，文化艺术的创作与产品也不再是少数人的专利，而是属于整个社会和大众。在文化生产力发展中，尊重人才，建立和健全人才培养、激励、配置的市场机制，极大地调动广大文化艺术生产者的积极性和创造精神，是驱动文化艺术健康与持续发展的关键。

文化艺术生产所赖以使用的劳动资料，如工具、技术，特别是科学技术，同样属于文化艺术生产力的基本要素。科学技术的发展与运用，驱使艺术生产力获得前所未有的解放和发展。19世纪末以来，技术以前所未有的速度和规模进入文化领域，形成了以工业生产方式制造文化产品的行业。在这样一个过程中，本雅明强调技术是一个决定性的因素，他明确地指出生产技术的变革将对艺术生产和对艺术作品的接受发生重大影响，在他看来，现代艺术生产已进入机械复制时代，艺术作品中那种独一无二的，具有距离性和永恒性的特性——"韵味"正在消散，传统艺术面临着崩溃。

在全球科技革命的时代背景下，用现代高科技提升文化产业，是推进文化科技创新的重要内容。科技因素对文化生产力的影响不仅在于推进文化产品的商品化、市场化，还在于可以推动文化生产各个环节向着新的形态发展。文化产业化的背后是技术的竞争，是新技术、新方法、新工艺的不断应用。以信息科学为标志的现代科学技术迅猛发展，促使文化艺术活动在科技的作用下发生重大变革，不仅改变着人类文化艺术创作、制作以及传播和接受的方式，甚至改变着人们的思维方式。人们不仅可以利用科技工具享有人类文化艺术的财富，同时可以借助科技工具创造新的文化艺术成就。科技的因素使文化生产力在创造巨大经济利益的同时，也成为满足人们精神需求的必要手段。

高科技因素进入艺术文化创造，对丰富和强化各门类艺术的表现能力与审美效果有着重大作用；同时也将加快传统艺术形式和审美观念的式微。大众文化、消费文化形成强大的力量，占据人们的生活空间，传统文化、典雅文化将会遭受重创，相伴的是人文传统价值理念的消隐。这正是当前我们所不愿看到的。科技含量决定产品的品质，而文化含量则决定产品的形象和精神，科技含量加上文化附加值决定着文化产品的核心竞争力，科技因素永远无法替代艺术中的人文与精神因素。我们在致力于发展文化与艺术科技的同时，必须警惕和防止艺术创作和文化活动中的技术拜物教倾向。

作为文化生产力发展的另一基本要素是文化艺术资源。文化艺术资源是指凝结了人类无差别的劳动成果精华和丰富思维活动的物质、精神的产品或活动，是一个自然的与人类创造的、传统的与现代的、凝定的与鲜活的、静态的与动态的有机结合、呈现为多维结构的资源系统，是人类主观能动性的产物。文化资源作为生产力要素，可分为自然文化资源、当代文化资源及历史文化资源。文化资源涵盖教育、科学、技术、知识、信息、理论、观念等，包括人文景观、自然景观、文物古迹、文学艺术、民俗、服饰等，还应包含随着时代发展，由人们新的审美价值观和精神需求而产生的具有创新性的文化艺术表现形式及物质载体。文化艺术资源可以超越时间、地域、国家、民族等条件的限制，成为全人类的共同精神财富，同时也是促使世界范围文化市场、文化消费、文化交流、文化贸易形成的基础。

自然文化资源是非人为或非人力加工而的，是自然形成的，同时又是人类审美情感与自然之美相统一的"产物"，是大自然赋予人类的宝贵财富。随着人类认识自然和改造自然能力的增强，越来越多的自然物成为人类加工改造的"对象"，其作为文化资源的自然特性也就逐渐淡化。人们在反思人类的"人化"行为的同时，采取积极措施保护自然文化资源，是人类对"人与自然"关系科学认知的结果。

在当代，一些体现了时代特色和风格的文化艺术活动形式或成果的出现，成为新的、充满活力的当代文化资源。许多文化艺术设施与艺术场馆，如公共文化广场、大型文化娱乐场所、博物馆、图书馆、展览馆等，显示了作为公益性文化的巨大影响；各类文化艺术的创作与制作机构或实体，包括国有与其他所有制形式的艺术院团、画院、美术与音像制作、影视生产等部门和机构，成为当代文化资源可资利用的宏大空间；各类文化艺术传播与营销机构，包括广播电视、报纸、杂志、图书出版、美术、音像、影视、戏剧、音乐与歌舞等艺术的传播与营销实体等，更是成为当代文化资源中最鲜活的元素。网络文化、科幻文化、动漫文化等，均是对当代文化资源开发与创新的结果。

历史文化资源在文化艺术资源中占有十分重要的位置，可利用的价值很大，开发空间也很广阔。在发展文化产业中，它是一种民族文化艺术的资源宝库。历史文化资源既包括各种实物遗存，如古代建筑、历史园林、古文化遗址、典籍和文物等，也包括非物质形态的精神文明，如传统文化、文学艺术和各种民风民俗、传统习惯等。文物和非物质的文化遗产都是不可再生的珍贵的文化资源，越是有着悠久历史的民族在这方面就越拥有资源优势。

文化艺术资源是人类历史发展的载体与见证，它们承载了一个民族辛勤的劳动成果和无穷的智慧，沉淀了人类文明和世代相传的宝贵精神财富和物质财富。对文化资源的综合利用，已成为衡量一个国家经济发展水平和综合国力的重要标志，也是文化产业发展的巨大的潜力所在。

人们在文化艺术活动中形成的生产关系，特别是生产活动中的人与人关系，以及文化艺术的生产与消费的关系，是文化生产力发展的强大驱动力。在文化艺术活动中，只有出现文化市场的消费需求，才会有文化艺术的大规模生产，文化生产与文化消费的关系，其实质就是生产与消费的辩证关系的体现。在 1857 年，马克思在计划出版的经济学著作的《导言》里，指出生产和消费之间的对立统一关系："……生产中介着消费，它创造出消费的材料，没有生产，消费就没有对象。但是消费也中介着生产，因为正是消费替产品创造了主体，产品对这个主体才是产品。产品在消费中才得到最后完成。……没有生产，就没有消费；但是，没有消费，也就没有生产，因为如果没有消费，生产就没有目的。"① 这完全适用于对艺术生产与艺术消费相互关系的揭示。一方面，艺术生产按照美的规律创造出文艺作品，满足了艺术消费者的审美需要，生产创造出消费的对象、消费的方式和消费的动力，形成并提高了艺术消费者的审美能力；另一方面，消费完成生产行为使产品成为现实的产品，并使生产者成为现实的生产者，在生产者身上引起追求一定目的的需要，反过来推动艺术生产向着更高更美的境界发展。

在基本的物质生活需求获得满足的基础上，人们更多关注文化的、精神的和心理的需求。这就促使社会文化消费呈现持续上升趋势，而消费的需求又促成市场的扩展，巨大的消费空间对文化生产力的发展特别

① 马克思：《〈政治经济学批判〉导言》，《马克思恩格斯选集》第 2 卷，人民出版社1995 年版，第 9 页。

是艺术生产的规模与形式提出新的要求。文化生产力的发展，使人类不再以物质资源为核心资源，而是以知识、智力等精神性资源为核心资源，它在一定程度上能够突破物质资源有限性的制约，充分发挥人的创造力和潜能，使个体的主体地位获得普遍显现和提升，使人们能够自觉地追求个性自由和自我价值的实现，这才是人们精神活动或消费的最终需求。

在艺术生产的过程中，形成了艺术的生产关系，其中包括艺术家、制作者、管理者、传播者、接受者、批评者之间的关系；艺术生产与消费的关系等。艺术生产关系中包含两个层面：一是艺术创制的维度，涉及艺术家、制作者、管理者、传播者、批评者之间的关系。在这一维度，个性的表现或风格的寻求占主导地位，审美的自律和主体的才智起支配作用；二是产业生产维度，包含艺术生产与消费的关系，艺术生产资料所有制关系等，在这一维度中，艺术的生产与消费、制作和销售、交换和流通，均要按照市场规则运转，占领市场、获取利润成为文化艺术生产的重要目标。在艺术生产领域内，艺术生产关系表现为市场的、经济的规律与文化艺术规律的有机统一。

在当代，艺术家、制作者、管理者、传播者、接受者、批评者之间是一个相互促进和影响的动力结构体系，它从人文精神、审美价值的角度来维护文化艺术的独特价值，又从社会经济运行的角度形成相互连接与作用的关系。艺术生产的产业化、文化市场的形成以及文化艺术生产关系的有机整合与相互促动，是文化生产力发展的基本动力，同时也是推动文化艺术可持续发展的基本动力源。

三　社会要素的作用与文化艺术的可持续发展

在推进文化艺术可持续发展的进程中，诸多社会范畴或要素与可持续发展理论有着密切的关系，在文化建设中发挥着巨大的作用。正是这些范畴或要素的合力作用，才使文化艺术的可持续发展获得丰富的内涵与基本的保证，同时也为这一发展提供了源源不绝的动力。

文化产业的崛起，是推进文化生产力迅猛发展的基础。文化产业与文化市场，是文化生产力的直接体现形式，同时也使文化艺术获得持续发展的动力。文化产业最主要的表现形式是文化市场。在现代工业社会，由先进的科学技术、商业理念和管理模式所形成的综合效应，使文化资源得到了有效开发，形形色色的文化产业种类纷纷兴起，在利用文化资源、满足社会需要方面发挥了至关重要的作用，同时也创造了巨大的社会产值。尤其是建立在文化资源基础上的以信息产业和社会创意为表征的新兴产业，对已有的初级文化资源进行重组、整合，进而派生出新的具有新颖的或富有神奇色彩的文化产品，文化产品的经济价值便产生了。文化产业所创造的巨大的精神价值与物质价值，是任何一种产业所难以企及的。文化产业的异军突起，以及由此带来的社会产业结构的重大变化，催动文化市场朝着多元化、社会化、国际化发展。在我国，文化市场还没有完全进入规范的和科学的轨道。面对有着市场观念优势、产业资本优势、高新技术优势、经营机制优势和管理经验优势，内容良莠不齐的发达国家特别是美国文化产品的逐步进入，以及由此产生的对我国文化产业、文化传统、意识形态以及文化产业、文化市场的强烈冲击和影响，迫使我们要迅速建立全面的富有效能的市场体系，健全适应国内文化交流与国际文化贸易的市场机制。对此，我们应将中国文化体制改革的方向和整体定位置于加入世界贸易组织后国家战略需求的背景下进行新的路径选择；从有利于建立完整的市场体系和公平竞争的机制，有利于形成更为有效的文化经济组织出发，最大限度地降低绩效损失，重构中国文化产业结构制度体系；文化产业的发展也要按照市场运作的要求，进一步推动创作实体多样化、生产经营自主化、投资主体多元化和创作资源社会化格局的形成，促进精神产品生产的社会化和集约化，建立强有力的宏观调控体系。

同时，还应努力建设、培育和完善文化市场，建立、健全适应市场经济和文化市场发展的文化体制，形成开放有序的文化市场体系，完善文化产业法规和政策，以科技的进步推进文化产业的发展。进入新世纪的我国文化艺术市场，具有强劲的发展态势和巨大的潜力，同时在其不断走向成熟和规范化的过程中，表现出浓郁的当代性和国情特色。清醒地认识其内在特性，辨析其运行规律及宏观趋向，对文化市场体系实施科学的建设和培育，有助于推进我国文化艺术事业的可持续性发展。在我国，规范的文化艺术市场体系尚在完善的过程之中，还需要人们付出巨大的努力。与此同时，如何看待市场机制下文化艺术的形式与内容的嬗变，特别是面对汹涌而来的大众文化的浪潮，应当怎样应对，也是不能回避的课题。

无论是在国内还是世界文化市场，大众文化都居于举足轻重的地位，其文化产品均占据市场的主要份额。正是大众文化的兴起和繁荣，驱动文化市场和文化产业保持稳定与持续的发展势头。大众文化作为一种娱乐性审美文化，其发展与当代社会经济全球化、媒体变革等都有着千丝万缕的联系。我们既要承认大众文化作为娱乐文化的合理性和优势，又要正视它的某些弊端，还应挖掘大众文化自身的审美价值，充实其精神内涵，使其超越商业生产的狭隘含义。

为实现文化艺术的可持续发展，强化公共文化的作用十分重要。公共文化是社会共有的文化资源，是在长期的社会历史进程中形成的，既包括历史的馈赠，也体现为当代人的建设成果。它作为人类征服自然的历史见证而存在，是我们人类文明的象征，是人类的共同精神财富。公共文化具有丰富的特色，体现了特有民族、地域和时代的形象，具有独特的社会价值，它直接为社会和大众服务，在文化的可持续发展中起到重要的调节作用。开发和利用各种文化资源，加强公共文化建设，已经成为时代与历史的必然选择，同时也是对人民大众文化利益的保护与满足。在发展公共文化中，更要既服务于当代，也要服务于千秋万代，让后代人也有享受历代文化资源的权利。

公共文化是文化艺术可持续发展的重要保证，也是保障人民大众的文化利益、提升社会文化艺术层次的生动体现。现代文化区别于传统文化的重要标志之一就在于它能够为人们接受文化信息、处理文化信息、发送文化信息提供完善的公共空间与公共服务。公共文化的设施与服务水平，人们对公共文化的享用，公共文化层次的高下，不仅是一个国家或地区精神文明水平的表征，同时也是其物质生产水平的体现，发展和提升公共文化，不仅意味着社会文明的进步和不断满足人们日益增长的文化艺术的需要，同时也能够在推进社会文化艺术的可持续发展中发挥重要的作用。公共文化涵盖公益性文化，但又广于一般意义上的公益性文化，即使一些非公益性的文化也属于公共性范畴。公共性文化也不同于一般意义上的文化事业，各种所有制体制的产业或企业部门与个人均应在发展公共文化中担负应有的责任和义务。公共文化为大众提供积极参与文化发展与文化创新的公共空间与公共活动，是随时代的发展而不断发展进步的。在人们参与公共文化的过程中，人与人之间、人与自然之间、人与文化活动之间构成各种精神联系与物质联系，而这些联系又以文化和审美精神为基础。因此，公共文化不仅具有推动文化发展与文化创新的功能，同时还在促进经济发展与大众文化素质的提升中发挥重要作用。

在当代世界经济一体化的背景下，文化艺术的交流不再是局部的和孤立的，它体现为跨文化的传播。适应和推进跨文化传播，同样是可持续发展的必然要求。它凸显了人类社会系统存在和发展的趋向，是人类文化生态系统中文化同一性与多样性的有机组成部分。在世界文化出现同一性的同时保护文化多样性，符合可持续发展观的基本原则。在人类历史上，世界各个国家、各个民族都为人类文明的发展做出了贡献，世界发展的活力恰恰在于不同民族、不同宗教和不同文明的多样化及其共存。它一方面不断引起不同民族文化的相互碰撞或冲突，另一方面也使不同民族间的文化得到相互交流与借鉴。因此，应遵循文化共处和特色依存的准则，确保属于不同文化特性的个人和群体的和睦关系，理解、尊重、承认和肯定各民族及其文化，给予每一种文化存在、传承和发展的平等权利，这是促进民族文化发展，实现可持续发展的战略需要。

当代跨文化交流形态的多元化特征首先表现为跨文化交流形态的多样化，同时也表现为交流方式的多样化。但在当下，跨文化交流与传播的时代性特征打破了传统的文化格局，全球文化和信息的跨文化流动并不平衡。在大多数情况下，信息和文化呈现为不成比例的单向流动。这种单向的传播方式使全球公众的思考和关注掌握在控制全球性媒体的国家手中，新的不平等还在文化传播结构中形成，英语信息的绝对垄断地位已形成"语言霸权主义"。美国对他国影响的结果是美国文化的全球化，使全球文化向着同质化方向发展。美国文化工业的急剧扩张和对世界文化市场的占领，不仅是一种经济行为，同时也裹挟着意识形态的入侵，导致一些国家文化判断标准的失范，民族文化被压制和异化。现代跨文化传播失衡格局所造成的又一影响是文化约束力的削弱，一些国家主导文化的规范作用和文化约束力受到影响。对世界上许多国家来说，国家文化安全面临的最大威胁还不是外来文化的直接冲击，而是文化的发展方向的失控和文化约束力的丧失，以及文化隔离机制与隔离能力削弱。因此，我们应确立符合时代特征和要求的跨文化观，积极与冷静地应对我们面临的机遇和挑战，从而保证国家与民族文化的可持续发展。

当代科学技术的成果，特别是以电子技术为代表的高新科技的迅猛发展，为文化和艺术生产力的增长提供了有力的支撑和动力。艺术与科技同是人类社会进步的基本动力。在人类文明发展史上，艺术与科技从来都是相互交融的，一方面，艺术不断从科技中汲取素养，以滋养和推进艺术自身，同时，艺术也在提升人们的想象力和原创力中发挥着举足轻重的作用。在文化发展中充分利用科学技术的力量，实现文化与科技的交融，是不断驱动文化艺术可持续发展的动力和基本保证。在当代，艺术与科技愈加表现出不可分离的特征。科技的发展极大地促进了艺术生产力的进步，它促使人的艺术思维发生变化，使人的创造力得到极大丰富，艺术表现方式和技巧不断有所突破，并且导致生产方式的改进和工具材料的扩展，促进艺术生产规模的扩大，艺术传播与接受方式更是获得飞速进步。同时，我们还应看到它的消极影响。由于现代科技在艺术活动中发挥着越来越重要的作用，相应地，艺术家对科技的依赖也越来越重，人们在进行艺术活动时越来越屈从于科技的威力，造成人的精神惰化与社会文化创造力的钝化，这将会给艺术活动带来灾难性后果。技术的便捷、可重复性极为容易导致艺术创作的重复，盲目追随所谓流行。技术手段在艺术活动中的重复、习惯性使用常常会引起艺术作品所塑造的艺术形象的雷同。低层次艺术作品往往会借助现代化的传播工具迅速传播、泛滥成灾，给社会带来极为恶劣的影响。因此，保障艺术的可持续发展，应当保持科技与艺术和谐统一，以及科技的渗入与艺术发展的承载能力相适应。

近年来，关于国家文化主导权以及文化安全的课题也已摆在人们面前。国家的文化主导权，是国家主权的重要组成部分。一个国家和民族的文化的独立及其文化主权的不受侵害，与其国家的独立和政治主权不受侵犯具有同等重要的地位。在当代，许多国家的文化安全受到威胁和损害，在我国，国家和民族文化的独立性与安全性，也已受到一定程度的影响和危害。一个国家不仅应在处理国际关系和国际事务中保持独立的立场，同时也必须努力维护民族文化的独立品格。应当努力保持本民族历史与传统文化的传承与发展；保护本民族文化遗产的安全；保证本民族的文化艺术形式在该国家的文化活动中应有的地位；保障本民族的居于主流地位的文化形态在当代文化活动中的主导地位；保障本民族的艺术产品在国内艺术市场中占据较大的比重；保障本民族的文化艺术产品在世界文化艺术市场占据应有的地位与不断增大的份额等。

国家文化安全，其基本内涵是指作为国家文化主权和文化尊严神圣不可侵犯，个性化的文化传统和文化选择应该而且必须得到尊重，国家文化产业与文化市场得以有序运行。国家应以独立自主的政治制度和意识形态，抵制其他国家试图将其意识形态、政治模式或价值观念强加于本国的做法，防范其他国家对本国人民文化生活的渗透，保护本国人民的价值观、行为方式、社会制度不被干涉，保护民族文化的独立性、自主性与不被蚕食，保证国家文化产业与文化市场的正常运行与不受损害。维护国家文化安全，就是维护国家与民族文化的价值体系，保障民族文化的不断繁荣与持续发展，使其免遭来自内部或者外部的破坏或颠覆。国家文化安全是国家安全的一部分，国家安全的内涵中整合了政治安全、经济安全和文化安全等内容，其中文化安全的保护问题日益成为各国所关注的重点。文化安全主要表现在文化生态安全、文化遗产安全、文化市场安全、文化网络安全、文化技术安全等方面。我们提出国家文化安全问题，建立国家文化安全保障机制和保障体系，并不是要搞新的文化关门主义，而是要从国家和民族的根本文化利益出发根据中国的文化和文化产业发展的国家战略需要，创建新的国家文化安全观。

对文化艺术发展实施科学的管理，是保证文化艺术可持续发展的基本保证。在推进文化艺术可持续发展的进程中，还有一些范畴值得重视和亟待研究。比如，怎样实现对文化艺术建设的科学管理，如何加强文化艺术的法制建设，以及如何发展全社会范围内的艺术教育等。探索与建设适应中国国情文化艺术建设的理论体系，是多年来几代人为之呕心沥血的重要领域，同样也需要今后更多的人继续做出不懈努力，在理论与实践上获得新的成果。文化艺术可持续发展的理论构想，将会在这一具有战略性意义的理论建设中发挥应有的重要作用。

第二节　原生态文化的价值及其判定标准①

在对原生态文化的研究进程中，关于特定形态下原生态文化价值的差异，逐渐引起人们的关注。与自然界的生态现象一样，原生态文化是在自然的文化生态衍变中形成与存在下来的文化样态。历经岁月的洗礼

---

① 本节主要内容已于 2011 年第 4 期《东岳论丛》刊载。

与涤荡，现存的原生态文化样式已属不多，并且日渐减少。对原生态文化的保护与研究的紧迫，使得人们开始思索，原生态文化与其他文化样态的联系与区别何在？是否所有的原生态文化均具有同等的价值？正是基于科学认知原生态文化的必需，我们有必要对原生态文化的价值形态及其判定标准予以梳理。

一　原生态文化辨析及其价值判定

作为原生态文化的客观存在，其大量生态样式的呈现是环境与文化之间相互影响的一种生存与发展的状态。与自然的生态境况不同，自然生态是以自然环境为存在的基础，而文化生态同时存在于自然与社会的环境之中。人们在漫长的历史发展中曾经长期忽略原生态文化的存在及其价值，是因为文明的进程催促人们尽快改变世界文化蒙昧与落后的状态，未曾意识到原生态文化可能对人类具有怎样的作用。只是到了世界获得高度文明的今天，原生态文化样态的逐渐消失与衰落，威胁着人们对人类远古的记忆，以及对未来世界的追索，人们方才意识到人类认识世界的进程与未来趋向，以及认识人自身的发展，均离不开对原生态文化的倚重。

而原生态文化的消解与衰落似乎又是不以人的意愿为转移的。正是基于此，对原生态文化的保护与研究才显得十分迫切。进而人们又意识到，为了更有效地保护原生态文化，应当对各种原生态文化的价值加以区别，并非所有的原生态文化样态均具有同等重要的价值，只有那些具有较高文化含量、对当代文化传承具有重要启示的原生态文化遗存，方可进入首先与重点保护和研究的序列。

为了判定原生态文化的价值，应当确认原生态文化的地位和作用。原生态文化一般不对当代社会发展产生直接的作用，其地位和作用主要在于，第一，原生态文化的呈现及其被认知，有助于研究和剖析人类曾经经历过的类同的生活情景，以判定人类的文化历程及其轨迹，洞悉人类文化发展的基本规律；第二，原生态文化是人类文化的远古记忆，通过对原生态文化的认识，可以找到人类不同群落集体无意识的文化特性；第三，原生态文化中的许多元素，均可以融入当代文化之中，为人们开展新的文化活动与创造新的产品注入原生态文化的特质，以充实与丰富当代文化的建设；第四，在一定的条件下，原生态文化样态可以进行适度的开发，具有一定的商业价值。

　　判定原生态文化样式的价值具有重要的意义。其一，可以从世界浩如烟海的文化形态中找到那些具有重要意义与特色的文化遗存，为当代以及今后文化的持续发展奠定坚实的基础；其二，认识原生态文化样态的价值，有助于人们重视和倾力保护那些最具代表性的文化遗存，使之能够得到科学的保护与研究。伴随时代的发展，一些原生态文化现象也在发生着变异，有的变化为具有审美价值的民间艺术，有的演变为与人类现代生活息息相关的生活方式或人际交往的方式，也有的成为新的时代人们的文化创造与结晶。如何从那些尚未获得人们高度重视的文化现象中寻觅到有价值的原生态文化遗存，确实是比较困难的。越是那些文明开发较早、现代文化比较发达的地域，原生态文化的遗存就越少。而那些可能存在原生态文化遗存的地区，又往往呈现为不同样态原生态文化的交融与杂存，为人们辨析其价值与特性带来困难。

　　首先，辨析何为原生态文化是有困难的。作为原生态文化样态的基本价值，是在其具有的原始形态的层面上体现的。虽然无论任何文化与艺术的样式或品类，均可以在原生态文化中找到其影子，或者基因传承的标本，但原生态文化体现出的应当是一定群落本原文化的样态。而那些已经得到较多人为的加工与改造，发生了较明显的形式演变与内涵充实的文化或艺术样式，均不应称之为原生态文化。但在事实上，人们对原生态文化的界定，只能是一种相对的尺度。作为最纯正的原生态文化，似乎并不存在。一切属于原生态文化的品类，即使再为原始和纯正，也不会不受到世世代代各种文化或多或少的影响与制约，而在不同程度的影响与制约下，即使属于最典型的原生态文化，也会在岁月的延宕中出现这样或那样的变徙。因此，我们当下对原生态文化的认定，一般是指那些在历史上变徙较少、未曾获得较明显的人为的加工与改造、基本保持了本原状态的文化样式。

　　进而，认识原生态文化的价值又是困难的，其困难主要在于人们在认定原生态文化价值的过程中，会受到多方面因素的制约，一是与人们认识的能力有关。有的文化样态可能原来在人们看来没有太大价值，但通过来自更为深入的研究与探索，逐渐认识到其具有更为重要的价值。二是与原生态文化的本来文化含量有关。之所以将原生态文化称之为"文化"，是因为该样态已经浸染与凝结了一定含量人的创造的因素，呈现为人类早期发展的文化形态。一些文化含量较高的样态容易为人们发现和认知，而一些表面来看文化含量不高的样态则容易被忽略，但这种样态可能并非没有价值。三是与特定的时代有关。存在于一定时代的原生态文化现象，由于其可能发生的文化演变，其价值也就发生了变化。文化是一定时代的产物，每个时代均具有每个时代的具有典型代表意义的文化成果，每个时代也会将一些具有原生态文化意义的现象产品予以提升，使之成为新的具有更为丰富的文化或艺术样式。因此，在每个时代，一些原生态文化被同化了、消失了，一些原生态文化依旧存在，如何辨析这种文化现象，也是具有较高难度的。四是与社会环境有关，存在于不同地域环境之中的文化现象，原生态文化的价值是不等的与可变的，作为原生态文化现象，有时与特定的社会环境关联特别密切，由于社会的需要，一些本属于原生态的文化现象获得改造，成为具有更高层次的文化样式，有的则仍旧尘封于民间，或者以活态的形式存在于民间的生活之中，于是，失去了原生态价值的文化样式可能获得新的文化价值，而那些尚未获得新的文化提升的原生态文化样式则会继续在民间存活，延续着原生态的样式和价值。

二 判定原生态文化基本价值的原则与标准

如何判定原生态文化样态的基本价值，是一个十分复杂的课题。首先，人们应当获得一个能够共同认可的基本原则。进而在这一原则的基础上确立具体的标准与尺度。尽管这一标准与尺度可能只是相对合理的，但人们仍有必要对其予以充分的论证，力图找到可能获得认识相对统一的路径。

判定原生态文化价值，需要把握一定的原则。

第一，是否对凸显本民族文化特色具有重要的作用。通过对该民族文化基因的认知，以及该民族与其他民族的文化差异的剖析，能够准确把握该民族文化的基本特性。

第二，是否对研究该民族文化传承具有突出的意义。通过对该文化样态蕴含的与该民族当代文化一脉相承的元素的认识，深刻洞察该民族的文化特性与传承规律，有助于推进当代文化的发展。

第三，是否对周边地域或民族文化具有积极的影响。通过对该民族原生态文化中基本元素与其他民族文化交融的考察，探寻其文化的辐射力与化合力，从而确认该民族文化的基本地位。

上述原则，可视为判定原生态文化价值的基础，而对原生态文化样态基本价值的认定，还应掌握更为具体的标准。

其一，对该民族文化内蕴表现的独特性。民族文化的丰富性蕴含于十分广泛的文化活动以及具有文化意味的日常生活之中，特别是在一些生活习性、习惯之中，也通常具有突出的文化特点和丰富的意味，正是这些氤氲于日常生活之中的文化要素，体现出丰富的原生态意味。这种原生态文化的丰富性以及特色，主要表现为该文化样态中文化元素的独特性、丰富性，甚至唯一性。至于那些属于本民族文化无意识的表现，更是浸透于社会文化的方方面面，对人们的生活习俗、生产方式、人际礼仪、伦理规范、道德约束、建筑家居、日用饰品等均具有突出的影响，有时表现出十分鲜明的特色，有时则以隐形的方式存在于社会生活之中，成为每个民族文化的血脉和精神生活的组成部分，规范与制约着该民族每个成员的行为方式和生活方式。因此，凡是具有突出的文化内涵的文化遗存，便可以认定其价值的存在。

其二，对特有的审美精神展示的丰富性。民族文化中不可缺少的审美文化的元素，应在原生态文化有着丰富的体现。审美文化元素通常与其他文化元素同步发展，从一体到逐渐分化，成为特有的文化样态，在各民族的社会生活中具有十分重要的特点，影响与引领着社会文化的发展进程。特别是审美文化中的艺术活动及其产品，具有浓郁的地域特色，是在人们的生活与生产活动中派生出来，与人们的爱情、生活、战争、宗教等均具有密切的关系。审美文化元素的丰富与否，标示着该民族文化样式的基本状况。如果作为原生态文化的艺术样式经由人们的加工与制作，成为人们获得共识的文化制品，其原生态的文化结构与品格也将发生变化，获得提升，成为民间艺术，或者典雅艺术。而作为那些未得到人们刻意加工与制作的样式，方可以称之为原生态艺术。作为原生态艺术，人们可能完全是出于生活与生存本能的需要而创造的具有一定审美意味的形式，这种形式便成为人们所称的艺术。但由于这样的艺术是在不属于人们自觉和理性的审美创造的前提下制作的，因此应属于原生态艺术。一旦经过较多的人为加工，其原生态的意味就会发生变化，成为人们创造的艺术。

其三，与该民族当代生活内在连接的有机性。原生态文化的价值，与当代人们的生活与社会发展息息相关，特别是由于文化传承的需要，人们对生活与理想追求的精神活动，要从传统的特别是原生态文化中汲取一定的营养和元素。从本民族的文化根基中摄取营养，既是连接民族情感、民族文化基因的必需，同时对民族思维方式、民族心理、民族情感等具有重要的传播与延续的效应。人们的生活不是起始于没有根基的半空，任何民族的文化均经过世世代代的链接与传承，其潜意识的熏染与各种文化的影响，既是无法回避的，也是不可能中止的。在漫长的文化传承中，其文化元素均会发展与变异，但是，属于一些最为基本的元素是潜隐于该民族每个成员的精神生成，甚至成为无意识的存在，世世代代作用于人们的精神。因此，这些属于民族文化基因的元素，是连接民族意识、建构民族精神的基础。

其四，与原始宗教、原始群落生态环境链接的契合性。原生态文化中的原始宗教的成分与元素，也是判定其文化价值的重要标准。原始宗教与原始巫术密切相关，是原始部落人们对人与自然以及人们自身的朴素的认知，浸透着人们的精神与情感，反映了当时人们的认知能力以及思维方式，特别是原始巫术或宗教活动中一些具有强烈形式表现的因素，更是与当时社会人们的生活与生产活动的许多方面密切相关，是原始文化的集中体现。各民族原始宗教不仅是该部落各种文化的集中体现，还为该民族文化的发展集中和凝结了巨大的精神资源，成为该民族精神传承与文化繁衍的重要表征。它不仅属于文明时代宗教的重要源头，而且构成审美活动及其许多文化活动的重要起因。人们在各个时期重要艺术活动以及其他活动中精神与内涵的表现，或者形式的凝结与提炼，均与原始宗教息息相关。因此，考察原生态文化样态中的宗教意识以及表现形式，同样也是认知其价值形态的基本方式与标准。

三 原生态文化与相关文化形态的异同

认识原生态文化的价值，又需清晰地梳理作为文化形态的原生态文化与其他相关文化形态之间的关系。通过梳理，不仅可以厘清各种文化样态之间的界限，同时可以认识其间的联系与区别，由此，作为原生态文化的基本价值便可以在比较中得以凸显。

（一）原生态文化与民间文化价值之辨析

认识原生态文化的价值，必须区别原生态文化与民间文化的界限。如果将民间文化与原生态文化混为一谈，容易出现一些假象，特别是一些经由人们加工与创新的文化现象，已经成为民间文化的构成，但由于其表面显现出较丰富的文化内涵，因而容易被人们误认为属于文化价值较高的原生态文化。作为原生态文化的价值体现，与民间艺术一样，同样也有艺术的和创造的因素，但并非理性的、刻意的、人为的加工，而是人们在生活与劳动中自然的和出于生活与情感表现的需要生成的，这应成为原生态文化与民间文化的重要区别。而判定原生态文化中的文化价值的高低，也不应与判定民间文化或艺术基本价值的标准完全一致，原生态文化的基本价值，有时具有时间的积淀性，是在相当长的时期里逐渐凸显的；有时具有形态的潜隐性，不在表层予以显现；有时具有内容与形式的融合性，两者难以区分。民间文化或艺术的文化价值则不同，一般均在特定的时间与空间中加以呈现，同时以其鲜明的形式特征与精神内涵实现其审美的提升。具体来说，将二者加以比较，呈现出如下特点：其一，民间文化已经予以较大的加工与改造，原生态文化一般保持原有的样式，或者保留了特有时代的样式，而这个时代已经远离今天的时代；其二，民间文化对人的精神予以提炼升华，表达人们的审美意愿，原生态文化通常不是人们单纯地表现人的审美欲求，而一般是与其他社会活动交织在一起；其三，民间文化一般对生活的表现比较集中，具有人的制作性，以及明显的提升的意味，原生态文化则重在表现生活的本来样态，具有自然生成性；其四，各个时代均具有自身时代的民间文化，但原生态文化一般属于以往的时代。一般来说，当某种文化发展至一定程度而停止其发展的脚步，并且以其大体不变的形态长期传承，也就具有了原生态的特点。

有的经过加工的文化现象与样态来源于原生态文化，由于经过人们的加工与处理，成为新的文化样式，例如民间文化。但其作为文化的价值与意义已经不能再置于原生态文化的层面上予以认知，而是应当进入新的高层次的文化活动系统加以研究，而那些未经由加工创新的文化样态，以及尚处于原生态文化层面的样态反倒可能具有更久远的原生文化价值，因此，应当厘清原生态文化与民间文化的联系与区别。原生态文化与其他文化既具有十分突出的特点，又都是社会文化的发展的结果，都是对人类文化的传承与发展。

在此基础之上，人们不难看到，得到提炼和升华的民间文化的审美价值一般优于原生态文化，但原生态文化的文化价值未必低于民间文化；对民间文化的利用与开发一般优于原生态文化，而对原生态文化的开发与利用则需要慎之又慎。对民间文化来说，只要不是扭曲与颠覆，均可做出各种形式的开发，即使对既有的民间文化予以一定程度的改变，也属正常，民间艺术便是在不断的变异之中发展至今的；对原生态文化则不然，任何轻率的开发都可能使之变异，酿成灾难，使原生态文化样态失去存在的意义。

（二）原生态文化与民俗文化价值之辨析

民俗文化是与民间文化紧紧相连的文化形态，两者密切相连，同时具有一定的差异。根据人们的约定俗成，民俗文化更多表现正在活态生存的社会现象，它与审美化生活有一定联系，但一般又不集中表现审美化的生活；民俗文化与原生态文化也有着重要的传承关系，该文化通常表现为原生态文化的变徙与提升，因而往往在民俗文化中蕴含着许多原生态文化的元素。民俗文化一般与当代文化相贯通，原生态文化则处于民族文化的早期或前端，一般不与当代文化直接相衔接，而是由民俗文化充当重要的中介。

民俗文化具有突出的活态性，因而保持其较强的生命力。人们也希望原生态文化在活态中生存，但这是困难的。原生态文化的价值随着社会的发展，仍处于不断变化之中。有的原生态文化在现代文明的冲击下，已无可挽回地走向衰落，这是难以阻挡的；有的原生态文化的价值显得不够丰富，也会失去存在的意义；有的原生态文化转化为其他各种文化形态，往往是难以掌控的；有的原生态文化在发展文化产业的急功近利的意念驱使下，也会迅速失去其本原的价值。因此，原生态文化虽然也具有活态生存的可能，但同时面临诸多的困难，在 21 世纪文明的冲击之下，原生态文化的生存将遇到各种各样的冲击和挑战，使得原生态文化样式难以保持原有的形态，特别是对原生态文化背景中的人们，长期生活于原生态之中，更是十分艰难的。因此，对原生态文化的保护和对民俗文化的保护将长期交融在一起，但又必须认清其性质的差异，以使人们在具体的保护策略、方式等方面有所区别，使原生态文化能够在新的文化背景中得到维系与繁衍。

（三）原生态文化与原始宗教文化价值之辨析

原始宗教是人们在自然科学知识十分缺乏、人们认识世界的能力相对孱弱的社会形态中产生的，它与原始巫术活动密切相连，是原始巫术走向体系化和仪式化的表现。比较原始宗教，原生态文化既可以部分地包容原始宗教文化，同时也有诸多不同。原始宗教既可以理解为原生态文化，因为原始宗教的基本形式与内涵所表达的主题表现了初民们的精神追求与社会理想，但是又可以说，原始宗教文化是在更为原始的文化形态中逐渐发展而成的文化样态，已经与真正原生态文化有了一定区别，是对原生态文化的凝结与提炼。另外，原生态文化包容的文化领域远远超过原始宗教文化，其中包括了与人类生产、生活相关的一切具有文化意味的现象，而原始宗教文化则主要指向初民们的价值观念、理想追求及其对世界和自然的初步认识，更多属于精神层面的因素。

厘清原生态文化与其他文化形态的联系与区别，意在更深入地判定原生态文化样态的价值，以及探寻保护与研究其基本价值的路径。

与民间文化、民俗文化及原始宗教文化相比较，可知原生态文化具有初始性、原创性，同时也具有脆弱性和易逝性，因此，对原生态文化最基本的原则是保护重于利用，研究重于开发。这是确保一些文化事象和活动既受到保护，同时又服务于社会发展和大众需求的权宜之计。

民间文化可以开发，民俗文化也可以适度开发，但对原生态文化一般应当是保护而不是开发。原生态文化具有唯一性，几乎不可能在世间找到任何相同的样式；原生态文化又具有经典性，其作为一定历史和地域文化的活化石，昭示着特有时代和历史的风貌；原生态文化具有突出的脆弱性和易逝性，任何来自外界的影响与损伤，均可能对其带来灭顶之灾。文化管理者在其间的产业运行中务必谨慎，努力使其获得维系本原状态和可持续发展的状态。对原生态的文化的任何轻率开发，事实上都会造成破坏，致使原生态文化遭到消解与毁损。

原生态文化并非没有开发价值，一切原生态的东西都有可能引发人们浓厚的兴趣，投注较大的财力与开发的欲望，而且通过实施商业性开发，可以获得不菲的效益。从一定意义上来看，实施对原生态文化样态的适度利用，是完全可行的和必要的。有时，对原生态文化的适度利用，可以引发人们的注意，在一定意义上有助于原生态文化的生存与繁衍，有利于人们对原生态文化予以更大的扶持；可以为当地赢得较丰厚的经费支持，使得原生态文化得到更好的保护。特别是在原生态文化呈现完好的地区，往往是较贫困的地区，人们出于改变生存状态的强烈愿望，更会急于实施开发，换取眼下的利益，同时也为继续保护原生态文化积蓄资金。但是，确实应当承认，大部分开发都会在获得一定利益的同时，使原生态文化受到不同程度的损坏。人类世界每天都有许多物种消失，原生态文化物种的不断消失也是人们对其滥用与开发的结果。

原生态文化只有在原生态的环境下，才能够得到有效的保护。应当承认，即使是尽力保护，也难免会发生变异，原生态文化的变异，特别是在人为的背景下的变异，是原生态文化的灾难。这种变异与原生态文化在漫长的岁月中自然的、无意识下的变异是不同的，其区别在于，自然的变异表现为因循客观规律的变化，其变异轨迹没有人为的因素和加工的痕迹；而人为地施加影响，则是在人们理性的基础上，有意识地加之于其间的新的文化因素，这样的变异，将在对其实现文化提升的同时，导致原生态文化样态的迅速瓦解。因此，对原生态文化的最好的保护，除了研究的必要之外，不应施加任何人为的影响因素。

从本质来讲，一种文化形态保持不变化是不可能的，特别是在现代文明无处不在、无孔不入的背景下，在当代社会现代传媒与信息、现代交通十分发达的情况之下，原生态文化难免遭到各种因素的影响。为此，人们在其文化样态的保护方式与方法上也应有所区别。

其一，应当对那些具有较高价值的原生态文化样态予以首要的和重点的保护，同时对各种不同的原生态文化样态做出梳理，使其进入保护与研究的序列。

其二，对可能得到良好保护的文化样态尽可能予以保护，同时，对那些难以保护、价值又不是太大的原生态文化样态，可以采取博物馆式的保护与传承方式，尽可能保留其标本或音像资料，形成对此类文化样式的历史的永久记忆。

其三，应当特别重视对传承人的保护。由于原生态文化的许多样式均是经由人的口口相传而得以传承的，因此，对传承人的保护以及地域性的传承人的培养便成为研究与开发的重心。

原生态文化的部分消失，有时是无奈的，以博物馆的理念加以保护，应是最为重要的形式。现代社会下原生态文化样态的逐渐消失和变异，是社会发展很难逆转的规律，正如世界上每天都有众多生物物种走向消亡一样，文化物种的不断消亡也是必然的，难以逆转的。一方面，我们应当付出巨大的努力，使文化物种尽可能多一些留在人间，在可能的条件下使各种文化构成有机的和谐的整体；另一方面，又要尽可能延缓一些文化物种衰落与消亡的速度，使其尽可能为当代和未来社会的发展提供更多的参照和启示。也许，这才是我们认识与保护原生态文化样态基本价值的终极性目标。

第三节　非物质文化遗产的传承与变异①

随着全社会对非物质文化遗产的保护与利用越来越重视，关于非物质文化遗产保护理论与实践问题的研究也在不断拓展。深入认识非物质文化遗产传承和变异关系，以及关于非物质文化遗产的保护与利用，特别是与创新和开发之间的关系，对实施非物质文化遗产的长久保护和科学利用，具有重要的意义。

一　非物质文化遗产的传承性与变异性是矛盾的统一

非物质文化遗产既具有传承性，同时也具有变异性，这是文化发展的客观规律，并非主要由于人的意志而决定。综观社会的各种文化现象，正是在不断变异中前行与发展的。即使是在人类各民族处于相对蒙昧和落后的时代，其文化的传承与变异也是客观存在的。而当人们开始认识到人的因素并将人的因素作用于非物质文化遗产时，既可以促成较快较大的变异，也可以延缓、控制其变异的速度和幅度。

非物质文化遗产的传承性与变异性是矛盾的统一，其间，传承是相对的，在传承中由于各种复杂的原因，必然出现变异；变异是必然的，同样由于各种原因，特别是人为施加的各种作用，势必对非物质文化遗产的传承造成或大或小的影响。面对丰富多彩的非物质文化遗产类种或样态，如何使其得到广泛的传承，获取最佳价值，与其发生变异的状况具有直接的关系，需要人们做出科学的辨析。

关于非物质文化遗产，其实，人们在历史上早已有所认识和予以积极的传承，例如诗经、汉赋、唐诗、宋词、元曲、元明杂剧、明清小说，无一不是属于非物质文化遗产，对这些文化遗产的重视和保护早已成为国人的共识。即使是在历史的特殊时期遭遇到文化的劫难，人们仍将这些文化遗产视作民族的珍宝。而在当代，人们再次唤起对非物质文化遗产的重视，主要是指那些以往未能引起人们珍视、不断衰落且濒临消亡的非物质文化遗产的类种或样态。

---

① 本节主要内容已于 2012 年第 1 期《齐鲁艺苑》刊载。

　　非物质文化遗产具有重要的传承性价值，在于它作为一定民族和地域人民大众文化的基因，需要通过传承方能使文化得以延续。非物质文化遗产一般呈现为民族性、地域性、文化性、审美性、社会伦理性等基本特性，同时又具有易于破碎、易于变异、难以再生等独具的特征。

　　在历史的文化长河中，非物质文化遗产既有传承，又有遗失。较多非物质文化遗产类种或样态延续至今，绝不是偶然的。它们经受了各种磨砺，其中，有的在社会大潮中失去了存在的价值，逐渐走向消失；有的尚具有一定的生命力，但是由于各种文化的冲击，难以抵挡当代文化的冲击，或发生变异，或遭到湮灭。在大量属于非物质的文化遗存中，尚存有丰富与厚重的文化价值，它们经由历代积淀，已成为各民族的文化基因，不仅在过去，而且在未来，仍具有十分重要的参照性和渗融性意义。其间既有优秀的和比较优秀的，也有不够优秀的文化遗存，甚至有的属于某个时代的糟粕。即使一些不够十分优秀、具有一定消极因素的非物质文化遗产之中，也时常含有一定的表现该民族文化特质的元素。一部文化发展史，就是一部不断推陈出新的历史。部分非物质文化遗产的逐渐式微和衰落是不可避免的。这种式微和衰落，一方面是由于社会与时代的发展，使得一些非物质文化遗产样态与当代社会大众需求不相适应，因而不能不显现出颓势；另一方面，由于其文化或审美的含量相对偏低，使得该非物质文化遗产被社会所遗弃。事实上，在文化史的进程中，每个时代都有大量的文化类种走向消亡，一些文化遗产、非物质文化遗产的衰落与消失都是正常的，这正是文化发展新陈代谢的客观规律使然。但是作为具有较高价值的非物质文化遗产，每一项物种的消失，对人类文化都是一个损失。更多文化遗存的消失，当会对人类带来巨大损失。正是基于这一意义，人们愈加感受到对非物质文化遗产予以珍视和保护的重要。

　　非物质文化遗产又具有突出的变异性。其变异，是指特有文化类种或样态性状的变化与异转。在社会整体性文化发展中，变异是必然的。没有变异，就没有发展。但作为整体文化中的非物质文化遗产，则应另当别论。当某种文化样式或类种已经失去当代社会大众的审美与文化需求和市场竞争力时，也就自然进入非物质文化遗产的序列。面对这些文化遗产，人们时常会在传承与变异的矛盾中感到纠结。非物质文化遗产的传承不可避免地会出现变异，人们有时希望其不加改变，能够得到完好的传承，有时又期望通过变异，获得更大的生命活力。而在事实上，由于非物质文化遗产所具有的特性，大部分非物质文化遗产的类种或样态已经难以通过变异和改造获得新的生命，较大的变异只能造成对原有质素的扭曲和改变。正是因此，人们迫切要对大量非物质文化遗产实施保护，使其不致出现过快过大的改变。

作为非物质文化遗产文化样态的变异，主要有几种走向。

其一，走向衰落。即一些非物质文化遗产逐渐失去其存在的生态环境和基本的生存方式，被人们遗忘和抛弃。其根本原因，往往与该非物质文化遗产类种或样态与一定时代人们的生活方式和文化需求不相适应有关。

其二，获得提升。即伴随社会与时代的发展，诸多非物质文化遗产文化样态一方面不断淘汰那些非主流的、无用的、消极的元素，而使一些主流的、有效的、积极的元素得以张扬和光大，从而促使其内部出现积极的裂变，发展成为具有更多崭新意蕴的文化类种或样态。

其三，与其他样式融合。即在传承过程中，许多相近和相关的文化样式及其元素影响和作用于该非物质文化遗产产样态的发展，或者该非物质文化遗产样态与其他文化样式处于同一生存平台与环境，出现双方的相互影响与融合，而当这种交融发展到一定程度，就会发生一定的质变，成为一种充满鲜活元素的文化样态。

变异从来就具有两重性。一方面，具有积极作用，可以使得某些文化遗产起死回生，重新焕发活力，在新时代文化活动中发挥作用；另一方面，则具有破坏性，可以加速文化遗产的衰落。作为非物质文化遗产的变异，虽然积极效应与消极效应同在，但是，其消极效应明显大于积极效应。由于其内在的文化素质与当代文化的隔膜和难以衔接，非物质文化遗产样态不仅与其他文化样态难以实现融合，在其内部出现转换与提升也属不易。作为非物质文化遗产的文化样态的变异，大都会导向自身的衰落，这是一个人们不愿承认但又不能不正视的事实。

促使非物质文化遗产发生变异具有以下几个因素。

其一，内在因素，即内在文化传承的规律。各种文化样态均具有自身内在的发展规律，这是由其自身文化建构、意蕴积淀以及形式因素所决定的。当其内部构成不能适应社会发展以及时代需求时，自然会发生变异。其变异朝着不同方向前行，或者走向衰落，或者走向新生。在人类文化发展史上，已有无数的文化物种消亡，同样也有无数新的文化物种诞生，均是这种变异的表现。而作为非物质文化遗产，其内部建构已缺乏积极的动力和鲜活的气息，因而更加难以催生新的元素。

其二，外在因素，即生态变化、人为影响等各种因素。造成文化物种变异的更多因素来自外部。生态的变化，是促成文化物种发生变异的至关重要的因素。这一因素主要是指文化物种赖以生息的人文与自然环境，以及与其他相关物种的相互依存与链接。文化生态环境的变化，促使文化物种的衍变，当环境已经不再适应某一物种生存时，该物种自然趋于衰落直至消亡；人为影响，更是致使文化物种发生变异的重要因素。在历史上，凡是某种文化样态获得繁盛，总是基于人的需求进而得到人们的积极扶持和创新；而某种文化样态走向衰落，也通常与人们不再需求、失去人的驱动有关。而在有时，作为人的促动，既会造成积极效应，也会造成消极后果。既可以促使该文化样态向着更为完善、完美的方向发展，成为新时代人们需求的样态，也会通过人为的作用，使得该文化样态失去原有的品格，一步步走向衰落。特别是当代，在文化产业发展的大潮中，如果不加区别地将一些属于非物质文化遗产的文化样态予以较大幅度的改进与创新，就会促使该艺术样态发生极大变化，有时虽然可以生成某种新的文化作品，但更多会逐渐改变或失去其本原的内涵与特质，使得人类失去一些本来可供世人长期借鉴和参照的文化与艺术样态。

综上所述，对非物质文化遗产的变异可从两方面来看待。第一，文化或艺术样态的变异是文化发展的客观规律。不变是不可能的，文化的进程，就是不断大浪淘沙和推陈出新的过程。其中较多是朝着好的方面发展，同时不排除一些变异对文化样态的扭曲或损害。而作为非物质文化遗产的变异，则是损害大于建设；第二，非物质文化遗产样态的变异，更多是由于其文化样态内在发展和传承规律使然，同时不排除人为的作用。特别在当代，文化的发展使得人们具有更多操作与驱动文化的可能，可以由人的作用推进和调控文化的变异与进程。传承中有变异，变异中也有传承。除非进入博物馆予以专门保护，各种非物质文化遗产样态要做到完全不改变其基本性状是不可能的。在文化产业的进程中，创新与开发即为变异。大部分文化样态均须通过不断创新，获得新的生命，市场与产业开发正是文化发展的强大推手。有些文化样态即使不加以产业开发，而是处在民间的正常传承中，也会发生一定的变异。现代社会强势文化的影响与进入，均会对非物质文化遗产的性状造成这样或那样的侵蚀，使其发生变异。变异是绝对的，不变是相对的。对非物质文化遗产的保护，就在于尽可能地使其较少发生变异，或者将其变异的过程控制在十分缓慢的状态。

二　非物质文化遗产的价值辨析与科学保护

认识非物质文化遗产传承与变异的特有规律，旨在面对非物质文化遗产客观存在与人类需要的现实，为人们实施保护与利用提供依据。特别是当人们面对开发的诱惑、处于两难之时，更需要对不同类种非物质文化遗产的生态状况和保护方式做出科学的辨析。

洞悉不同类种非物质文化遗产传承与变异的基本走向，不难发现，任何文化类种与样式的兴衰与变迁，均取决于该非物质文化遗产类种的基本价值。科学认知不同非物质文化遗产类种的价值体系，方能在传承与变异的坐标上找到其合理的位置。

应当看到，并非所有非物质文化遗产都具有重要的价值，或者都具有同样的价值。总的来说，非物质文化遗产一般具有历史价值、文化价值、审美价值、科技价值等。其中一些非物质文化遗产样态可能同时具有多种价值，且价值较高。凡是在民族发展以及文化和审美、科技等方面具有较大含量、能够产生较大影响的非物质文化遗产类种或样态，均属于具有较高价值的遗产。而作为不同类种的非物质文化遗产，又可能在某些方面具有更为突出的意义。有的主要具有历史的考察与认知意义，有的具有重要的民族与民俗文化的传承意义，有的具有突出的审美和艺术的鉴赏价值，有的则具有丰富的科技创新或科技史意义。通过对非物质文化遗产内在文化含量层次和深度的分析与甄别，可以确认该非物质文化遗产类种或样态的历史价值以及对当代和未来的辐射性价值。

大多具有重要历史价值、当代价值的非物质文化遗产类种或样态，均会逐渐凸显其当下乃至未来存在的意义。一切尚有存在价值的非物质文化遗产样态，都应得到足够的重视，获得有效的生存空间。但是，当下不少非物质文化遗产样态的生存已陷入困境。大量非物质文化遗产类种或样态濒临衰落，有的不久前还显示出骄人的优势，近年来却迅速下滑，处于门可罗雀的境地；有的在早已显现出颓势的基础上，只能依靠极少数传人的拼争，维系其生存；还有一些非物质文化遗产样态，随着传人的相继逝去与后人不能接替，堕入即将失传的困境。面对当代时尚文化和科技文化的巨大冲击，以及市场文化的竞争，各种非物质文化遗产类种和样态面临着巨大的生态危机，许多非物质文化遗产样态的生态链发生断裂，生存空间遭到挤压，特别是以大众和民间为基础的生存土壤日渐瘠薄，难以抗衡汹涌而来的当代文化大潮。如果不加以有效的保护，各类非物质文化遗产均会以以往任何时代所没有的速度而走向衰落，这是令人十分警惕的。

为了对那些具有较高价值的非物质文化遗产予以更好的保护和利用，需要做大量艰苦的工作。

首先，应当界定某种文化样态是否属于非物质文化遗产，以及科学判定其基本价值。按照一般的规则，凡是被人们视作遗产的文化类种或样态，即属于已经失去或基本失去当代社会活力的文化样态，否则不应视作文化遗产或非物质文化遗产。它们属于已经过去的时代，而不属于当今。它们在其文化内涵、审美形式或精神意蕴等方面，主要表现出对以往时代及大众需求的适应，而今已经基本完成了它的历史使命。对大量尚具有丰富的生命活力、可以在人类当代社会生活中继续发挥作用的文化样式或类种，则不应视为文化遗产或非物质文化遗产。做出这样的界定是重要的，它直接关系到应对某一文化类种或样态持何种态度以及采取怎样的举措。

一般来说，凡是已经进入非物质文化遗产序列的文化样式，均不应使之发生大的变异。其理由是，第一，作为非物质文化遗产，其内在的文化元素蕴含于该文化类种或样态的形式与结构之中，其价值的体现主要在于使人们可以从中借鉴和汲取各种文化元素，一则有利于当代文化建设，同时对文化的持续发展提供源源不绝的素养，而不是直接作用于当代人们的观赏需求。如果动辄加以改造与创新，加快其变异，势必造成原有的文化内质发生流失或改变，切断人们与过去时代众多重要文化元素的链接，造成与民族文化传统的阻隔；第二，凡属非物质文化遗产的文化样态一般均已失去市场的竞争能力，失去当代大众的普遍喜爱，因此显得十分脆弱，如果贸然加以产业化创新与改造，极易产生大的破坏。同时由于其文化内涵不再适应当代社会大众的文化需求，即使经过改造可能获得些许市场收益，但其产业价值也不会过高，而且经由改造创新必然会对文化样态造成一定损害，权衡利弊，常常是得不偿失。

其次，对已经确认的非物质文化遗产的类种或样态，应当在尽力稳定和避免发生过大变异的前提下，凸显其应有的价值。

当下许多人一方面希望非物质文化遗产能够得到有效与完整的传承，同时又希望更多非物质文化遗产类种或样态通过创新与改进，获得新的生命活力。在此，人们面临着两难选择。促使非物质文化遗产的较大变异，注定会损害非物质文化遗产样态的本原特质；而不对非物质文化遗产做出改进与创新，其生命力将会逐渐衰退。

应当看到，所有非物质文化遗产均可能出现变异，而人为的作用，既可以延缓其变异，也可以加速其变异。如果作为正在发展中的文化样式，或者尚具有一定生存活力的文化样式，当然可以让其在文化大潮中发展和搏击，获得自身的发展。然而，这样的文化样态一般不属于非物质文化遗产。作为非物质文化遗产的文化样态大都失去了自我发展的能力，难以在当代文化大潮中显现其活力，如果任其在市场拼杀，只能加快走向湮灭。正是基于此，人们应为其确认更好的价值体现和生存方式，即予以保护，而不是施以普遍的改造和创新。当然，对其间某些仍具有一定活力的文化样态，完全可以通过适度的加工与改造，使其获得新生，重新赢得市场，在文化产业中焕发活力。而如果违背客观规律，将那些本来已经不具有当代活力的文化样态勉强加以改造或开发，就会导致非物质文化遗产的更大变异。其变异的结果，可能会使其演变成为另外一种文化样态，失去其本来的特征与元素，也可能走向更快的衰落。这样两种结果均会使非物质文化遗产类种或样态的基本价值遭受损害。

最后，避免产生较大变异的主要举措即对非物质文化遗产实施有效的保护。

对非物质文化遗产予以保护，是因为在这些文化样态中尚存在大量珍贵的元素，不仅代表了一定时代文化的瑰丽，而且可以为当代文化所借鉴、为未来文化发展所汲取。保护，就是努力使其延缓变异的速度与幅度，尽可能地保持既有的样态；保护，还意味着要像珍爱自己的眼睛一样珍爱非物质文化遗产，不使其受到过多外在因素的影响，既要防止较多时尚文化、当代文化的侵入，更要防止人为作用的干涉与改变。

对非物质文化遗产的保护，最重要的是保护、恢复和重建非物质文化遗产类种或样态的生态空间。其一，培育非物质文化遗产类种的接受群体，即对一些非物质文化遗产类文化有较好基础的地区施加各种政策和影响，鼓励和倡导人们更长久地热爱非物质文化遗产、操守与传承非物质文化遗产；其二，建立非物质文化遗产生存的良性环境，为各种非物质文化遗产类活动的开展、各种传承方式的推出广开绿灯；其三，培养非物质文化遗产的传人，特别是对那些濒危的非物质文化遗产样式，应当尽快培育传人，为其有效传承奠定基础；其四，事关非物质文化遗产的创新与开发，务必十分谨慎，其创新应在不伤及非物质文化遗产样态基本性状的前提下方可进行。

　　应当遵循科学的理念，采取有效的举措。其中，博物馆保存和活态保存是两种最基本的保护方式。通过博物馆式保护，可以使非物质文化遗产样态进入严密监控、严格管理的范围，基本做到不发生变异；而对一些说唱类、演艺类非物质文化遗产，活态化生存是人们普遍认为较好的保存方式。它有利于传承，有利于对大众的展示和播扬，但也有着不利的方面，例如不易操作、较多受到外在因素或人为因素的干扰与影响等。事实上，任何活态化保存都是相对的，只要处于当代社会环境之中，无论如何实施封闭性管理，各种现代文化的影响均会进入，非物质文化遗产样态势必发生一定的变异。活态保存的基本理念在于应当通过人们的控制和调节，使非物质文化遗产样态尽量抵御和化解外在因素的影响，延缓变异的速度，减少变异的幅度。其间，适度的利用对非物质文化遗产保护是有利的。例如某些演出或展出，对非物质文化遗产的传播具有积极的意义。有时施与一定的创新也无可厚非，它是对该类非物质文化遗产样态在传承过程中必然出现一定变异的认同，但是这种变异应以不改变其基本性状为前提。

三　正确处理非物质文化遗产的保护与利用、创新与开发的关系

　　为了防止非物质文化遗产的较快和较大变异，在对其实施保护中，应当处理好保护与利用特别是与创新和开发的关系。

　　在当代，基于对非物质文化遗产传承和变异的科学认知，人们从来也没有像现在这样对非物质文化遗产的保护与利用予以如此高度的重视。但与此同时，也出现了新的思维误区，即对非物质文化遗产的利用、开发重于保护。

　　作为积极倡导对非物质文化遗产予以开发或利用的人们，其出发点主要是：其一，为一些非物质文化遗产样态找到可以起死回生的途径。

许多人对一些文化艺术样态具有十分深厚的感情，难以接受某种文化样态进入非物质文化遗产序列、业已失去在当代社会和文化中竞争力的现实，试图经过自己的努力，重振雄风，使其获得更高的生存价值；其二，试图通过对非物质文化遗产样态的开发，促进文化产业的发展。特别是在有的地区或部门，当人们看不到其他方面文化产业形态尤其是创意产业发展优势的时候，只好寄希望于对非物质文化遗产的开发、创新和利用。作为非物质文化遗产的属地，人们往往渴望借此获得社会的广泛关注，并通过文化创新和经营性开发，取得更大的经济效益，改变该地区经济落后的面貌。

诚然，创新永远是社会发展的主调，我们不排除对某些非物质文化遗产类种或样态予以创新与产业开发的可能，但是所谓创新，是在既有文化基础上做出富有价值的改进，一则是对一些本来不具有较高文化特质的类种或样态的改造，二则是对那些已经具有一定活力但尚有较大潜力的类种或样态的提升。而作为非物质文化遗产，大都已经失去当代市场的竞争能力，以及大众的普遍需求，在这样的基础上加以创新，极有可能损害该文化样态的内在基质，同时也难以在当代文化产业中产生较大的效益。

当代文化产业呈现为两种重要的形态：其一是以资源型开发为基础的文化产业；其二是以创意活动为基石的文化产业。前者往往以本民族本地区的各类文化资源包括非物质文化遗产的开发作为发展的重心，虽然在一定时期内可以创造突出的效应，但是，从宏观的视野来看，很难获得长期的持续发展。特别是非物质文化遗产的开发，更难以获得较大的效益。而在当代文化产业中起到主导作用的，只能是创意产业。创意产业以高新科技为龙头，以丰富和多元文化的交融为特色，既符合当代社会大众的欲求，创造巨大的经济效益，同时也具有丰富的拓展前景，因此可以说，创意产业才是文化产业的主导与核心。

我们十分理解一些地区人们的情感和欲求，依靠资源性开发发展文化产业，不失为当前贫困地区的首选，但是，对同属于文化资源的非物质文化遗产则应另当别论。对非物质文化遗产的创新与开发具有很大的风险，如若希冀那些属于以往时代的文化样态在当代文化进程中获得较大发展，几乎是不可能的。同时，对非物质文化遗产样态的产业化改造与开发，势必出现对非物质文化遗产的严重扭曲和伤害，导致原有文化元素的变异与消解。利用也是为了更好地保护。坚持第一是保护、第二是利用的理念，应成为非物质文化遗产保护不变的方略。

对非物质文化遗产的利用主要表现在以下几个方面：

首先，对非物质文化遗产最好的利用就是研究。通过研究，可以提取更丰富的民族文化的质素，促使其有效地传承，为当代和未来的文化和艺术的发展提供积极的素养。非物质文化遗产样态大都凝结着某一民族或区域的文化精神，代表着某个时期文化创新的成果，铭刻着一定时代的文化内质，其中，既蕴含了该时代人们的思维特点、审美情趣、创新手段、形式特点等，同时也凝聚着该时代的生态环境、文化土壤以及相关文化之间的联系。正是这些十分难得的元素和特色，为当代人们提供借鉴和启示，使得当代文化活动源源不绝地融入以往时代的文化元素，不仅大大促进文化的创新，同时使得当代文化和未来文化的发展永远植根于丰富与厚重的民族文化土壤之中。

其次，是各种形式的表演与展示。亦即通过各种形式的对非物质文化遗产样态及其形成与运作方式的展示，使得大众获得更多对传统文化的熟悉与认知。无论是说唱与演艺方面的表演，还是造型艺术方面的展示，其形态和方式可以多样，但展示的目的均在于对非物质文化遗产内在意蕴和形式特点的播扬，使得人们在对民族优秀文化传统的体验和认知中获得精神陶冶和文化修养的提高。

最后，是有条件的创新与开发。如果该类非物质文化遗产尚具有一定的生命活力，令其在当代文化建设甚至文化产业中继续发挥一定作用是可行的。但是，应当主要将其定位在社会服务和文化传承，而不是任其在产业领域和市场上搏杀。即使实施创新与开发，也应坚持必要的原则，予以有效的调控，不可任其在文化产业的浪潮中沉浮。

一是有选择的原则，即对非物质文化遗产样态应严格审视，选择那些有一定市场价值和潜力的样态和品类予以开发。某些非物质文化遗产类种或样态可与当代文化、时尚文化甚至外来文化的元素实现融合，使其增添更多新的元素和活力，成为适应当代社会需求的文化品种，获得新的生命。由此可以设想，对某些非物质文化遗产类文化类种或样态，不妨采取两种方式并行的策略，即两条腿走路的方式：其一，严格保持其原有的样态，控制其不发生变异。其二，允许对其进行有条件的改进与开发，使之有利于当代社会的大众需求。无论其发展到何种程度，也不应伤及非物质文化遗产本体。如若成功，会脱离原有的非物质文化遗产本体，发展成为一种新的文化样式；如若不成功，可令其自生自灭，至少对非物质文化遗产本身性状不会产生更大的影响。

二是慎重的原则。即在创新与开发过程中，实施走一步看一步的策略。一旦发现对该非物质文化遗产样态可能造成一定危害，就应立即中止，或者调整策略，再行开发。

三是适度的原则。即在创新与开发中应做到适度，或曰适可而止，以不改变非物质文化遗产样态的基质为准则。对非物质文化遗产的任何改造与创新，均会造成一定的变异，如若不伤及非物质文化遗产的本质特性，其变异则是可以理解和接受的，如若开发无度，造成对非物质文化遗产本体的扭曲和裂变，则是不能容许的。

对非物质文化遗产的保护应当成为全社会的共同使命。它既属于国家和政府的主导行为，也属于社会每个成员的责任。国家应以法律、行政、经济等各种形式和手段，将对非物质文化遗产的保护置于社会发展的重要位置。而作为各类事业和企业部门的人们，也应形成保护非物质文化遗产的自觉意识，在政府的指导之下，共同承担起保护非物质文化遗产的历史任务，使得民族优秀文化遗产得到持久传承和科学利用。

第四节　确立非物质文化遗产保护的科学理念[①]

在非物质文化遗产保护的时代进程中，一直存在利用与开发的讨论与争议。究竟是重利用，还是重开发，或是两者并重，成为人们思考的核心问题。其间既有理论的争论，也有方法路径的相左。问题的表层，似乎体现为不同角度的见仁见智，但实质则在于对非物质文化遗产保护理念认识的差异。在非物质文化遗产保护事业日渐深化的进程中，对其深入辨析，有助于该项活动科学和有序地进行。笔者认为，在当代非物质文化遗产保护中，应当强化保护、传承和利用的理念，而对开发则应慎之又慎，唯有如此，才能使非物质文化遗产保护事业获得坚实的基础

---

① 本节主要内容已于 2014 年第 4 期《齐鲁艺苑》刊载。

和有力的保障。

一　非物质文化遗产的基本特性

实施对非物质文化遗产保护的科学化管理，需要对非物质文化遗产的特性有着清醒和明晰的认识。特别是在非物质文化遗产保护中，面对重利用还是重开发的抉择，正是对非物质文化遗产本质特性认知不同的体现，考量着人们的理性意识与科学精神。

将非物质文化遗产作为专门的文化样态加以保护，是人类近二十余年以来的事情。在此之前，对文化遗产的保护早已进入人们的视野，确认了对待传统文化的重要原则。我国自新中国成立以来，也在保护文化遗产的工作中付出了巨大努力，取得了文化遗产保护的重大成绩。而在文化遗产保护广为人知的时候，人们又专门提出对非物质文化遗产保护的重要课题，其意义是非凡的。显然，对一般文化遗产的保护还不能替代对那些属于非物质文化遗产的保护。一方面，要将一些属于非物质文化遗产的项目从一般文化遗产中分离出来；另一方面，又要将那些本不在人们关注范围之内的属于非物质文化遗产项目的保护提到重要的位置。认识非物质文化遗产与一般文化遗产乃至其他遗产的区别，采取不同的保护措施，更具有重要的当下性。

正如世界联合国组织 2003 年 10 月 17 日通过的《保护非物质文化遗产公约》中指出的那样："保护指确保非物质文化遗产生命力的各种措施，包括这种遗产各个方面的确认、立档、研究、保存、保护、宣传、弘扬、传承（特别是通过正规和非正规教育）和振兴。"[1] 也正如我国 2012 年通过的《中华人民共和国非物质文化遗产法》所指出，"国家对非物质文化遗产采取认定、记录、建档等措施予以保存，对体现中华民族优秀传统文化，具有历史、文学、艺术、科学价值的非物质文化遗产采取传承、传播等措施予以保护。"[2] 在此，文件突出强调了对非物质文化遗产的保护，以及在保护的基础上对各种非物质文化遗产样式中具有价值的因素的传承和利用，其中主要包括对非物质文化遗产项目的研究、传播和教育。

---

[1] 《联合国教科文组织〈保护非物质文化遗产公约〉基础文件汇编》，外文出版社 2012 年版，第 10 页。

[2] 《中华人民共和国非物质文化遗产保护法》，法律出版社 2011 年版，第 7 页。

　　而实施对非物质文化遗产项目的开发，相关机构及其文件则审慎地提出了意见和警示。2008 年 6 月《公约》缔约国大会第二次会议通过、2010 年 6 月第三次会议修正的《实施〈保护非物质文化遗产公约〉操作指南》第 102 条指出："（1）不使非物质文化遗产的相关表现或表达形式脱离其语境或背离其本质；……（4）不助长对相关社区、群体或个人的知识和技能的盗用或滥用；（5）不导致将危及非物质文化遗产的过度商业化或不可持续的旅游开发。"①《中华人民共和国非物质文化遗产保护法》也指出："国家鼓励和支持非物质文化遗产资源的特殊优势，在有效保护的基础上，合理利用非物质文化遗产代表性项目，开发具有地方、民族特色和市场潜力的文化产品和文化服务。"②

　　可以看出，上述文件是在充分强调了非物质文化遗产保护的意义之后提出了对非物质文化遗产实施传承和利用。关于开发，则是有条件的，认为应在有效保护的基础上，合理利用非物质文化遗产代表性项目，开发具有一定特色的文化产品和文化服务，同时，要特别警惕由于对开发的过分强调而出现的对非物质文化遗产保护基本宗旨的背离。

　　出现对非物质文化遗产样态利用还是开发的分歧，与不能准确把握非物质文化遗产的特性有关。科学辨析非物质文化遗产与诸多方面的关系，厘清其异同，有助于增强对非物质文化遗产保护基本特性的认知。

　　其一，非物质文化遗产不等于物质性文化遗产。一般文化遗产具有一定的物质性，非物质文化遗产具有突出的精神性；一般文化遗产中有的面临濒于消失的危险，而非物质文化遗产具有更紧迫的濒危性；一般文化遗产由于物质形态的相对充实，不易变形，而非物质文化遗产具有更突出的脆弱性、易变异性；一般具有丰富物质性的文化遗产常常承载于某一物质载体，以物质的形态呈现于世，非物质文化遗产则常以人的技能与技艺来传承，传承人消失了，其技能与技艺也就随之而去。判定某一项目属于一般文化遗产还是属于非物质文化遗产，应视其物质性强一些，还是精神性强一些；实用性多一些，还是文化性多一些。非物质文化遗产的核心价值常常不是呈现于某一事像的终端，而是表现于事像

---

　　① 《联合国教科文组织〈保护非物质文化遗产公约〉基础文件汇编》，外文出版社 2012 年版，第 38 页。

　　② 《中华人民共和国非物质文化遗产保护法》，法律出版社 2011 年版，第 12 页。

演绎的过程之中。正是因为非物质文化遗产大量存在于民间，体现为个人技艺的呈示，其结果或终端产品往往不是最重要的。而在我国对非物质文化遗产的认定与保护中，尚存在非物质文化遗产与一般文化遗产区别不清的状况。基于某些文化遗产项目所呈现的较丰富的物质性和实用性特征，本可以作为一般文化遗产来看待，但也赶潮流申报了非物质文化遗产项目，致使混淆了两者的区别，继而影响了非物质文化遗产项目特殊保护举措的实施。

其二，非物质文化遗产不同于一般民俗事像。民俗事像大都具有非物质文化遗产的特色，但两者也有重要的区别。民俗事像可以有较高的文化价值，也可以不具备较高的文化价值，而非物质文化遗产特别是已纳入保护序列的非物质文化遗产项目应具有较突出的文化价值、历史价值、审美价值、科技价值，否则不应进入保护的范围；民俗事像是一种氤氲于民间和乡土中的一种精神情结和生活样态，而非物质文化遗产则一般体现出人们在某一时期和某一方面的精神创造或文化创新的特色；民俗文化在其整体上随时代的发展而变化，其演变规律具有客观性，时常呈现为自然形态，非物质文化遗产样式则具有更突出的传承性，有时显现出较强的凝结与固化的特点，并不因时代的变化而必然产生变异。两者同样属于传统文化，但对其应采取差异性管理，没有必要将大量民俗现象拉进非物质文化遗产保护的范围。如此做，势必影响对非物质文化遗产的认定与保护。

其三，非物质文化遗产也不同于一般的民间手工艺。民间手工艺大部分具有非物质文化遗产的特征，但是，并非所有民间手工艺均属于非物质文化遗产。非物质文化遗产一般已经失去市场的竞争力，而一些民间手工艺样式尚具有一定的市场活力；非物质文化遗产注重展示艺人操作的流程，这正是非物质文化遗产保护的核心内容，而某些民间手工艺在当代科技的影响和作用下，往往将科技手段或机械化制作的工艺品代替人们的手工制作，游离出非物质文化遗产保护的范畴。在当下，一些濒于消失的民间手工艺早已退出市场，进入非物质文化遗产的序列，对其工艺流程实施保护迫在眉睫，勉强推向市场只能加速其消亡。而某些民间手工艺品类尚具有一定的社会消费需求，通过创新型改造，可以焕发活力，在市场大潮中张扬其优势，没有必要将这些民间手工艺品类纳入非物质文化遗产的范畴。因此，对民间手工艺应区别看待，分类管理，如果将非物质文化遗产项目完全等同于一般民间手工艺，势必造成非物质文化遗产保护理念和保护举措的紊乱。

非物质文化遗产独具的特性决定了对其实施保护的特殊性。在当下，非物质文化遗产通常呈现出稀缺性、易碎性、濒危性等特点，难以经得起当代多元文化，特别是科技文化、流行文化的激烈冲击，极易发生变异，甚至出现生存危机。科学和理性要求人们，应当充分重视和肯定非物质文化遗产的地位和作用，但不宜将其意义、地位和作用做出不切实际的夸大；应当积极和主动地实施对非物质文化遗产事像的评价与认定，但不宜对非物质文化遗产范畴和疆域随意扩展，致成非物质文化遗产保护的紊乱；对非物质文化遗产样式应当在实施保护的基础上予以传承和利用，但不宜动辄对非物质文化遗产实施产业或市场性开发。只有坚持科学的理念，方能牢牢把握非物质文化遗产保护的正确方向。

二 非物质文化遗产保护中利用与开发的差异

确立非物质文化遗产保护的科学理念，有必要聚焦于利用与开发，在非物质文化遗产保护及当代文化建设的平台上展开思考与对话，以求获得更广泛的共识。利用与开发的差异，表现在诸多方面。

（一）出发点不同

为了实现对非物质文化遗产的有效保护，同时保障非物质文化遗产项目的可持续性发展，应当实施对非物质文化遗产项目的充分利用，其中主要包括研究、传播与教育等。开发也可看作利用的一个方面或延展，但不等同于利用。

首先是研究。这是非物质文化遗产利用的最大价值所在。主要体现为对非物质文化遗产项目中具有的历史文化、审美文化、科技文化等方面所具有的基本价值加以研究，包括调研、挖掘、梳理各种散落民间的、濒于消失的文化与艺术的样态与事像，整理、编撰、出版各种资料，以利于当代和未来文化的传承和发展。通过研究，可以使人们认识以往时代某些文化艺术样态的基本风貌和美学特征；充分利用其审美的历史的科技的元素，使这些元素进入当代或未来文化艺术活动的创作与创新之中，持续地保持本民族文化的特质和风格。

其次是传播。即对一些具有较高价值非物质文化遗产样态的基本元素在研究的基础上予以一定规模和范围的传播。传播是为了使各种信息和元素在更广泛的时空中得到播扬，让更多的人了解和熟悉，实现对其有益成分的吸纳和借鉴。在传播中，可以实施不同的渠道和路径，不排除进行有条件的市场运营。即指在不损害该类非物质文化遗产样态基本特质的前提下，适度进入市场，通过市场运营，一方面使其得到更多生存的活力，另一方面通过市场运营，获得一定的经济收入，补助非物质文化遗产保护所需，但不应谋求和争夺市场的更大份额。

最后是教育。即利用非物质文化遗产的丰富知识和文化积淀，对社会广大民众特别是青少年进行文化与传统教育。非物质文化遗产样态凝聚了历史的精华，其中大量信息和元素不仅至今仍闪耀着光辉，而且对当代和未来文化的传承与发展具有重要的启示作用，需要一代代人继承和光大，使得民族文化血脉世代相传。因此，实施以非物质文化遗产为主要内容的传统性教育，已成为实现非物质文化遗产样态终极价值的基本途径之一。实施这一教育的过程应属于公共的和无功利的，基本不与市场和产业性开发相联系。

而某些人力主对非物质文化遗产的开发，主要出于如下的动机，一是对政绩的追求。特别是政府官员，试图将非物质文化遗产开发作为新的增长点，使之成为提升 GDP、扩大其政绩的重要举措；二是增进经济收入。强调通过对非物质文化遗产的开发，产生可观的经济效益，实现脱贫致富的愿景；三是某些已列为非物质文化遗产的项目本身即具有重要的经济价值，尚未失去市场能量，重视其产业开发和市场运营是合理的。但同时也潜隐着危机。作为非物质文化遗产必然显现出衰微的趋势，过度的产业和市场化运作势必导致其迅速变异。

（二）目标不同

对非物质文化遗产项目利用，主旨是通过传承和研究、传播、教育等，推进非物质文化遗产的持续性发展。利用不等于开发，尤其不能将开发作为非物质文化遗产利用的主调。令人不安的是，当下有些人大力强调对非物质文化遗产的开发，甚至压倒了对非物质文化遗产的保护与研究。其理论阐释，即将开发混同于利用，而在实践上，则使开发重于保护与研究，表现出非物质文化遗产保护理念的错位和目光的短浅。

长期以来，人们似乎习惯了大呼隆和大跃进的发展模式，非物质文化遗产保护也不例外。一方面将多种事像一概纳入其间，并不去区别是否属于非物质文化遗产，以及是否具有保护价值；另一方面，首先想到的不是保护，而是营利。那种处心积虑将某种本来不属于非物质文化遗产的文化样式通过各种方式，跻身于非物质文化遗产行列，以致混淆了非物质文化遗产的界限、干扰了非物质文化遗产保护的做法，那种一方面千方百计申报非物质文化遗产，谋求享受国家对非物质文化遗产的种种保护政策和资金扶持，同时又要在市场上参与竞争的做法，那种一旦申报非物质文化遗产成功，就全然不顾非物质文化遗产保护的各种原则和约定，而去通过旅游、商贸等形式，使之成为赚钱工具的做法，均干扰着非物质文化遗产保护事业的正常进行，对非物质文化遗产保护产生误导。

（三）运作路径不同

坚持对非物质文化遗产项目实施保护基础上的利用，其路径是明确的。从保护、传承到利用，应构成一个有机的整体，成为环环相扣的链条，既不能将其割裂，也不能顾此失彼。保护，是为了使非物质文化遗产更为长久地作用于社会文化建设，而利用，则是为了非物质文化遗产的可持续发展。其中，研究、传播与教育的并行，更是为了使非物质文化遗产不仅在当代发挥应有的作用，而且做到在未来的可持续利用。对非物质文化遗产保护坚持科学化管理的核心，即在于正确处理保护、传承与利用的关系，同时保障研究、传播、教育等功能的相得益彰和并行不悖。

而对非物质文化遗产坚持开发，则表现为对产业化及其市场的追求和争取更大的商业利润，一般均会采取与保护相迥异的路径，表面上讲保护，实质搞开发，孜孜以求于经济利益。力主开发者一般不顾及非物质文化遗产项目和样式的基本特性，致力于产业化运作和市场性开发，甚至认为只有实施较大规模产业开发，非物质文化遗产项目才可以得到真正的保护和发展。他们未曾想到，倘若此类非物质文化遗产项目可以存活于市场竞争之中，何需实施保护？更有人为了将非物质文化遗产项目推向市场，不惜采用各种手段，弄虚作假，实在是饮鸩止渴。

笔者并非全面排斥对非物质文化遗产的开发，但是，只有在如下前提下进行开发，才是可行的。即该非物质文化遗产样态尚未达到濒危的境地；该非物质文化遗产项目尚有较大的市场空间；该非物质文化遗产项目尚拥有一定的群众基础。即使如此，对非物质文化遗产项目的开发也应坚守必需的原则，一是适度开发的原则，不可任意扩大规模，更不能动辄冠以产业性开发的名义。对一些尚未失去市场活力的非物质文化遗产项目的市场化开发也须以不伤害其基本特征为前提；二是少量开发的原则。只有对那些尚具有较突出市场潜力的项目才可以实施开发，而对大量已经失去市场价值的非物质文化遗产项目，不可贸然推向市场；三是适时终止的原则。一旦发现实施市场运营的非物质文化遗产项目开始出现较快变异，必须果断中止开发，使其切实得到保护。任何非物质文化遗产样式的开发，都应经过严密的考察和缜密的论证，在获得科学依据的基础上予以适度的开发。

三　重开发而轻保护认识误区的症结所在

重开发而轻保护，将利用等同于开发，源于人们对非物质文化遗产理解的误区。实施对非物质文化遗产保护的科学化管理，需要厘清保护的基本宗旨与方向。将非物质文化遗产保护与利用对立起来，甚至曲解利用的内涵，使之导向市场化开发，是失去科学与理性的表现。基于当下人们的思考和探索，有必要对如下问题做出辨析。

（一）认为非物质文化遗产保护即为开发，或者主要导向开发

该论点扭曲了非物质文化遗产保护的本质，极易造成对非物质文化遗产的损害。与对一般物质性文化遗产的保护不同，非物质文化遗产保护主要是保护该样式精神性成果形成过程中的技能或技艺，而物质性文化遗产更多是保护已经存在于世的物质性实体，如果将两者混淆，势必导致以下的困扰：重视文化成果实体的呈现，而不重视精神成果形成过程的技能和技艺；重视成果本体的维护，而不重视该类文化现象赖以生成和延续的生态环境的维护；重视成果最终的市场价值，而不重视其精神价值。一般来说，对物质性文化遗产的价值判断，人们多以其市场价值的高下作为基本标准，而当人们试图以一般文化遗产的判定方式及其标准来判定非物质文化遗产的价值时，势必产生混乱及误导。在当代，还要警惕技术等因素对非物质文化遗产保护的损害。科学技术的迅猛发展，推动文化艺术向着更高更新的方向发展，但同时也会出现负面效应，导致对某些非物质文化遗产样式的损坏。诸如剪纸、内画等工艺，已大多被认定为非物质文化遗产，得到国家和政府的扶持，但由于科技的发展和进入，驱动计算机参与制作，不仅将作品做得更加完美，而且可以大规模生产。如此一来，就会导致该非物质文化遗产样式的迅速瓦解和崩溃。作为非物质文化遗产保护的初衷，是指艺人制作的手艺和演绎的过程，并非仅仅指其结果，甚至其结果并不重要。正是这一过程，

体现了艺人的精湛的技艺和超人的智慧，应当予以精心呵护。而动辄采用科技的方式，实施较大规模的生产，就会走向保护的反面。笔者曾亲历一次宣扬非物质文化遗产项目剪纸开发的闹剧。某地国家级剪纸保护基地的负责人，言称本单位一年产业开发收益达数百万元，颇为之喜形于色。但当被问及如何开发时，对方支支吾吾，言不达意；继而被追问是否采用电脑制作方式时，对方被迫承认；又被追问该单位尚有几人还会动剪刀剪纸？对方避而不答。人们先是惊愕，继而愤慨！如此开发剪纸，这一非物质文化遗产项目还能存活几日？这种为了眼下的经济利益而不惜大规模破坏非物质文化遗产项目的行为，其实质就是对非物质文化遗产的犯罪。对大量非物质文化遗产项目来说，其价值的高下是无法以金钱来判定的，只能以其文化价值、历史价值和审美价值作为基本的判定标准。

（二）认为市场开发才是非物质文化遗产保护的重要形式和主要路径

似乎只有在市场上站稳脚跟，才能对非物质文化遗产保护营造雄厚的基础，只有在市场上显现出自身的能量，才能免于被其他各种文化样态挤垮的厄运。但是，这一论者没有看到，任何非物质文化遗产样态进入市场化运营，一方面需具有一定的适应市场的能力，如果不具有这样的能力，就需要缔造出这样的能力；另一方面，作为市场性开发和运作，任何产品均需遵循市场规则，随时加以创新和改进，以适应市场和大众的需求。如此一来，非物质文化遗产产品势必遭到内在特质的扭曲和更快的变异。事实上，大量非物质文化遗产样态已经显现出颓势，渐次失去市场竞争力，在这样的状态下，勉强将其推向市场是极不明智的。即使对一些尚具有一定市场活力的文化样式，也不可轻率推向市场，应尽力避免使其在市场上面对各种锋芒，遭到更大的冲击。或许某些非物质文化遗产样式通过市场性开发，可能凸显一定优势，增强生存能力。但是，由于非物质文化遗产样式一般均与当代社会大众文化活动难以融合，因此从根本上改变非物质文化遗产的形态，使其重新获得市场竞争力是困难的。倘若真的生成神奇的市场竞争能力，则不必将其继续纳入非物质文化遗产的序列。

（三）认为创新即等于开发

非物质文化遗产样式或项目是否可以创新？回答是肯定的。任何文化样式一旦失去了创新的可能，也就预示其已经走向濒危和终点。在非物质文化遗产的谱系中，只有那些已完全失去生存能力的非物质文化遗产项目，亦即已经进入博物馆的项目，不存在创新的可能。而那些尚具有一定生存能力，仍旧活跃在社会和大众生活中的非物质文化遗产样态或样式，均具有一定创新的潜力与可能。非物质文化遗产项目是否还具有创新的可能性，应视其内在的特色与质素而定。可以说，大量的非物质文化遗产项目尚存在创新的可能和潜力，人类社会文化的世世代代的传承与发展正是在不断继承和创新中走过来的，今后仍需如此。创新与开发相联系，但不等于产业开发。创新一般具有浓郁的推陈出新的意义，而不是产业的和市场的价值。创新是在前人或历史文化遗存的基础上，实现对该项目的再研究、再探索，使之在原有的基础上焕发活力，展现其内在生命的价值与潜质。创新的过程，或是在原来项目基础上对原有质素的发掘与重构，也可以是通过借鉴与引进其他文化样式基本元素，对新的文化样式的再创和整合。但是，这样的创新，不一定与市场开发有着必然联系，只有那些可能具有较大市场号召力的新的文化样式才可能走向市场，成为市场的新宠。一旦如此，这样的文化样式一般也就脱离了原有非物质文化遗产的样式，成为新的文化品种。至于更多非物质文化遗产项目的创新，可能成为当代或未来社会文化活动与建设的新元素，而并非成为独立的文化样式或品种。某些非物质文化遗产样式的创新可能遭受失败，这也是正常的。作为已经出现颓势的非物质文化遗产项目，很难想象能够适应开发性创新，但其既有的文化元素却可以作为文化资源，持久地服务于未来时代的文化建设与创新。在历史上，作为非物质文化遗产样式，一部分在创新中成为新的文化样式，另一部分被凝结和固化，都是客观规律使然。

四　有关非物质文化遗产保护的基本路径和方式

对非物质文化遗产保护的基本路径和方式，人们有着广泛和深入的探索，其方法和路径不仅专属保护，同时也与利用紧紧相连，有时方法本身就意味着保护和利用的双重意义。而对方法和路径的诸多争议，也较多环绕方法而展开。

关于两条腿走路，即指一条腿严加保护，对一些非物质文化遗产样式一丝一毫也不许动，另一条腿则大胆开发，充分利用非物质文化遗产的基本元素，实现开发的目标。近年来，面临非物质文化遗产文化样态如何生存与发展的两难命题，人们提出了两条腿走路的构想，有其合理性，符合当代非物质文化遗产保护与文化发展双重命题的必然要求。一方面，是对非物质文化遗产样式原汁原味的保存与保护，使其免于遭受其他文化样式的冲击，在有效保护的基础上得到合理的利用；另一方面，将非物质文化遗产中可以利用的元素加以开发，在产业运行与竞争中赢得市场，实现较高经济价值。其间，将利用与开发予以严格区别是必要的，利用不是开发，而是对其内在元素的研究、传播和教育；开发则是在利用基础上的延展，意味着对非物质文化遗产样式的改造与创新。任何文化样式的发展，都是在不断借鉴和利用其他各类文化样式基本元素的基础上进行整合与改造加工的结果。如果执着于对某项非物质文化遗产样式的创新与开发，则需在该项非物质文化遗产样式获得有效保护，同时不伤害该项非物质文化遗产样式的前提下进行。一旦改造与开发成功，则不必拘泥是否属于本来的样式，即使迥异于原有的文化样态，甚至成为一种全新的文化样式也无不可。历史上许多新颖的文化艺术样式得以催生即如此。实施两条腿走路的策略，需要各级政府有关部门的统一调控和管理。组织力量，健全机构，对某些已经处于濒危的非物质文化遗产样式施以本源样态的保护，不允许轻易改动，是必须恪守的原则；与此同时，允许相关人员和企业借重该项非物质文化遗产样式的社会影响及内在元素，实施产业性开发。但通常需要明示，该文化样式是在某非物质文化遗产样态的基础上派生而成，已不属于非物质文化遗产本体。倘若遭遇失败，即可自生自灭，不致对非物质文化遗产造成伤害。

生态化保护，是指对包括非物质文化遗产在内的各种自然遗产和文化遗产的综合性保护，这是当代人们努力尝试的一种重要的保护方式。其间，人们一方面将各种属于人类资源的成分予以保护、传承和利用，另一方面又对可能产生经济效益的自然与文化样态加以创新和开发，使之能够产生良好的经济效益，对改变某些地区的落后面貌，提高人民大众物质与文化水平发挥重要作用。应当看到，在其中直接发挥作用的可能不是非物质文化遗产，而是自然的和物质属性突出的文化遗产样态，但非物质文化遗产样式也会融入其间，产生一定影响。如果在实施整体性产业开发中不加区别，将非物质文化遗产样式裹挟于其他能够实施开发的项目之中，强行推向市场，作为十分脆弱和易碎的非物质文化遗产样式可能会在开发中产生变异，失去原有的质素和特色，加快其消亡的速度。但同时，如果不尊重当地人民改善与提高生活水准的要求，以牺牲原住民生活质量的提升为代价，遏制其综合开发与市场化运营的可能，就难以得到原住民的理解、支持和配合，其生态性保护也难以实施。因此，在实施生态化保护的地区，尤其应当将非物质文化遗产样式与其他自然和文化遗产加以区分，实行差异化管理，将开发的重点放在自然遗产与一般文化遗产上，而将非物质文化遗产样式分离出来，施以专项保护。

活态性保护，即对一些非物质文化遗产样态实施一定区域和范围内的活态化管理，使之在相对适宜的环境中获得长期生存。与生态化保护面临的困难类同，也会遇到人们是否接受和如何配合的问题。特别是一些已经失去市场竞争能力、在当代多元文化大潮中显得孤单和飘摇的非物质文化遗产项目，更难寻觅良好的生存土壤。活态性保护即在于营造该非物质文化遗产样式赖以生存的机制与环境，使其持续保持鲜活的状态。如何强化社会机制的保障力度和增进环境的适宜度，是活态性保护的核心。有人试图以产业性开发重新打开非物质文化遗产项目的市场，营造充满生机的活态环境，然而往往事与愿违。严酷的事实一再警示人们，对大多数非物质文化遗产样式强行实施产业化运作是不现实的，无异于拔苗助长。实施活态化保护的要旨即在于使非物质文化遗产项目避开市场的残酷竞争，为其营造相对独立的和富有特色的生存环境。在当代多元文化汹涌奔来之时，对个别非物质文化遗产样态实施单一的活态性保护，其难度可想而知，稍有不慎，就会将其淹没在时尚、流行与商业文化的大海之中。如果贸然开发，以为只有在竞争中才能实现真正的保护，只能加速其变异和衰亡。

传承人保护是非物质文化遗产保护中最具特色的举措，已然取得一定成效，但存在问题也是突出的。不仅表现在对传承人的政策保障、扶持力度等方面，更严峻的问题则在于，传承人能否真正对非物质文化遗产样式做到有效的传承，后人能否积极地接受和继续承担传承的责任。在当代，各种文化形态特别是商业文化的流行，使得传承人特别是青年传承者面临各种诱惑，很难专注于单一与枯燥的非物质文化遗产传承工作。如何引导年轻人自觉地接受传承人的技艺，成为新一代传承人，不仅需要必要的资金支持和其他条件的扶持，还需为传承人营造一种积极进取、宽松和谐的生活与工作环境。只有当传承人对非物质文化遗产项目产生浓郁的兴趣和感情，逐渐升华为甘于奉献的事业心，才能义无反顾地承担起传承的使命，成为非物质文化遗产样态代代相传的接力手，为民族文化发展贡献青春。其间，适度与市场对接、借重市场展开非物质文化遗产项目的传播是必要的，但将产业开发和市场运营作为主要方式则是危险的，不仅无助于非物质文化遗产项目的保护，而且打破了非物质文化遗产传承相对独立的环境，加剧市场或金钱对传承人的诱惑，使得非物质文化遗产保护陷入更深的困境。

生产性保护是一个具有争议性的问题。对非物质文化遗产事项或样态进行市场的产业开发，其弊端显而易见，正是基于此，人们提出了生产性保护的意见。生产性不同于产业性，生产未必直接导向市场和商业运作，产业化则一般要与市场相联系。采取这一举措，对那些尚具有一定活力的非物质文化遗产样态，显然有着积极意义。通过组织一定规模的生产，使其在运营中延续自身的生命，或是借助市场显现存在的价值。但是，对那些已经趋于濒危的样式，以及口头传承、精神性特别突出的非物质文化遗产样态，其生产性保护也未必合适。此类非物质文化遗产样式业已失去进入市场的能力，生产难以形成规模，对此类非物质文化遗产样态强行推行生产性运作，当会产生不良的后果。生产性保护与产业开发的重要区别在于，生产性保护可以在公共服务、传播与教育等领域发挥作用，有时也可借助市场实现上述功能，但不以营利为目的；产业开发则驱动生产直接通向市场，将实现经济指标作为基本目标，使产品生产服从于市场的要求，而不是保护的需要。然而，生产与产业之间毕竟不存在鸿沟，在操作中极易混淆。如果生产与保护发生冲突，则应服从于保护，而不是生产。

博物馆保护是非物质文化遗产保护最重要的模式之一。不仅那些民间手工艺等非物质文化遗产样式要将博物馆作为最后归宿，而且诸如口头和具有表演性技艺性的非物质文化遗产样态，也须借助博物馆实现保护和传承。一般进入博物馆保护的样式和项目均已失去了市场竞争能力，难以进入产业开发与市场运营的渠道，如此做，正是对非物质文化遗产项目实施有效保护的基本举措。博物馆为非物质文化遗产的研究、传播和教育提供了完备的条件，特别是当代科技的进入，更使非物质文化遗产保护与利用得心应手。有时也可采用双重方式，一方面通过活态的和传承人的方式加以保存和传承，另一方面不失时机地加以技术性保存，使之获得较完整和全面的保护，成为难得的民族记忆，永久地存放于博物馆，为后人的研究和借鉴提供完整和准确的资料。

确立非物质文化遗产保护的科学理念，是一场精神的洗礼、理念的提升、文化品格的超越。坚持以保护为基础，以传承和利用为重心，以适度开发为补充，应成为非物质文化遗产保护的共识。只有摒弃传统的俗见、急功近利的欲念和浅薄庸常的恪守，方能获得对非物质文化遗产保护科学理念的认知与凝结，推动非物质文化遗产保护在稳健、务实、理性的轨道上不断前行。

第七章　创意时代的文化与艺术创意

20世纪90年代后期，世界进入了创意产业的时代，创意成为风靡世界的新潮。不仅文化产业的核心是创意，我国一些地区直接打出了创意产业或文化创意产业的旗帜，即使在公共文化服务等项文化事业与活动中也不乏创意的存在。创意的时代意义越来越为人们所重视，在文化建设中的地位举足轻重。创意的实质是对某种新的意蕴的创造，创新便成为创意产业或文化产业的核心。倡导文化创意，加快和深化文化创新，不仅一直是我国政府推动文化建设的重要思想，同时也已经成为社会各界，特别是广大文化艺术从业者的共识。深化对创意理论及其实践的研究，将创意的思想融入中国特色社会主义文化建设的理论体系之中，使之不仅在发展文化产业，而且在推进公益性的文化服务以及文化遗产和非物质文化遗产的保护中发挥重要作用，是加快当代文化与艺术建设的关键所在。在我国，文化创意具有鲜明的时代特征与民族特征，正是丰富与悠久的民族文化资源，成为创意取之不尽的源泉。创意及文化创意包括艺术创意、科技创意、经营创意、管理创意等，艺术创意在其中具有中心的地位。在创意时代，所有文学和艺术的活动均不同于以往的时代，浸染了浓郁的创意特色，并由此具有了迥异于以往时代的艺术样态，为社会和大众提供了更多更优质的文化活动及其产品，不断满足人民大众的文化与审美需求，同时成为激活文化消费、促进文化产业增长的巨大驱动力。

第一节　艺术创意的理论内涵与实践意义①

艺术创意是在文化创意产业迅猛发展的基础上得以生成与彰显的，

---

① 本节主要内容已于2010年第1期《东南大学学报》（社会科学版）刊载。

已成为文化创意产业的核心与基础。艺术创意是对文化创意的充实与完善，同时也是对文化创意的深化。作为一个重要的社会文化现象，艺术创意具有的理论内涵与实践意义，也将随着文化创意产业的拓展而越来越得以凸显。

文化创意可以包括艺术创意，以及科技创意、经营创意、管理创意等。艺术创意从属于文化创意，但不能代替文化创意，一般文化创意可以包容艺术创意，但同时也不能取代艺术创意。艺术创意多为原创，对一项活动的整体性构想及其运作形式的谋划，主要体现为意象原创、形式原创、技术原创；艺术创意着力于文化内涵、艺术内涵的建构，特别是富有感性意义的形象、意蕴或意境的营造；艺术创意始终与意象和形象相伴随，创意的过程具有想象的特点，同时呈现出综合性或整体性特征。

艺术创意以其丰富的特色以及内涵，在文化创意产业中发挥积极的不可或缺的作用。但在近年来许多人对文化创意活动的阐释中，往往忽略艺术创意的独立特性，使之隐匿于一般的创意之中，消解了其在文化创意中的地位和作用。作为一项创造性与审美性有机结合的社会文化活动，艺术创意已经成为一个独立的范畴，不仅将大量的艺术创造元素融入创意活动之中，而且显现出特有的文化品格。如果把艺术创意等同于一般文化创意，使其艺术特质消隐于一般创意之中，不利于艺术创意内在意蕴的拓展。深刻揭示艺术创意的理论内涵及其实践意义，是确认艺术创意当代特性的基础和依据。

一　艺术创意活动的多重理论建构

艺术创意是当代社会文化创意产业发展中具有特定意义的社会文化活动。作为文化创意产业的特有范畴，其理论内涵是丰富的和坚实的，其实践意义也是显著的。艺术创意活动的发展，促使其理论内涵得到深化与延展，使之具有了鲜明的当代性意义。

作为一门具有浓郁当代性特色的新兴学科范畴，艺术创意显现出丰富的理论内涵。它以艺术学为基础，以经济学、管理学、心理学等学科为指导，既有着厚重的理论蕴积，又显现出鲜明的应用性特色。在近年来研究与实践的基础上，艺术创意学逐渐具有了学科范畴的地位，进而将会发展成为一门理论与应用并重的具有广阔前景的新兴学科。

艺术创意以艺术学为基础，是指在艺术创意中，艺术学理论是其理论的基石。艺术创意实质上是艺术的创造，在其活动中当然要遵循艺术活动或艺术创造的基本规律，其中，艺术活动的价值链规律、艺术创造的规律、艺术传承的规律、艺术形态学规律、艺术形式组合规律、艺术接受规律等，均对艺术创意具有重要的制约与影响。正是在诸多艺术活动内在规律的指导下，艺术创意活动方能获得正常的运行与进展。

艺术创意以经济学为指导，意即艺术创意活动从来也没有像当代这样具有重要的经济学意义。由于艺术活动已经成为重要的社会产业形态，因而必须遵循和恪守经济运行的基本规律。其中，在艺术活动经济目标的制定、资金的筹措、投资与融资、经费的使用、经济收益或亏损、利润核算等方面，均须以经济学理论为指导，按照经济活动与市场规则行事。但是，鉴于艺术活动的特殊性，在许多方面又不能一味因循经济的运作规律，而要充分遵循艺术活动的特殊规律。正是在既要遵循经济规律又要遵循艺术规律这一课题上，艺术创意具有特殊的意义。

管理学在艺术创意中的理论意义得以增强。现代管理科学是在现代企业或行政管理活动逐渐成熟的基础上不断完善的，现代管理学又促使更多领域的管理活动走向科学与规范。文化或艺术活动正是在现代管理学的推动下，使其各个方面得到科学的管理与引导。艺术创意与管理活动密切相关，无论是创意活动的宗旨、模式、运行规律及其方法等，均得到管理科学的规范与指导，其管理理论渗融于艺术创意活动之中，成为艺术创意理论的重要构成。

心理学在艺术创意活动中具有举足轻重的意义。心理学及其与之相连的思维科学在当代的发展，极大地促进了艺术创意活动的开展。艺术创意本身就是一项充满了高素质心理运动的文化活动，在艺术创意中，人们得益于现代心理科学的指导，正确驾驭心理运行的规律，努力发挥最大的心理优势与自身的思维能力，开展极富创造性的活动。人们对各种思维方式的充分吸纳，使其创造能力得到最大的释放，而对广大受众接受心理的准确理解与把握，也是艺术创意得到成功的基本保证。其间，现代心理科学理论与艺术科学理论相互交融，逐渐成为艺术创意理论的组成部分。

艺术创意的理论意义，还充分体现于哲学及众多人文学科与自然科学理论的指导与影响。例如，传播学理论、信息学理论、历史理论与民俗理论等，均在艺术创意活动中发挥重要的作用。

在研究与实践的进程中，艺术创意逐渐显现出特有的理论色彩，其内涵与特性既区别于传统的艺术创作与制作活动，也区别于当代其他方面的创意活动，凸显出自身的理论特质。

（一）意蕴创造的多义性

艺术创意的核心，在于营造具有原创意义的新颖的意象与意蕴，艺术创意与经济创意、科技创意等不同，体现出十分丰富与多义的特点，其意旨在于创造极具审美价值的意象、意蕴，而在艺术创造的本原意义上，其意象与意蕴的创造从来都是多义的。

在意象生成的初始，就已经奠定了多义性的基础。意象是审美意蕴与艺术形式美感的雏形，集中体现了人们对丰富与多元的艺术世界的向往与想象力，以及对美感的理解与诠释，其意义的多元性与丰富性得以充分展现。无论是造型、色彩、声音，还是语言的创造，均是人类精神世界的审美表现，以及不同民族审美形式创造的智慧的结晶。艺术创意特别重视对艺术形式的追求与创新，正是在各种不同的形式创新中，体现出人们对艺术的领悟与阐释，也正是通过对形式美感的感受与创新，大量艺术形式美融入于艺术创造以及普通生产与生活之中，使得人民大众对审美理想的追求更加自觉与不断提升。

意蕴创造的多义性还体现于形象的创造。艺术形象既包括人，也包括各种不同的物象。在各种形象与物象的创造中，人们赋予其丰富的含义与生动的形式感，使之获得鲜活的生命，同时也具有了多重的含义和丰富的感染力。许多新鲜的形象体系可以对大众与社会产生极大的影响，甚至影响大众的生活价值取向。特别是在文化创意产业的进程中，人们更是较多地将形象的魅力融入于影响社会的物质生产与人们的生活，使得生动美好的形象与人们相濡以沫。正是由于意蕴创造的多元意义的存在，使得人们能够生活在多样性与丰富性的现实与理想之中，领略大千世界的异彩纷呈。

意境的创造更是集中体现出多义性存在。意境是审美精神最高境界的体现，艺术创意活动需要丰富与高远的意境与意蕴的充实。许多艺术活动或者具有一定审美特质的非艺术性活动，均有着丰富的艺术创造的广阔空间与潜力。深刻的美好的意境创造可以极大地丰富人们的精神世界，提升人们审美理想的层次与境界，其间，意境的创造更是丰富和多义的，意境的追求同样也是多样形态的。

（二）审美形态的大众性

由于艺术创意与文化产业的内在联系，势必确认艺术创意的大众性特色，以适应大众、服务大众为重心。大众文化的审美形态，旨在服务与满足社会大众的文化需求，其文化特性有别于一般艺术文化的特性，它更多地指向艺术与社会文化样式的融合、与娱乐的融合。特别是在与社会发展密切相关的大量活动中，越来越多地凝注了大众审美文化的色彩。艺术创意应将更多的具有审美样态的文化艺术融入生产与生活之中，使得本来未必具备艺术特质的样态具有审美的内涵，更加为人民大众所需要和喜爱。文化创意产业的基本意图正是这样实现的。

对大众审美意识的追求。无论是在艺术活动中，还是在非艺术的审美文化活动中，均要突出对大众审美意识的沟通与适应。大众审美意识表现为大众对文化需求的基本趋向与选择，具有很强的生命力与传承性，艺术创意的使命既在于努力追求与大众相一致的审美意识，同时还在于不断提升大众文化艺术的审美层次与水准。其中诸如对大众的生存状态的关怀，对大众的伦理观念的理解，对大众审美意趣的吻合，对大众价值观念的阐释等，均是十分重要的。

对大众审美样式与形式的适应。任何大众喜闻乐见的艺术样式与形式，均是大众审美意趣与理想的体现，艺术创意应重在对适应大众文化需求的文化样式与形式的创新。大众在其审美样式与形式的选择上是将娱乐特性放在基础位置的，对文化艺术活动与产品的要求也充分体现了娱乐性色彩。因此艺术创意活动不仅是在艺术的领域之内，还是在艺术之外的物质生产及其生活的领域中，均需对文化活动及其产品的娱乐特性特别重视，丰富和满足大众对娱乐的基本需求。

对大众审美心理的观照。大众审美心理具有多层次性、地域性等特点，不同的审美心理对审美需求既具有相同性，也有着相异性。创意者只有深入研究不同人群对文化或艺术活动的不同需求心理，方能做到目标准确，有的放矢。无论是其艺术形式的创新，还是审美意趣的追求，艺术创意者均要时时考虑大众的心理需求，同时也应将提升大众的审美品位作为重要的使命。

（三）思维形式的丰富性

艺术创意思维是指人们在从事艺术创意活动中产生的原创性思维。创意，是对一种意象或意蕴的创造，与艺术元素有着紧密的结合。艺术创意思维即是把艺术活动中的信息经过重组进而产生新思想、新概念的过程。

艺术创意的开放性决定其思维的丰富性。艺术创意的思维包含几个层面：其一，形象思维与意象思维；其二，抽象思维；其三，其他思维形式。

形象思维，是艺术家在创作活动中从发现和体验生活，到进行艺术构思、形成艺术形象，并将其物化为艺术形象或艺术意境的整个过程中所采取的主要的思维方式。意象思维是艺术活动或创作中以意象为媒质所进行的创造性的思维活动。形象思维与意象思维是艺术思维活动的主体，同样也是创意产业活动中思维的主体。没有形象思维与意象思维作为主导，艺术创意乃至文化创意活动均难以实现理想的境界。

在从事形象思维与意象思维的同时，不能忽略灵感的作用。艺术创意的火花常常产生于灵感的瞬间涌动，灵感通常是指艺术家在进行艺术创造活动中，由于大脑皮层的高度兴奋，所产生的一种特殊的心理状态，是艺术家在形象思维和抽象思维的基础上，意识和无意识的相互作用，突然激发的、情绪特别亢奋、极富创造力的精神状态。

艺术创意也需要抽象思维或曰科学思维。艺术创意以形象思维、意象思维为主体，但同时也离不开抽象思维。抽象思维是人类最普遍的思维方式，是运用概念来进行判断、推理和论证的思维方法。在艺术创意活动的许多方面，均需要抽象思维在恪守理念、厘清思路、把握方向等方面发挥重要作用。

发散思维、逆向思维等各种不同的思维形式与方法，均在艺术创意活动中显示其重要的地位和意义。以科技为基本形态的思维形态，也在积极地影响着人们的思维活动，成为创意思维中不可或缺的构成。

（四）价值体系的多样性

艺术创意具有多重的价值追求，形成了多样特色的价值体系。艺术创意的价值结构是在当代经济全球化、高科技化的背景下形成的，是伴随时代的发展而出现的重要现象。当代艺术创意的价值结构，既不同于传统的艺术创制活动，也不同于当代其他文化创造或物质创造活动。艺术创意的价值结构主要由几个方面建构而成：艺术价值、经济价值、人文价值、科技价值。艺术创意的价值结构，显现出与经济创意、科技创意等一般文化创意的差异性，在艺术创意中，艺术元素的含量与影响力具有特别重要的地位。

在整体的艺术创意活动中，艺术价值仍是最为重要的和基本的价值构成，是连接其他价值构成的核心与基础。

艺术创意的经济价值，已成为创意活动重要构成，其经济价值的日益彰显，突出地表明了当代艺术创意与以往艺术活动的重要区别。

艺术创意的人文价值，亦即在创意活动中丰富与广泛的人文科学意义的实现，成为艺术创意活动中的重要价值追求。无论是在艺术活动中，或是在一般物质生产或生活服务的过程中，均可体现出越来越丰富的人文价值。正是这一价值的彰显与增进，呈现出艺术创意深刻与厚重的目标体系。

艺术创意的科技价值，是指由于当代科技与艺术的广泛结合，在艺术创意活动中推出具有浓郁科技特色的艺术成果，进而显现出十分宝贵的科技价值。现代科技对艺术的渗入，已经不再仅仅具有外在的影响力，而是深深融入艺术创意活动的深层，成为艺术活动的重要构成部分，以及丰富艺术创意价值体系的重要元素，由此而使艺术创意活动受到深刻的影响。

可以说，正是由于艺术价值在整个体系中显现出的核心作用，方能将其他各个方面加以链接，以形成艺术创意活动的价值链。正是从这一意义来说，艺术价值不仅是其中的首要构成，同时也是链接其他价值的凝合剂。

二 艺术创意的实践意义及其价值实现

艺术创意属于应用理论的学科，其应用性亦即社会实践意义是显著的。艺术创意的实践意义可以从两个层次来理解，其一，在艺术活动中的实践性意义，亦即在艺术活动中突出艺术创意的精神；其二，在一般社会活动中的意义，是指在一般社会活动特别是物质生产活动中的意义。如果说，在一般社会物质或精神生产活动中，人们力图增加其文化附加值，而在艺术活动中，人们通过艺术创意，所提升的则是文化的总值。

体现于艺术活动中的创意行为是艺术创意的本体显现。

艺术创意活动在人类艺术发展史上早已有之，但与当代艺术创意有着重要的区别。当代艺术创意对艺术活动的推进，首先是审美意义的提升，以及娱乐价值的增进，而这两方面价值与意义的实现，还不是当代艺术创意与传统艺术活动的最根本的区别，当代艺术创意活动的主要特点在于全面提升艺术生产力水平，突出表现为艺术活动及其产品的大量涌流、艺术活动与创造人员的大量出现、艺术接受与参与人员的大量增加、艺术活动及其作品产值的大幅度上升等方面。

在其艺术本体上，艺术创意区别于以往艺术创造，主要体现于，其一，对各门类艺术样式元素的吸纳与整合；其二，对艺术之外的与其他人文学科和社会科学相关的元素的融入。艺术可以通过各种样式的融合，获得新的艺术元素的生成。在传统艺术的意义上，一般艺术创作大都局限于单一的艺术样式，或是视觉的，比如绘画、雕塑等，或是听觉的，比如音乐等。而人类艺术的发展，一方面催动着新的艺术样式的生成，另一方面又通过艺术样式的汇聚，生成一些具有综合性的艺术样式，例如戏剧，以及当代的电影与电视。在今天，艺术活动进入了新的时代，在文化交融与当代科技的推动下，艺术出现了更广泛意义上的新的整合。当代的艺术创造，可以在视听表现等方面具有更大自由与更广阔的时空，使得艺术家的创造性获得新的极富创新性的拓展，诸如数字艺术，以及影视大片、大型艺术、体育表演艺术等均具有这样的特点。

而在艺术活动的核心层面，艺术创意对社会发展的贡献则在于对艺术生产力的推进。在当代，艺术生产力及文化生产力对提升国家软实力乃至综合实力的意义已为人们所共识。艺术创意正是致力于艺术活动的开展或艺术产品的创造，增进艺术活动及其作品的文化与经济价值，促进艺术生产力的发展。

艺术创意体现于艺术活动的全过程，对艺术活动具有全方位的观照。艺术创意在艺术活动中的体现，主要表现在几个环节：

第一，对艺术活动或产品创制的整体性建构的创意，包括提出艺术活动或产品创制的设想与基本模式，艺术活动或产品创制的目标及其基调；

第二，对艺术活动及其产品创制的艺术内涵方面的创意，包括对艺术活动或产品创制主旨的提出、重要人物或物象的设置、情节的基本构想、其他文化元素的融入；

第三，对艺术活动或产品创制的艺术形式及语言方面的创意，包括各种艺术品类不同艺术形式与语言的综合运用，以及表现方式与手段的设置、科技元素及手段的融入等；

第四，对艺术活动或产品创制运行的创意，包括创作人员的构成，艺术活动的周期与时段的安排，对艺术宣传及其艺术营销的设想等；

第五，对艺术活动或产品创制的经济运作方面的创意，包括资金的筹集，投资与融资的落实与实施，经费在各分支项目或具体环节的使用，资金的投入与利润的估算，对可能出现的风险的预测等。

艺术创意在艺术活动实践中的作用，既不同于策划人，也不同于制作人，但与上述人员有着重要的连接。艺术创意既具有策划人、制作人的宏观意识，但又需要具有超出他们的艺术意识和目光；既应具有策划人制作人的经济意识，但又不必承担具体操作的职责。

艺术创意在艺术活动实践中也不同于剧作者、导演，但与他们也有着重要的联系。比较上述人员，创意的职责较为宏观，不承担具体的剧本创作或者作品制作的责任，但同时又必须对艺术活动或产品创制的艺术内涵与运行有着深度的洞察。

可以看出，当代艺术创意已经逾越了一般艺术创作的视阈，其视野的开阔，是任何艺术创作者所不及的，特别是当代的艺术创意者，已经具有了超越传统的艺术创作的各个部门的艺术家的职能与作用，具有了特殊的意义和价值。艺术创意与一般艺术创作的区别主要在于，大大增加了文化、经济与科技的因素。艺术创意的核心就在于创造更高的社会文化价值和经济价值。

将艺术活动纳入社会产业的体系，是对艺术活动的本体价值的拓进与深化。无论是按照国家有关部门的界定，或是参照国外学者的意见，艺术活动均属于文化创意产业的范围。根据国家统计局 2004 年公布的《文化及相关产业分类》的规定，应将文化产业分为核心层、外围层与相关层三类，而艺术则居于核心层。对创意产业，美国文化经济理论家凯夫斯（Caves）这样阐释："创意产业提供给我们宽泛地与文化的、艺术的或仅仅是娱乐的价值相联系的产品和服务。它们包括书刊出版，视觉艺术（绘画与雕刻），表演艺术（戏剧、歌剧、音乐会、舞蹈），录音制品，电影电视，甚至时尚、玩具和游戏。"[1] 在凯夫斯看来，几乎所有的艺术活动都应纳入创意产业的范畴中来。

---

[1] 理查德·E. 凯夫斯：《创意产业经济学》，孙绯等译，新华出版社 2004 年版，第 3 页。

　　艺术活动从来都是具有经济价值的，但在以往，人们没有能够充分认识这种价值及其社会意义，特别是对社会产业发展的巨大推动作用。马克思十分重视艺术的经济价值，在《1844 年经济学哲学手稿》中，马克思一方面把政治、艺术和文学理解为"工业的一个特殊部分"①，把精神生产与物质生产统一起来，另一方面将其纳入社会的精神生产的范畴，从而对艺术活动做出十分精深的剖析。在当代，人们对艺术的经济价值与市场价值的发掘与开拓，正是对艺术的社会价值的科学认识与发展。

　　艺术创意无论何时也不可忽略艺术活动及其产品的审美价值提升，一方面，这是创造艺术社会文化价值的必需；另一方面，失去了对审美价值的追求，其经济价值也就无从谈起。艺术创意的审美价值主要体现为，其一，致力于增进其人文含量，促使哲学、宗教、道德、历史等因素的进入；其二，增进艺术各部类相互间的融合，大大提升其艺术的表现力以及对社会大众的感染力；其三，大幅度增加科技因素，使之成为当代艺术创制活动不可或缺的基本构成。正是在这些方面，艺术创意凸显出与以往艺术创作的重要差异。

　　任何艺术创意活动的进行，均不能不考虑其经济价值的实现，亦即与之相联系的经济运作、项目实施、产品营销、成本核算等，还要对艺术活动实施的各种风险做出预案。为了追求艺术活动经济利益的最优化，就必须在艺术创意中充分考量市场的需求，以及与艺术活动或产品创造相关的各种因素，按照经济与市场规律办事，力求争取更多的受众与更大的市场，确保在其价值链中获得更大的收益。

　　除却那些需要以保护的方式运作的传统文化遗产、艺术遗产以及需要实施公益性服务的艺术活动外，一般的艺术活动均不能不考虑其经济效益。文化及艺术产业已经在许多国家生成巨大的经济效益，甚至在其国内生产总值中占据重要的地位。当代的艺术创意活动，其重要使命之一就在于适应社会发展的要求，使之真正成为社会产业发展的重要行业与部门。

　　即使是作为公共文化或公益性服务文化范畴的艺术活动，或者是国

---

　　① 马克思：《1844 年经济学哲学手稿》，载《马克思恩格斯全集》第 42 卷，人民出版社 1985 年版，第 127 页。

家予以保护的传统文化艺术，人们也不能不认真核算其经济投入以及产出。作为公益性文化，政府或社会同样必须付出大量的建设资金，同样必须充分考量其价值或价格的因素，公益性文化艺术一般由政府出资，其成果免费服务于社会，而服务的成本同样是必须清楚的，同样需要争取更多的受众，实现更加理想的社会效果。

三　艺术创意当代价值的拓进与延展

在当代，艺术创意具有更广泛的社会实践意义。正是在更加广阔的领域，艺术逐步走向与社会精神生产、物质生产及其人类生活的结合，亦即人们指称的生活的审美化与审美的生活化时代的到来。艺术创意在更广阔的时空发挥作用，正是其价值的拓进与延展。

艺术创意对一般社会物质或精神创造活动的作用，体现于社会生活的各个方面，既包括人类的精神活动，也包括人类的物质生产与生活。对前者而言，艺术创意可以在社会各种精神性活动中发挥作用，主要是指与人们的精神生活相关的具有一定创造意义的活动，例如新闻、出版、哲学与社会科学研究、旅游等，同时也会进入更多兼有物质创造与精神创造双重意义的社会性活动之中，例如会展、美容、装饰、广告、建筑、城市环境、体育等，增进其生动性、形象性、审美性，促使上述活动与大众更广泛更深入地结合。而在当代文化创意产业进程中，艺术创意更多地作用于社会物质生产以及生活的各项活动，其中许多方面也同样具有一定程度的精神因素。

艺术创意在一般物质生产活动以及其他社会活动中的作用或意义，是将艺术创意的思想或行为实施于社会物质生产及社会活动之中，促使社会物质生产或其他活动增加文化附加值。通过艺术创意，实现物质生产活动文化含量与品位的提升，正是创意产业乃至文化产业的核心追求所在。艺术创意作用于物质生产活动，特别注重突出艺术与审美诸多元素在物质生产活动中的影响及其意义。而一般经济创意或科技创意，则是更多突出人文的经济的科技的元素。特别值得注意的是，各种人文、经济、科技元素的融入与魅力的生成，一般又总是与艺术的审美的元素凝结于一体并产生合力作用的。

（一）艺术创意对社会生产与生活的影响，首先体现于艺术审美观念的融入

艺术创意对一般社会物质或精神创造活动的渗入，是当代审美意识

日常化和日常生活审美化的重要体现。由于社会的进步与发展，人们通常在日常活动与生产中融入更多的审美和艺术的因素，以增进物质产品以及日常生活的审美含量，提升生活与产品的艺术或娱乐趣味，引发人们参与或购买的欲望。一件具有相同物质性价值的产品或是具有类同物质含量的社会活动，往往因为其艺术或审美含量的差异，而最终显现出价值的较大落差。正是基于此，人们充分利用艺术与文化的力量，增进其物质生产及其生活的文化或艺术含量，从而大大提升其实际价值。

在一般具有一定精神特性的物质生产与生活中，人们实施艺术创意，往往是以艺术的元素为基础，以人文的精神为核心，体现出对真善美的追求，以及对历史的进步趋向和社会理想的顺应与遵循。其间，艺术的元素往往与人文元素融合为一体，特别是与人们的社会理想相一致的优美、壮美、崇高、滑稽、喜剧等因素的融入，均会在其中发挥重要的作用。

优美的样态和韵味，仍是人们对艺术情境最普遍最重要的追求。优美的核心在于和谐，在审美与艺术范畴中居于基础的和本体的地位，表现出人们对审美活动的基本需求。在当代审美意识生活化进程中，人们对优美的样态与韵味仍旧情有独钟。特别是体现于日常生活、居室、服装、休闲、娱乐、旅游等方面的创新与建设，和谐美的追求仍是最重要和最基本的。

同时，人们也同样不拘泥和谐美，而是朝着更为丰富与多元的艺术样态发展。其间，壮美的形态在物质生产领域中体现得较为丰富；而在许多活动中表现出的滑稽、幽默、诙谐等具有一定喜剧色彩的追求，也已成为当代社会物质生产与生活中的重要构成；甚至是某些具有荒诞意味的样态，或是偶尔出现的偏于丑的样态，有时也可以适应某些受众的需求，成为人们精心创造的重要元素。

（二）艺术创意对社会生产与生活的影响，还体现于艺术审美形式的融入

在艺术作用于物质生产活动或生活的过程中，人们通常都是通过对物质生产活动过程中艺术的或娱乐因素的有机融入，以提升其视听或综合审美效应，增进其感染人的魅力。其主要因素包括色彩、造型、线条、节奏、旋律、语言、情节等。而在各方面元素的融入过程之中，又必须遵循艺术形式美的基本组合法则予以有机组合，使之形成新的具有

更加突出的美感魅力的样式。例如整一、对称均衡、节奏韵律、调和对比、比例、多样统一等艺术形式美的基本组合法则，对各种物质产品创造与精神创造的活动同样是适合的，只有遵循上述法则，方能获得更加丰富的形象的展现、氛围的渲染、意境的生成。

人们对艺术美基本法则的遵循，主要适应于那些优美的或曰和谐美的物象与意境的创造。人们在对艺术之外的物质生产或精神生产的审美追求中，其和谐美的创造是主要的，它符合社会及大众对一般美的事物的追求的意愿。而在有时，也可以在多样统一法则的指导下，予以适度的变异与夸张，创造出与物质产品相适应的具有异样意味的产品，同样可以为社会和大众所需要。换言之，即使是在一般物质生产和生活中，人们也并非仅仅需要和谐美的物象与意味，有时出现一定的变异意味或色彩，反而可能获得大众更广泛的欣赏与接受。

艺术元素融入物质生产与生活的方式是多种多样的。对单一的或简约的物质产品来说，一般可以借助于一个方面的艺术形式因素，而对更多复杂的物质产品的生产，人们则往往将两种或更多艺术形式美因素融入其中，以加大其美感含量，提升其审美魅力。与此同时，还需要在生产中更多地体现出对人的关照，如尽可能地增进满足人们舒适与便捷要求的程度与水平。

在当代，艺术创意已经渗透于人类社会生产与生活的各个领域，艺术审美形式的各种元素，包括艺术的造型、色彩、声音、语言等，均可以融入物质生产的创造活动中去。当代设计艺术的迅速发展，特别体现出艺术创意与社会物质生产及其生活结合的特性。设计艺术的拓展，包括工业设计、会展设计、环境设计、装饰设计、服装设计、建筑设计、装帧设计等，许多方面均已进入艺术的领域，同时也有更多物质生产与生活样式正在逐步与艺术结合，增进艺术的含量。而且这种结合不再仅限于设计艺术的范围，而是进入与表演艺术、音乐艺术、影视艺术等领域的结合中来，实现更为广泛的融合与链接，获得十分突出的效应。

有时，艺术创意未必能够在物质生产与生活创造中独立地发挥作用，还需要与经济创意、科技创意相结合，方能获得更为显著的效果。

与经济创意的结合，体现于按照经济的规律与特性，依据物质生产与生活的需求进行设计。首先，在生产中遵循优化、高效的原则，以求创造更大的利润；其次，遵循人性化的原则，与人的各种基本需求相适应。在这样的基础上，充分展开艺术创意，使之产生巨大的能量，在与经济需求的结合上获得有机的统一，以求产生更大的市场魅力，获得更大的增值。也正是在这一意义上，艺术创意方能实现其核心价值。

与科技创意的结合，可以生成更多新的创造。随着数字技术的日益精深与拓展，依据计算机制作方式及其效果实现将会成为艺术创意的重心；利用声光电技术进行的创造，更多地体现于各种丰富的异彩纷呈的综合类活动之中；对新材料的借重，更能体现艺术与高新技术结合的特点，许多新型材料本身具有的光洁度、色彩、质料、体量等，内在地显示了艺术的特质；将网络与电视的艺术表现熔为一炉，可以借助媒体的力量，充分开掘人们的创造能力或潜质，促使人们以新的科学思维参与艺术创新，使之生成更加丰富的内涵以及奇幻的境界，引发人们浓郁的观赏欲望。

艺术创意的影响通常又是与经济创意、科技创意的影响相互交融并生成合力作用的。一方面，在艺术创意本身，业已存在一定经济与科技的影响，但由于其时艺术与人文的元素居于核心的位置，艺术以外的经济与科技的因素不可能大量涌入；另一方面，在进入物质生产与生活的创新活动之中，更需要与经济创意、科技创意实现紧密的结合，融入更为丰富的经济与科技的因素，实现艺术、人文效应与经济效应、科技效应的同步提升，产生更大的文化价值与经济价值。

迄今，艺术创意业已显现出开拓性、创新性、跨学科性等特点，正是这些充盈着进取意识与理想的精神所在，昭示着艺术创意将在社会文化创意产业中发挥更为重要的作用。然而人们对艺术创意的研究仅仅是初步的，尚需要各界给予广泛和深度的关注，付出巨大的努力，方能使之逐步走向完善与成熟。

第二节　艺术创意：艺术学理论研究的新维度①

在当代艺术活动中，艺术创意及其研究已经成为引人注目的现象，显现出广阔的前景。作为研究艺术活动本体特质及其活动规律的艺术

---

① 本节主要内容已于 2008 年《艺术学研究》刊载，南京大学出版社 2008 年版。

学，应当将艺术创意纳入自己的视野，并作为学科研究的重要拓展，使之成为体现了当代社会艺术活动鲜明特点的重要维度，进而彰显其丰富和多元的意义，促使其在文化建设与发展中发挥更大的作用。

一　艺术创意是艺术活动的核心与灵魂

艺术学研究不应是一个封闭的体系，而应成为开放性学科。任何学科，一旦将自身置于封闭的状态，也就自然失去了生存的活力。传统的艺术学研究往往拘泥于单一艺术史论的研究，而在当下，则应拓展其理论外延，使之融入文化建设与发展的时空之中，适应社会文化发展的需要，服务于文化建设，在 21 世纪文化建设中寻求新的发展。在当代文化大发展的态势下，艺术学研究更应拓宽研究视野，探索融入文化艺术建设的途径与渠道，在不同的层面间接或直接服务于文化艺术的建设。其实，艺术学从来也不是一个单纯的理论性学科，它一直将艺术批评的理论与实践作为自身的重要使命，具有应用的意义。当代艺术学的基本构成，应当包括以下几个方面：第一，艺术理论研究；第二；艺术史研究；第三，艺术批评研究与实践；第四，艺术与其他人文或社会科学相关的研究，诸如艺术传播学、艺术产业学、艺术经济学、艺术科技学、艺术民俗学；第五，艺术与其他应用类学科相交叉的研究与实践，诸如艺术管理学、艺术统计学、艺术信息学等，其中，艺术创意研究与实践应当作为重要的一个分支，成为其中一个重要的维度。

艺术创意主要是在当代各类艺术活动中从事创意性工作的活动，在一定意义上正是艺术与创意的结合。创意，是对一种意味、意象或意蕴的创造。文化创意或艺术创意，是指在文化活动或艺术活动中的创意。体现于一般艺术活动中的创意性行为，可以指称为一般意义的或狭义的艺术创意。而从更广义的视野理解艺术创意，是指对一项具有创造性的活动融入了艺术的内涵，彰显了艺术的特质。本节主要着力于对艺术活动中创意精神与行为的阐释。

艺术创意是在艺术活动与创意实践的结合的基础上实现的，具有深厚的理论内涵，同时又具有丰富的实践意义。其理论内涵，包容了艺术学、管理学、经济学、信息学等多方面的知识，是多元知识结构的整合，同时，艺术创意又具有浓郁的实践性特色，是将多元理论运用于艺术活动的创造性实践活动。

与创意最为接近的概念是创新与创作，其间既有一定的联系，也有明显的区别。其联系与区别不仅体现在语义上，同时更深刻地体现在内涵上。

艺术创意具有丰富的内涵。创意与一般意义上的创新有着一致的方面，主要体现在：其一，无论是创意，还是创新或创作，均具有创造的意味，即在前人的基础上实现新的跨越。其二，它们均具有出新的意味。亦即创造的内容具有新颖的内涵。正是由于此，艺术的创意、创新抑或创造，均具有将艺术活动推向新的层次或新的视域的意义。

与此同时，艺术创意与创新或创作的区别也是明显的。

创意多为原创，创新可以是原创，也可以是在其他基础上的创造。在艺术活动中，创意多对一项活动的整体性构想及其运作形式的谋划，通常具有原创性。而创新则是指在一般活动中基于既有的条件和基础，对艺术或技术的更新与改进，或者是对某种观念或者理念的出新或提升。

创意着力于文化内涵，以及艺术内涵的打造，创新可以是文化的，也可以是技术层面的。艺术创意较多凝结于对艺术活动文化内涵以及审美境界的实现，而创新则致力于新的理念及其目标的确认与实现，其是否具有浓郁的文化内涵并非必需。

创意始终伴随着意象和形象，创新者可以是理性的和逻辑的。由于创意是对整体艺术活动的构想，因而创意的过程更具有形象思维的特点，在一定意义上，创意正是对一定意象以及充分文化意蕴的文化符号的创造，同时也不乏理性思维的意味，因而艺术的创意也同样，还必须以特有的意象和形象为伴随，贯穿于艺术创意的始终。而创新则或者伴随意象或形象，同时也可以成为单一理念的、纯粹抽象思维的、逻辑演绎和推理的活动。

创意多为整体性的，创新可以是局部的或是单一环节的。创意既具有整体性，同时也具有综合性、多元性，较多体现为一个相对完整的过程，而非单一的环节。而创新则可以是整体的，也可以是局部的或单一环节的。

综上，艺术创意是在当代社会发展中的重要文化现象，它注重于艺术活动过程和环节的完整性，以及意蕴或意趣的整体与多元性建构，显示出原创的意义。艺术创意是艺术活动的核心与灵魂。

二 艺术创意的凸显是当代文化创新的必然要求

艺术创意的出现具有特定的时代与社会背景，是历史的必然，也是艺术发展的必然。

从宏观意义上讲，自人类有艺术活动以来，便有了创意，但是在长期的艺术活动中，创意通常是与艺术创作融会在一起的。到了20世纪末，创意进而又与策划和管理相交叉，但至少在二十年前，创意没有也不可能得到人们的特别关注，甚至极少看到创意这个词语，更不可能成为一个具有学科意义的范畴。只有到了20世纪的后期，伴随社会政治经济文化的综合发展，以及文化创新的要求，创意或文化创意才能够显现出本体的意义而获得重要的地位和价值。与此相适应，当代艺术活动也对艺术创意提出了前所未有的要求，艺术创意同样具有了本体性地位和意义。

（一）艺术创意与文化创意有着密切的联系

文化创意更多体现于当代人类物质生产活动以及文化产业活动中的方方面面，其本质就在于努力为人类社会的各种活动特别是物质生产活动融入文化的因素与含量，以期大大增进其文化的附加值，获得更为显著的经济效应。艺术创意与之非常接近，首先，艺术创意从属于文化创意，是文化创意的有机构成，应当说，它是文化创意中最具核心意义的成分。人们或许会质疑，艺术活动本身不就是创意行为吗？的确，在历史上的艺术活动中，艺术创意是广泛存在的，但是从来也没有像今天这样赋予艺术创意如此丰富和深厚的内涵，也从来没有像今天这样对艺术创意人才有着如此迫切的需求。在传统的艺术活动中，基于各种条件，事实上，有的艺术经营者、艺术家、艺术活动家、艺术经纪人等均承担起一定的艺术创意的工作和责任，甚至有时某些艺术家也兼有艺术经营者、艺术策划者的职能，其实质也已兼起了艺术创意的责任。但其时，人们并没有意识到艺术创意应当具有如何重要的地位。而在当代，由于社会多种因素的出现或衍变，艺术活动已经出现了重要嬗变，甚至是本体的变化，从来也没有像今天这样对艺术创意有着如此迫切的需求。

（二）艺术活动综合性与多元性的凸显

在当代，艺术活动越来越呈现出多元的、综合性和多层次性态势，以往那种单一音乐、美术、戏剧、文学等样式的艺术活动越来越被两种或多种艺术样式的结合所替代。以新颖的多种艺术样式相融合的艺术创造体现出极大的艺术魅力和对受众的吸引力,从而形成很大的艺术优势。而在这样的艺术活动中,传统的艺术形式显得单一和苍白。面对这样的态势,仅掌握单一艺术形式创作的艺术工作者已经很难应对多元艺术综合呈现的要求。

（三）艺术创造内部基本构成的演变

由于各种因素的促成,当代艺术活动的内部构成发生着较大的变化。在人员构成上,越来越趋向于不同专业特点的人员的组合来代替传统的单一艺术人员的构成,特别是当综合类艺术越来越成为重要的艺术样式时,依赖传统的单一的艺术创作人员的工作已经难以完成复杂的过程,而是需要多样的人才结构形成整体性的艺术人才群体,方能完成艺术创作;同时,艺术活动中科技含量的增大,也需要更多方面的人员参与其间。对艺术内涵的传播因素,包括传播的技术、传播的方式、传播的功能等,都成为艺术活动的组织者、策划者不能不考虑的方面,而这些方面恰恰是一般的艺术工作者难以顾及的,也是很难把握的。

（四）艺术活动科技含量的剧增

有史以来从来没有像现在这样艺术与科技获得如此紧密的交融。当代科技的迅猛发展极大地促使着艺术的发展,人们看到,任何当代的科技成果,只要有可能,就会迅速地融入艺术活动中来,以增进艺术活动的视听魅力。任何艺术样式都难以离开科技的推动,同时任何样式的艺术,凡是能够自觉融入科技因素,就能够得到发展,凡是难以融入科技因素,或是拒斥科技的融入,就势必走向式微或衰落。而对艺术创意者来说,比较熟悉科技的发展以及懂得科技与艺术的关系的人,才能够较好地从事艺术活动的创意。

（五）文化产业与艺术市场的要求

文化产业,特别是艺术产业的发展,对当代艺术活动的基本构成也提出新的要求。文化与艺术产业的迅速发展,使得当代艺术活动不再如以往那样仅仅是作为精神的意识形态的活动而存在,而是以其前所未有的姿态出现在艺术经济与产业的领域,成为当代社会无论哪个国家都不能不予以重视的内容,对国民经济的增长具有举足轻重的地位。这就要求绝大多数艺术工作者均要注重艺术活动的经济与市场的因素,以及艺术活动能够达到的市场效应,对产业发展的贡献等。而在这些方面,同样是传统的艺术活动难以顾及的。

基于这些因素，人们看到，一个特殊的、具有新颖的使命与功能的艺术活动类别及其人员的出现，亦即艺术创意人才的呼之欲出。这种人才的存在意义及其特质具有极强的当代性，只有在当代文化发展与建设的历史时期，人们方能看到艺术创意的地位与存在价值。艺术创意活动开始从诸如艺术策划、艺术创作、导演与导播、艺术管理、艺术传播等功能中分离出来，逐渐具有了自身的本体性意义与突出的特性。

人们最易将艺术创意等同于艺术创作。长期以来，人们很难将关于一件作品的创作与创意分解开来。这是因为，在一般意义的创作特别是在具有个体性的创作活动中，艺术创意与创作常常是融为一体的。但是在当代，艺术活动与创作越来越多地具有了集体性与综合性特点，因此，艺术创意就成为艺术创作之前及整体过程中的具有总体设计意义的创造性活动，越是在大型的具有多元艺术特质的创作、制作活动中，就越需要有艺术创意者对创作群体与进程予以统筹及整体性把握。

艺术创意有时接近于编剧，但也有着重要的区别。编剧一般负责对戏剧或影视剧本的全面创作，而对与艺术创造相关的其他各个环节与流程则很难顾及，艺术创意虽然应对艺术活动的整体构架乃至剧本提出整体意见，但是却不必承担剧本撰写的具体工作，而是注重于艺术活动的所有环节与全部流程，进行丰富的具有创见性的构想。

而在更多的艺术活动中，艺术创意有时与导演近似，但导演的职能是对艺术的整体品位和艺术创作负责，而不必对艺术创作与制作之外的其他方面承担责任。长期以来，由于电影与电视剧艺术创制机构的基本建制，许多导演事实上已经承担了部分的创意性工作。特别是在曾经出现过的导演中心制时代，导演其实已经代行了创意的职能。而在那时，人们尚未意识到专司艺术创意的人员的出现与存在的必然性。

艺术创意的功能与艺术策划的功能很接近，但也有所不同。艺术策划一般出现在艺术活动初始时期，而艺术创意应存在于艺术活动的全过程；艺术策划重在对艺术活动的基本构成以及艺术活动的人员结构予以布局和启动，艺术创意则重在对艺术活动的深层结构以及内涵予以建构。

艺术创意的功能与艺术管理也比较接近，但差异也是明显的，艺术管理重在对艺术活动的启动、运行、经营以及资金筹措、融资、经费支出、风险控制等方面的活动予以掌控，以及对艺术活动人员的任用、人员之间关系的调节等。而艺术创意则重在对艺术活动中可能实现的经济与市场指标进行预测及评估，以及对如何实现最优化的人员结构、运行方式提出方案，亦即重在提出谋略，而并非具体实施。

艺术创意与艺术经纪人也有类同之处，但也存在大的差别。艺术经纪人重在帮助艺术家以及艺术经营者如何实现最大的效益，其中包括提出具体的经营方略、经营手段，以及经营过程的掌控等，而艺术创意则重在对艺术活动的内部艺术层面的结构与样态予以建构，以期帮助艺术家、艺术经营者在实现艺术层面的顺利运作的同时，实现其市场或产业的成功。

综上所述，艺术创意人员与以上人员差异的根本所在，主要体现于艺术创意者主要针对艺术活动的内涵层面与本体方面，一般不承担具体的艺术创作以及艺术活动的运作、经营等工作。它既是艺术活动的创作群体的重要构成，同时又对艺术活动的全面运作予以把握与思考，既要对艺术项目与艺术内涵的深化负有责任，又要注重艺术活动的外部因素可能带来的影响。

三　艺术创意的特性及其当代使命

经过近年来的艺术实践与理论探索，艺术创意越来越显示出重要的特性：

第一，艺术创意具有创造的超越性。主要体现在，艺术创意通常具有异样的超越的样态和意义，可以打破艺术活动的既有状态，形成对艺术形式或内容的超越与意义的翻新。亦即通过对一个普通的样式所具有的意义的解构与再创，使之具有新的内涵和鲜活的生命力。艺术创意所生成的奇特构想，可以使艺术活动突破既有的意义，生成巨大的能量和诱人的魅力，具有前所未有的新奇的意义。

第二，艺术创意具有想象的链接性。艺术创意可以体现于一个创造性活动中的艺术性的构想，也可以体现于一个艺术活动的整体过程乃至每个环节的创造性构想。在艺术创意过程中，通常在对一个具体环节的创造性构想出现之后，又会出现一连串的具有价值链意义的更多的构想，这些构想既是单一的个体，同时又具有相互链接的意义，亦即多个创意性构想具有类同的性质，具有类同的价值趋向，同时具有可以相互融合与交叉的特性。这样的创意过程，可以称作创意链。一个较大规模的艺术活动，通常需要众多单一创意的链接，同时更需要构成创意的集合体，或者称作创意群，以推进艺术活动的运行。

第三，艺术创意具有思维的交融性。其交融既体现为不同思维方式的交叉，也体现为思维方式的融合。在艺术创意中，由于其具有巨大的创造的特性，因此必然具有理性的意义，既具有理性的思维特性，同时具有理性创造的目标取向，特别是在艺术活动及其作品的价值定位、精神取向等方面，理性的因素必不可少。同时，艺术创意还需要更为广阔的视野，涉及更加广泛的领域，例如艺术作品与艺术营销之间的关联、艺术创作与艺术传播之间的关系等，均表明作为艺术创意，仅仅具有理性或仅仅具有感性都是不够的，或是难以完成的，因为作为艺术因素，又势必具有感性的因素，情感与想象也就融入其间了。理性是骨架，感性是血肉；理性是方向和目标，感性是其间特别活跃的因子。

第四，艺术创意具有审美的通感性。由于当代的艺术创意并非一个艺术活动方式或艺术创造方式所能完成，因而创意者必须在审美感觉与知觉方面具有通感的能力，亦即具有联觉或通觉的素质。正如钱钟书所云："在日常经验里，视觉、听觉、触觉、嗅觉、味觉往往可以彼此打通或交通，眼、耳、舌、鼻、身各个官能的领域可以不分界限。颜色似乎会有温度，声音似乎会有形象，冷暖似乎会有重量，气味似乎会有锋芒。"[1] 其间，创意者比任何艺术家都需要更多地实现以通感或曰联觉的心理方式予以审美建构。艺术创意既可以是微观的，也可以是宏观的。小到一个突发奇想的点子，大到对一个区域一个时期的整体艺术构想，均可以创意出美妙绝伦的意象或意境来，特别是在当代，艺术创意更是体现为多种艺术类别的交融，多种艺术语言的交融，多种艺术方式的结合，以及多种学科理论与知识的结合，多种思维形式的交融。在这样的艺术创意中，可以驰骋想象，极大地发挥艺术想象与联想的作用，以实现创造性思维的极大魅力。艺术创意不仅可以出现在单一的艺术形式中，同样可以出现在不同艺术样式的结合之中，以及不同学科、不同领域的结合之中，以形成对艺术活动以及艺术作品的异乎寻常的跨越，产生更大的魅力。

---

[1] 钱钟书：《七缀集》，载《通感》，生活·读书·新知三联书店2002年版，第64页。

　　艺术创意在当代艺术活动中具有重要的、难以替代的作用，承担着重要的使命。

　　艺术创意应当承担对艺术活动内容、主题、体裁的构想，特别是对一项重要艺术活动的缘起，艺术创意者应当具有敏锐的思绪和创造的活力，能够基于对社会文化艺术活动的宏观观照，迅速生发对某项艺术活动、艺术项目极大的创造欲望。

　　艺术创意应当对艺术活动或艺术作品的创造与制作承担整体风格与品位的定位的责任，亦即依据创意者对特定的地域及人群的接受特点的把握，对艺术活动及其作品的形式特点与风格做出恰如其分的设置，对情节与结构做出富有创见的与其风格特征相适应的建构。

　　艺术创意应当对艺术作品中艺术形象的设计以及艺术意境和最终目标的设定，提出充分的构想。对形象的构想，既包括人物形象，也包括环境物象的设计，同时又要对该形象体系可能出现的艺术效应和社会效应予以充分的估计和应对，以求使之更快更广泛地出现辐射性效应，实现艺术形象及其意境的社会效应的最大化和最佳化。

　　艺术创意应当基于艺术实体的基本条件和艺术创作的需要，将视野拓展于尽可能大的空间，对艺术主创人员的遴选提出具体意见，同时对主创人员应付予的酬金和待遇做出符合实际且最佳的方案。特别是面对艺术人才市场纷纭复杂和充满竞争的态势，更应当审时度势，对人才的选择做出既符合艺术创作的需要，同时又利于最佳目标的实现。

　　艺术创意应对艺术活动的投资、成本、回收与盈利的经营性目标的提出预案，特别是应基于实体的条件与可能达到的投资与融资的条件，对该项活动需要付出的成本予以估算，对市场营销方式提出实施方案，对该项活动可能获得的收益进行预算。

　　艺术创意应对艺术产品的传播形式、方法、规模等提出预案，同时还应包括传播领域及其传播客体的分析，以及传播效应的实现，以求获得最优化的传播与运行方案。

　　艺术创意应对该项艺术活动的产业规模、市场效应进行全面预测，对社会需求的呈现予以勾勒。在预测中，应当基于该项艺术创制及服务活动的特性，以及不同受众群体的接受心理状况，对其市场效应予以客观的估计及预测，确立该项艺术活动的基本市场定位。

　　艺术创意应对艺术活动及其产品的后续性开发提出预案，包括对艺术活动及其产品与后续产品开发的链接，后产品开发的定位、开发规模、运作方式等进行科学的构想，特别是对艺术活动及其产品中可能推出的具有品牌意义的形象设计及其在后产品开发中的意义与价值，应当予以充分的估计和拓展。

艺术创意应对艺术活动多样性目标的实现做出预测和可行性报告，对艺术活动的社会效应、精神效应进行分析，在充分认识其积极的和正面的艺术效应的同时，对可能出现的负面的精神效应以及消极社会影响，应当从艺术活动初始便采取及时的和必要的措施。还要对该项活动可能遇到的困难与障碍做出充分的估计。对艺术创制或服务的整体过程中可能出现的各种不利因素提出充分的警示，并设置必要的防范预案。

艺术创意人员的职能与其他人员虽然有一定的交叉，但又明显看出艺术创意的功能的独特性以及意义的鲜明性。艺术创意是杂家，但又是艺术活动、艺术创造的灵魂或中枢。其独特的功能以及作用是其他人员难以替代的。同时，艺术创意又不是万能的和决定一切的，不能取代艺术创造活动过程中的其他任何环节，而是为艺术创造活动提供预案和精神指导。在当代，许多重要的艺术活动及项目的运作成功，主要来源于好的创意，这正是艺术创意人才聪明才智的表现。

艺术创意人才具有突出的特征。

第一，艺术创意人才必须懂得艺术活动基本规律。创意者必须十分熟悉艺术活动基本规律，以及各艺术门类的本体特性。他可以对多种艺术种类的技能操作不甚精通，但必须熟悉其艺术的一般特点与规律，包括熟悉各艺术门类的艺术一般语言、形式特点和创作规律。

第二，艺术创意人才须懂得各类艺术形式的基本特点。亦即懂得各艺术门类的形式因素与艺术语言特点，懂得艺术活动的一般创造手法和创作技能，创意者当然不可能熟悉所有艺术门类的创作语言，但是应该懂得艺术活动一般的创作规律，同时也应尽力熟悉一个或两个艺术门类的艺术创作语言，以求可以借助于艺术语言与形式的因素，予以良好的创意。

第三，艺术创意人才须熟悉艺术家创作的特色与心理特点。是指熟悉和了解一般艺术家的创作心理与创作流程的特点，特别是对不同艺术门类的艺术家的创作心理有所了解，懂得一般创作的规律，甚至不排除个人有时可以参与一定的创作。

　　第四，艺术创意人才应熟悉一定的现代科学技术知识。在现代社会，艺术创意者应掌握一定的科学技术知识，特别是在当代以电子技术为龙头的科技发展的时代，只有较多得懂得科学技术知识，才能够在艺术创意中较多和较准确地考虑到科技因素如何渗入艺术活动，以大大增进艺术的审美含量。

　　第五，艺术创意人才须懂得艺术经济与市场的基本规律，以及艺术制作、传播与营销的运行方式。由于社会越来越将艺术活动更多地推向产业和市场的领域，艺术与其他文化活动一道，更多地承担起艺术产业与增进国民经济增长的重任，因此从事艺术创意，势必要更多地考虑艺术如何服务于社会经济增长，以及如何与社会经济活动更多交融的课题，艺术创意者在创意的初始，就应将其可能或者应当在经济方面得到如何的效应纳入自己的视野，以求促使整体的艺术创意为更多大众所接受，获得更大的经济效益。使之对文化的发展与经济的发展做出双重的贡献。

　　第六，艺术创意人才还应懂得不同地域民族人们特有的接受心理。为了获得艺术与经济的多方面收获，艺术创意应当研究与熟悉各种不同地域和人群的艺术接受心理及其接受的基本状况，许多艺术的创意实质上是为一个特定的区域的人们服务的，有的则将其视野拓展到更广阔的领域，以求获得更广阔的接受群，从而获得更大的效应。因此，艺术创意者对一项艺术活动的区域性定位应当比较准确，同时应熟悉该领域接受人群的各种心理状况，从而能够在艺术创意中自觉与自如地融入与其相适应的艺术元素，最大限度地满足人们的审美心理需求。

　　基于以上论述，可以看出，艺术创意者兼有艺术创作者、管理者、策划者等职能，艺术创意者既应具有宏阔的视野，同时具有细腻的微观的创造能力，艺术创意人才既基于理论层面，又兼有应用特征；既富有研究素质，又具有批评内涵；既具有文化特征，也有管理运作的能力；既具有理性思维，又富有创造性想象，以实现其理论构想与实践操作的结合，以及理性思考与想象性创造的结合。

　　艺术创意者不承担具体的艺术创造活动及其工作，但又不应是空谈家，而应立足于对艺术活动的内部规律及其创新的特点予以特别关注，力求不断推出具有一定创造水准的成果。因此，艺术创意人才应具有特有的丰富的知识结构和心理素质。既应具有坚实的哲学及艺术理论功底，也应具有一定的艺术创造形式规律及其创新能力，还应具有一定的管理与经济理论及其运作能力，以及必要的科学技术知识和运作能力。

可以预见，在今后的时间里，将会有更多艺术创意人才涌现，甚至出现一个个艺术创意人才群体，成为当代艺术活动中的新兴的、最具活力的创造性群体。

第三节　艺术创意与民族元素[①]

在当代许多艺术创意活动中，人们较多地融入不同民族的文化元素，以求增进艺术活动或作品的审美内涵，提升其文化品位。这样做，既是艺术创作的必要，也是对民族文化精神的传承与高扬，具有重要的意义。

一　民族元素是艺术创意的核心元素之一

艺术创意，是指在各类艺术活动中环绕艺术创造所从事的创意活动，是艺术与创意的结合。创意，特别是文化创意，是对一种意味、意象或意蕴的创造。体现于一般艺术活动中的创意性行为，可以指称为通常意义的或狭义的艺术创意；而从更广阔的视野理解艺术创意，则是指在所有具有创造性的活动中融入艺术的内涵，彰显审美的特质。

人们在从事艺术活动中，为了使该项活动或产品具有更丰厚的文化含量，需要融合与杂糅进更多的文化元素，比如，地域元素、历史元素、社会元素、心理元素、审美元素等，民族元素是其中重要的构成之一。特别是当代，由于艺术活动呈现出多元与融合的态势，以及高新科技的进入，艺术创意更具有了新的意义。重视民族性文化元素的追求，增强民族元素的含量，是完成艺术创意不可或缺的重要环节，也是努力展现该民族文化特征、推进文化创新的重要途径。

民族文化元素，氤氲于一定民族物质生活与精神生活的方方面面，浸染于民族成员的精神、生活与语言行为之间，是某一民族特有的，能够昭示该民族文化特质、呈现民族文化精神的基本元素。既包括人们在物质生产与生活方面的种种方式与成果，更包括人们精神生活的所有构

---

① 本节主要内容已于 2012 年第 1 期《百家评论》刊载。

成，诸如民俗礼仪、艺术活动、语言文字、衣食起居、娱乐休闲等，乃至与人们生活相连的、赋予其人文特色的动物和植物，也可称为该民族的文化元素。基于生存与发展的需要，上述元素不断予以凝定和强化，形成该民族人们普遍认同与恪守的方式与准则。大量民族文化元素均属于民族文化遗产，应当予以充分的保护。在艺术创意活动中较多融入民族文化元素，正是对文化遗产实施传承与保护的重要举措。

民族文化元素具有丰富的内涵，通过对各类元素的考察与认知，方能洞悉其本原的意义，判定其历史与当代价值。

在其表现形态的层面，可以看到，艺术创意中的民族文化元素呈现出鲜明的特征。一般来说，民族文化元素均属于该民族原创的，或者主要方面是属于原创的，缘于该民族人民在社会实践特别是审美实践中的创造，是其智慧与才华的结晶；民族文化元素又是积淀而成的，大都经历了较长时期的沉积，在漫长的岁月中获得该民族民众的认同与恪守，并在社会变迁中将其融入民族的生活习惯甚至审美心理之中，使其逐渐得以确立，并不断丰富与完善；民族文化元素一旦形成并成为该民族人们遵从的模式，基本呈现为较稳定的状态，但又因时代的变迁而出现变化，其变化通常是缓慢的，与民族文化精神的变化相同步。

而对其意义或价值的深度考察，民族文化元素则具有更为丰富的内涵。

第一，民族元素中具有厚重的文化特性。民族文化元素具有丰富与厚重的精神含量，即使那些与物质生活相关的民族元素，也无不浸染着深厚的精神性，与民族成员世代传承的精神理念、宗教信仰、价值取向、审美理想相联系。其文化特性往往通过该民族的哲学意识、历史内涵、民俗意蕴、科技传统、宗教精神等加以凸显。

第二，民族元素具有丰富的审美特性。在民族文化元素中，审美特性是最重要的特性之一，特别是在艺术创意活动中，审美特性居于尤为突出的地位。其中包括：美的意象。在每个民族的历史与审美文化中，美的意象创造均是其文化元素的基本形态；美的形式。它由人民大众在生活实践与生产实践中对一些具有美的形式的事像提炼与抽象而成，表现了该民族人民的审美理想、价值观念与审美习惯，成为民族审美意识中具有规定性的符号；美的意蕴。艺术的魅力更多在于其多义性、或然性、朦胧性，是情感的、哲理的、意趣的交融与统一，体现了民族的精神和意趣；美的形象。一些具有典型意义的人或物已经成为具有民族标志性的富有生命的符号，有的形象甚至可以成为民族的具有永恒意义的象征；美的意境。融汇了该民族审美价值与理想的终极性追求，同时也是审美意识与哲学思维相交融的体现，是一个民族艺术活动的最高层次与成果的表征。

第三，民族元素中还具有大量的娱乐性因素。包括富有丰富趣味的活动形式与感性形象，以及富有生理感官愉悦的形式。事实上，任何民族的文化元素中，都存在大量浓郁的展示生理与感官欲求的文化元素，历史上纷繁多样的艺术活动及其产品均或多或少渗融进这些元素，表现为人们生理与心理的需求。

作为艺术创意重要资源的民族元素，一般均蕴含着丰厚的象征意义。当具有了象征意义的物象凝定于民族精神之中时，自然也就成为该民族富有强大生命力的精神财富，以及永久使用的文化资源。一切象征，无不以对人的精神或意识的穿越或沟通为宗旨，特别是可以成为民族文化精神的象征物，无论是具有静态特征的物象，还是具有动态特征的物象，或是具有社会化特征的事像，均会遵循由具体物象或事像的生发，经由人的认知与深化，以及情感的沟通，赋予其鲜活的生命，达到具有精神的和哲理的层次，因而也就具有了丰富的象征意义，成为该民族人们世代传承的精神性资源。

二 民族元素创新是艺术创意的重要方略

民族元素蕴含着不同民族的历史和文化，是该民族得以传承与发展的最为活跃的因子。一般来说，能够得以传承的民族文化元素，往往嵌印着该民族的历史步履与时代印痕，表现了该民族的基本特征，是该民族价值观念与精神理想的彰显，因此，重视民族元素的发掘，可以深度展示其民族内涵，推进艺术创意活动的开展。

注重民族元素的展现，是艺术创意得以实现其艺术目标的重要方略。在无穷无尽的民族元素中，多与审美或艺术有关，有的本身就是艺术的构成。而对这些具有审美特质的民族元素的发掘，可以帮助艺术家、艺术活动家遴选最适宜、最具审美意味的元素，以求得到更多人们的体验，获得愉悦与欢欣，同时可以以艺术活动为载体，使这些元素得到持续的传承和播扬。

注重民族元素的创新，是通过艺术创意达到繁荣文化艺术的重要路径。在当代人们的审美与艺术活动中，优秀的、富有审美价值的民族元素不仅可以得到本民族人们的欢迎，同时能够得到其他民族人们的认同与喜爱。通过民族元素的引入与融汇，将会增强艺术活动或艺术品的文化含量与审美意蕴，获得更好的社会效应。

当代艺术创意活动通常表现出对民族文化元素的极大兴趣和倚重。特别是一些大型的、综合性艺术活动，民族文化元素成为不可缺少的部分，许多艺术作品都因能够融入相适宜的民族元素而获得成功。人们看到，积极借鉴和融入民族文化元素，可以大大提升其创作的文化品位。而在操作过程中，如何认知民族元素的价值，以及有机地掌控其表现方式，更是不可忽视。

具有较高价值的民族文化元素一般呈现为如下特征：民族元素是真实的，能够准确、鲜明地彰显该民族的文化特质；民族元素是需要过滤的，正是那些经过过滤得以呈现的文化样态被称为民族文化元素；民族元素是积淀而成的，只有经过历史的长期沉积，方能形成凸显该民族文化特质的基本样态；民族元素是有优劣与高下之分的，只有那些体现了民族文化精神特质的元素才具有较高的价值；民族元素又显现出鲜活与僵滞状态的差别，只有那些鲜活的元素更呈现其旺盛的生命力。

艺术创意及其产品中民族元素的体现是否恰当，直接影响着艺术传播与市场。无论在哪个国家或地区，那些蕴含了丰富的民族元素的艺术产品通常具有鲜活、奇特、别致的特征，往往对受众具有更大的吸引力。事实上，只有最具民族性的、最能够代表民族审美特质的艺术产品，才有可能成为世界的；而当其成为世界更多人们所认同的艺术之后，体现在艺术作品中的民族性特质并不因此而丧失，其民族元素的厚重性与再生性特点，可以促使该民族通过努力，不断促使民族文化及其民族元素的再生与繁衍，持久地保持民族的特质。

在当代，由于政治、经济、科技的影响，以及各民族自身发展的进程，使其文化特征及其文化元素随时受到各种侵染，其文化内涵与特质也会发生不同的变化，主要表现为几种状态：一是消解性。即民族文化元素在社会进程中受到现代文明大举进入的影响，使得一些具有深层文化特征的民俗事像或元素渐渐消解，乃至最终消失。这种状况的呈现，不仅极大地损伤民族文化的基本特征，同时也在不断地消解该民族作为特有民族的文化属性。二是互渗性。在民族文化的衍变中，势必与其他民族之间生成各种形式的互渗与交融，一方面会大大丰富其民族文化的内涵，另一方面也会在互渗的过程中使得一些文化元素与其他民族的元素相融汇，不再属于本民族专有的文化特征，形成文化的同质化现象。三是变异性。由于各种外在因素的影响，以及文化发展规律的制约，使得各民族文化元素将会出现一定程度的变异。其变异可能会朝着不同方向延展，有的发生内在形态的变化，形成与以往文化内质并不相同的新的元素。有的产生价值取向的变化，使得具有积极价值取向的元素渐渐生成消极因素，发生质的演变；反之亦然。

受到上述各种因素的影响，某些艺术创意活动对民族文化元素的吸纳和使用也会出现种种弊端，主要体现在，有的艺术创意或作品对一些似是而非的、未必属于该民族的文化事像作为该民族的文化元素大加渲染，混淆了该民族与他民族文化特征的差异；有的将一些并非体现了该民族本质特征的文化事像作为重要的文化特征加以张扬，使得人们对该民族文化本质特征产生认知与理解的偏误；有的将该民族一些具有消极和低俗的文化思想加以渲染，同时不加以匡正和引导，致使人们可能会对其作为正面的文化思想加以接受，导致文化导向的偏移；有的不顾艺术创作内容的需要，将民族文化元素作为佐料随意添加和粘贴，使之成为人们猎奇和赏玩的对象，从而失却了对民族文化特质的尊重。

积极准确地融入民族文化元素，能够起到强化文化内涵、增进作品精神含量的作用，但如果违背艺术创意的基本宗旨和艺术创作规律，对民族文化元素随意曲解，或者在融入民族元素时缺乏必要的价值判断与遴选，则会阻碍艺术创意及其作品审美品格的提升，甚至改变作品的价值取向，产生严重误导大众的负面作用。

三 民族元素的价值判断及其创意中的遴选

基于民族文化元素的特质及其在当代文化建设中的重要作用，人们在艺术创意和作品中融入民族元素，应当特别注重其文化价值的判断，以及与当代文化的适应性，做到灵动与有机的掌控。

要对文化元素进行准确与精粹的遴选。应注重民族文化元素中优秀元素的认知与遴选，精选那些能够体现民族优秀文化特质和精神的元素。民族文化中既有精华，也有糟粕，既有特别优秀的，也有平庸的和落后的。对民族文化元素的使用，应当坚持扬弃的原则，不断发掘传统文化中深刻的内容、健康的形式以及意蕴丰富的艺术元素，避免那些肤浅和表层化的艺术元素的泛化。只有采用那些最具价值的元素，方能起到画龙点睛的作用。民族元素的采用不在于多少，对民族元素的过分堆砌，则会造成人们新奇感的丧失与审美意识的麻木。无论何种元素，均应成为剧情和内容的有机构成，而不是粘贴上去的附加物。

而要做到遴选的准确与精粹，还需重视以下特点：一是陌生化。事实表明，人们在艺术活动中，往往对具有一定陌生感的艺术产品或活动首先产生兴趣，而对司空见惯的艺术表现则显得疲惫甚至厌倦，因此，善于选择人们生疏的元素，制造一定的陌生化态势，是吸引人们注意力的重要原则。二是间离化。在将一定的民族元素融入艺术形式或内容时，不宜过分直露，而要营造一种似有似无、若隐若现的效应，使其所体现出的精神或价值取向与受众接受心理之间出现一定的间隔或距离，形成一种朦胧的若即若离的形态，方能产生最具引力的效应。三是参与性。亦即搜寻那些易于激发和震撼受众心理的民族元素，营造充满民族文化特色的艺术情境，引导受众潜入其间释放情感、感受艺术、获取共鸣，同时参与意象创新，形成对艺术活动或产品的再创造。

要对民族元素予以积极的和健康的表现。应在尊重民族文化的基础上，努力推出具有积极价值趋向和显现出进取精神的元素，而不宜将一些落后与过时的元素作为欣赏的对象，更不能将民族的负面元素加以渲染，以达到吸引人们眼球的目的。某些消极元素虽然可以获得人们的较多瞩目，但在本质上，则会引发人们的不屑和轻蔑，甚至导致人们对该民族文化传统的厌弃。在任何民族中，均具有大量积极、健康的文化元素，而表现于形式方面的基本元素，大都具有中性的特点，不具备明显的进步或者消极的意义。但是又不可否认，在各民族的文化传统中，均存在一定消极、颓废甚至是腐朽的文化元素。各种文化形态的杂陈，为人们的遴选带来一定的困难。在当代艺术创意中，人们对积极和健康的民族文化元素的采用始终是主流，但也有一些艺术创意者惯于采用不良的文化元素。这些元素，不代表该民族文化发展的主流，但由于其具有较强的观赏性，或者富有感官刺激的作用，当会产生一定的吸引力。一些人们为了单纯的经济利益，不惜牺牲社会效益，一味追求不良元素的渲染，是丧失社会良知的表现，必须予以摒弃。由于市场欲望及其各方面利益的驱使，也会制造出与真实的民族文化不相符合的元素，亦即伪"民俗"。制造者或者对民族文化加以误读和曲解，或者将已经消亡的民族元素加以装扮，或者引进与嫁接一些不伦不类的元素，使得这些所谓民族元素得以放大或虚饰，这不仅是对民族文化的扭曲，而且有害于人民大众审美精神的提升。

并非具有消极价值或落后意义的民族元素不能表现，有时恰恰是对这些方面的表现更具有批判和反思意义，但人们应当特别注意其基本价值取向的把握，对受众予以必要的启示和引导，帮助受众以其既有的辨析能力实现对民族文化元素的认知和理解，并生成个人积极的价值判断。

还要注重民族元素与当代文化的链接。在艺术创意中融入民族文化元素，还应十分重视与当代文化的关系。只有实现与当代文化、包括时尚文化与地域文化等相互连接，方能使民族文化元素展现出积极的当代价值。在无限丰富的民族文化中，既有大量历史文化样态的遗存，也有众多具有当代价值的元素呈现，正是这些元素，更加体现出民族文化传承中与当代社会的衔接。一些文化形式经由历史的沉淀，凝定为具有特指意义的文化元素，承载了丰富的文化精神，有的业已具有了相对独立存在的意义，不仅生成对本民族文化形态的持续影响，而且通过与各民族文化的广泛链接，在当代社会的发展中发挥积极的作用。民族文化元素与当代文化的融合呈现出多种态势，有的即时进入时尚文化的表现之中，有的深深嵌入大众生活的方方面面，更有一些元素通过艺术创新，成为当代艺术的重要语言与形式。正是大量民族文化的创新，为艺术创意提供了十分有利的基础和条件。

基于当代文化艺术交流的需要，还应在艺术创意中注重适度融入其他国家或地区的民族文化元素，实现不同民族文化元素的广泛交融。历史表明，任何民族文化的发展都离不开对其他民族文化元素的吸取与融汇。实现本土文化元素与他民族文化元素的有机结合与交融，当会产生积极的效应，既可以通过本土民族元素与其他民族文化的融合，增进本民族文化的亲和力与聚心力；又能够通过对其他民族文化元素的体现，增进其他民族受众对相关民族艺术的理解与关注，拓展艺术交流，获得更大的效益；还可以通过各种文化的交融，防止本民族文化的封闭与停滞。

综上所述，深化认识民族文化元素的基本内涵与价值，积极而审慎地融入民族文化元素，是丰富和推进艺术创意的重要举措。有机掌控民族元素在艺术创意中的价值实现，是实现文化创新的重要路径。创造性地使用民族元素，将会激发艺术创意思维，生成鲜活而富有意味的审美意象或意境，大大提升文化或艺术产品的审美品位，产生良好的社会与经济效应。

第八章　建立科学的艺术批评体系

　　在当代文化与艺术活动中，开展积极的与科学的艺术批评，已成为人们关注的焦点之一。在新中国文化建设与艺术创作的历史上，曾经有过文艺批评极不正常的时期。改革开放以来，党的各届领导集体十分重视在文化建设中积极开展科学的文艺批评，在20世纪90年代初期提出了建设文艺的创作队伍、批评队伍和管理队伍的重要思想，各级党委和政府均为倡导和开展积极的艺术批评做出了积极的努力。艺术批评是文化艺术活动中的重要环节之一，不仅对艺术家创作、艺术产品的传播、营销具有重要的影响及推进作用，而且对大众的文化接受具有重要的指导和引领作用。有关艺术批评理论研究及其体系的建设，应成为中国特色社会主义文化建设的重要内容之一。在艺术批评理论领域，尚有较多课题需要进行深入的探讨，而在各个文化艺术活动领域，更须通过大量的艺术批评实践，推进文化艺术活动及其产品的开展与走向繁荣。坚持以马克思主义的辩证唯物主义和历史唯物主义为指导，深入研究马克思主义文艺思想及其理论，全面建设具有当代中国特色的艺术批评理论体系，应成为当代文化与艺术理论工作者的重要使命。

第一节　对艺术批评标准的当代思考①

　　艺术批评是人类艺术活动的重要组成部分，在当代，更成为艺术活动中举足轻重的环节。艺术批评的实质是判定和评论批评对象的价值，批评标准问题是艺术批评的中心问题。没有标准，也就没有了艺术价值判断的准则。

---

　　①　本节主要内容已于2008年6月17日《文艺报》刊载。

　　近年来，艺术批评活动发生了深刻的变化。其内涵方面，着力于艺术深层意蕴的阐发，乃至对艺术意蕴的再阐发和再创造；其外延方面，已从传统的单一的艺术评论，延展到对艺术活动的全部流程和全部环节的评判。面对多元的艺术批评活动，一个十分突出的课题浮出水面，即是否承认艺术批评有着相对客观与科学的标准，并确认这一标准的原则与其基本尺度是什么。

　　在人类艺术史上，从来也没有绝对的艺术批评的标准，但同时又始终有着相对客观的标准。对纷纭复杂的艺术世界，试图用一个评价尺度来规范所有的艺术活动及其作品是困难的和不现实的。但同时，人类所从事的艺术，又不可能失去必要的准绳，这一准绳与尺度是人们对客观世界获得共同认知的统一性的体现。艺术活动能够呈现出人类积极的和进取的轨迹。在这一历史进程中，人们发现，无论是在任何时代和任何国家或地区，其艺术产品的精华总是呈现为健康的和进步的态势，符合社会发展的基本趋势和人民大众的根本利益。人们从事艺术活动的重要旨归，在于社会进步和人类精神提升的需要，这就要求人们必须具有相对合理的共同恪守与认同的价值尺度及行为规范。

　　确立艺术批评标准，必须依据和坚守一定的原则。

　　艺术批评标准原则的确立，与批评者如何看待艺术活动的本质息息相关。马克思、恩格斯曾经提出了美学的与历史的这一艺术批评的最高标准。人类所从事的艺术活动，是依照美的规律进行的，因此作为审美评价的艺术批评必须是美学的。同时，艺术不仅审美地反映生活，而且也是人们自觉地掌握世界的重要方式之一，因此艺术批评必须相应地对作品做出社会的、政治的、道德的分析评价，亦即是历史的。两者的统一，喻示艺术批评标准确立的基本原则，即艺术作为人类把握世界的方式之一的本质属性——审美性原则，以及艺术在人类生活中不断生成的意义——价值性原则。

　　关于审美性原则。艺术家对世界的把握始终是情的和形象的。在艺术批评中，对艺术家把握世界方式的评价，也应主要以其情感性、形象性特征作为主要方面，同时以完美的艺术形式来体现。情感性，即指作品蕴含的情感特色与趋向。审美情感是指处在审美心理系统中交聚位置上的情感心理要素。情感是人对客观事物是否符合自己需要的体验、判断态度，是人对现实的一种特殊反映形式。它具有独特的主体体验形式和外部表现形式，不同的体验形成不同的情感，审美情感是一种特殊的情感，它超越了功利感、理智感与道德感，是诸种情感的平衡与中和；形象性，即指作品创造的形象体系是否真实与典型。艺术形象必须具备真实性，但又不同于生活的真实，而是以其是否符合生活发展的真实逻辑、符合人物性格发展的真实逻辑为旨归。艺术形象的典型化是在生活真实性的基础上，艺术家通过具有鲜明的个性特征的艺术形象，对现实生活所做的艺术概括和集中，典型则代表了艺术形象创造的高峰；形式因素，即指艺术作品中那些与特定民族或地域的大众审美习惯与审美理想相适应的形式特点。艺术形式通过声音、色彩、线条、形体、语言的组合方式和运动方式而构成独特的审美之维，由于人们的社会存在、民族归属、地域特点、文化结构等诸多方面的差异，不同艺术主体对外部世界形式特征的接受、认知与化合也会呈现差异，具体表现为人们对形式美感的把握有所不同，这正是艺术主体独特个性的体现。艺术形式虽然有其独立存在的价值，但对艺术形式的追求，很难脱离艺术的内容因素而孤立存在，因此，艺术形式美的独立性只能是相对的。在艺术传达过程中，形式完美与否直接关系到艺术价值的高低优劣。

关于价值判断的原则。艺术批评离不开价值判断，艺术批评也从未放弃过对艺术作品进行价值判断。其价值判断主要包括以下几个方面。其一，功利性，即指作品是否符合特定社会、民族与大众的精神需求；其二，人类性，即指作品是否表现了人类共同关注的问题和共同的意愿。它包含阶级性、民族性等，但又超越了这些方面，具有更大的涵盖性和包容性；其三，人性，即指作品是否表现了普遍的人性。主要指人类的本质属性，即人的真善美方面。这一人性概念，着眼于人的尊严、人的价值、人格理想、人的感情，比如人的喜、怒、哀、乐等。作品中的人性美，是人性中生动情感的形象显现；其四，社会性，即指作品是否与特定社会的价值判断相吻合。作为一种社会意识的表现形式，艺术中包含着一个社会的统治阶级的主导价值倾向和思想观念。作为一种社会心理的反映，艺术中体现出一个社会的风俗习惯和人的行为举止与特点。作为一种文化载体，艺术中折射出一个社会的文化价值类型。这些共同要求从根本上说是人在认识世界、改造世界活动中，面对人与自然、人与社会、人与他人、人与自我的种种关系所产生的普遍情绪和愿望。艺术作品的社会性主要表现为艺术作品中所蕴含的社会伦理性，人类文化的人伦本体与社会功利主义的态度共同决定了艺术作品的道德立场。

当代中国艺术批评在构建多维的价值功能系统的过程中，始终贯穿着马克思主义艺术批评标准的主导作用。无论是在中国民主革命时期提出的"政治的""艺术的"双重标准，或是在改革开放以来人们相应提出的诸如"政治的""艺术的""民族的"以及"思想性""审美性""娱乐性"等不同标准，均是遵循着基本的审美性原则及其价值判断原则。在以往的年代，我们曾经有过对艺术批评标准形而上学的把握，特别是将所有的艺术形式、艺术作品置于同一种价值尺度、同一个标准之下，对艺术发展产生过不利的影响。但是如果因此而否认艺术批评标准的客观性与必要性，否认艺术批评的基本原则与标准，将会产生更为有害的后果。

艺术批评标准是一个多层次的、复杂的动态系统。具有哲学方法论意义的美学观点和历史观点的批评，是属于文艺批评标准中总体的、具有指导性的最高层次的批评标准或原则，是社会人们共同认可、共同恪守的基本原则和尺度。而各式各样的具体的批评标准，则是适用于不同艺术种类和艺术作品的不同题材、不同体裁、不同风格流派的较具体的批评标准。据此，艺术批评标准应当是多样性与同一性的统一、可变性与稳定性的统一。

各种批评标准存在的多样性。从艺术发展史看，不同国家、民族、时代、流派、不同的批评家，甚至同一个批评家在不同时期，都会出现不同的批评标准。不同的艺术种类、不同的艺术家与作品、不同的体裁、不同的风格流派，也会出现多种不同的批评标准，诸如社会历史批评、艺术心理学批评、神话原型批评、形式主义批评、结构主义批评、接受批评等。艺术批评标准的多样性是客观存在的，其一，艺术批评对象的多样性是构成批评标准多样性的重要因素；其二，艺术批评标准的多样性是批评主体多维选择的结果；其三，多元的审视艺术活动的角度为艺术批评标准的多样性提供了多维的批评语境；其四，艺术活动本身发展的开放性也要求多维视角的欣赏、阐释、批评成为可能。以上因素的存在，均要求艺术批评标准是多样的，而不是唯一的。

但艺术批评标准又具有同一性。不同的国家地区与民族，虽然艺术批评的标准有着一定差别，但究其实质，在人类与社会文化发展的坐标系上，它又是非常接近的，在是否有利于人类进步以及有利于人的健康发展这些基本问题上，世界各民族均有着共同的追求及其利益。也正是由此，艺术批评的同一性方能成立。因此，艺术批评既要坚持以最高标准的宏观指导，又要提倡多样化批评标准的灵活运用。当代我国批评界曾经出现的批评标准虽然提出年代不同、内涵略有差异，但大都从内容与形式两分法切入，既要求内容求实、健康，合乎历史发展，又要求形式完美、独特，合乎美的规律，具有感人力量。显而易见，这些标准已经具有了衡量广泛艺术活动及其作品的可能性。

艺术批评标准又是可变性与稳定性的统一。其可变性主要表现在两个方面：第一，体现在艺术批评标准内涵的历史性中，批评标准总是与产生这一标准的时代相关联，因此，它必须随着时代艺术发展和艺术批评活动的发展而不断变化；第二，体现在艺术批评标准内涵之中。应当看到，艺术批评作为一种运行过程，并非一个自我封闭的独立系统，而是处在社会文化大系统中的一个子系统，其他文化子系统和各种文化因素对艺术活动均具有深刻的影响，时代、社会的变迁是艺术批评标准变化的根本动因，但最直接、最活跃的动因则是源于批评主体自身，基于各种原因，其既有的理论与评判尺度在批评实践中受到挑战，使之有了变迁与分化，并使得批评本身多姿多彩起来。别林斯基把文艺批评称为"运动着的美学"，这是非常精辟的见解。

艺术批评标准的可变性特征，有时体现为开放性姿态，这同时也凸显出艺术批评活动积极进取的特质。不同批评标准之间具有类同的质素，只有坚持开放而不封闭，使不同批评标准之间相互交融、沟通才能共同发展。作为艺术批评家，既应有其基本的艺术批评的原则或指导思想，同时也应在具体的艺术批评活动中把握具体的评价尺度和标准。由于批评家的知识结构、心理素质、审美判断能力、批评视角等批评个性的差异，再加上具体批评对象的内在要求，便造成了批评标准的可变性。批评家应当遵循科学的、客观化的标准，但同时又须懂得，任何具体标准均是有其适应范围的，可以与其他标准交融的，否则就无法解释艺术潮流的演变、流派的纷呈、风格的多样、鉴赏的异趣。标准的存在正是以其多样性和历史嬗递的方式展示出来的。

但是，无论艺术批评标准如何变化，也只能是在其整体原则与宏观视域框架下的变化。而从艺术批评的整体原则与规范来考察，艺术批评的标准又是相对稳定的。不仅作为艺术批评的人类的普泛性原则具有极强的恒久性，同时作为一定时代和时期的批评标准，以及一定地区和民族的批评标准也是相对稳定的。其稳定性标示着人们对那些具有共同价值基础的评价尺度和标准的认同的一致性与持久性。否认艺术批评标准的稳定性与客观性，同样不是科学的态度。

近年来，我国艺术批评界出现了诸多问题，其间，缺乏对艺术批评应当恪守的价值观及其评价标准的认识，正是其问题的核心。

第一，个人化批评。认为艺术批评本无统一标准，可以率性而为。其实，在人类社会，从来也没有绝对个人化的艺术活动，也不存在绝对个人化的艺术批评，艺术批评不应人云亦云，而应肩负推进人类社会发展和提升民族精神水准的重要职责。艺术批评提倡充分发挥艺术批评者个人的精神建树和审美意趣，但这不同于个人化与私密性意趣的泛滥，更不应以某种对社会发展的偏见充作自己与众不同的卓见。而如果以个人化批评为借口，对待那些以民族救亡、社会变革为主题的作品中颠倒是非、美化丑类的倾向津津乐道，置若罔闻，不做或是做出相反的是非判断，则无异于自我道德与良知的丧失。

第二，纯形式化批评。认为艺术批评可以是纯粹形式的，无须顾及内涵。在批评活动中，对艺术形式的批评是必需的，特别是当人们从单一的意识形态的关照与批评的惯势下走出之后，关注形式，甚至是对艺术形式的独特关注，都是正常的。但对纯形式化的批评的过度张扬，背后则潜藏着对艺术精神性内涵批评的对抗与消解。事实上，从来也没有纯粹意义上的艺术形式创造，当然也不存在纯粹意义上的形式批评，任何对纯粹形式哪怕是美的形式的张扬，也有其片面性，其间外溢着批评者掩饰不住的对艺术精神与内涵的抵触与拒斥。

第三，商业化批评。认为既然艺术已经进入市场和产业化之中，其批评也势必具有商业化特色。与商业化批评相适应，即是所谓"红包批评""友情批评""权利批评"的恣行。艺术批评是极具社会使命感与理性精神的事业，它的存在，推动着人类精神及其生存质量和水准的不断提升。对商业化因素的屈从，势必丢弃对艺术活动高扬人类真善美的本质的追求，长此以往，艺术批评的社会价值就会荡然无存。

上述批评形态的存在与张扬，正是对科学的艺术批评标准的消解与抗争，其实质是对艺术批评活动审美与价值体系的抛弃与背反。继之，就会混淆艺术活动及其作品品位高下、价值优劣的基本界限，出现对人类共有的生存与生活法则及其价值理念的怀疑与颠覆。显然，这是十分有害于当代文化建设的。正是基于此，匡正和确立艺术批评的价值原则与批评标准，显得极为重要和迫切。

第二节　文风的转变与批评的繁荣①

近年来，我国文艺批评呈现出兴盛的态势，从事批评的队伍有所扩展，批评的文体与形式增多，批评的质量也得以提高。但是，文艺批评活动中仍存在种种文风不正的表现，成为影响我国文艺发展的重要障碍。改善文风，转变文风，坚持科学的态度，坚持实事求是的作风，是文艺批评的基本要素，早已成为人们的共识，也成为建设中国特色社会主义文艺的当务之急。

当下批评文风的不正具有多种表现。

第一，浅尝辄止，虚与委蛇。一些批评面对文艺活动、作家艺术家及其作品，仅仅止于表层的评说，并不打算做深入的研究。他们或者旨在对某个领导意图的诠释，对时下文坛某些现象的褒扬，只是堆积一些表面的、程式化的套话，不痛不痒，不温不火，对批评客体既不予以全面解析，也不进行深度评判；或者受人之托，不得不做，漫不经心，虚与委蛇，说些言不由衷的话，明显带有应付和交差的意味；或者沿袭充分肯定、最后稍稍指出一点不足的模式，无伤大雅，圆润通畅，谁也不得罪，你好我好大家好，乐陶陶，暖融融，皆大欢喜。他们时时担心来自领导、媒体以及文艺创作者、制作者、营销者等各方面的不满，唯独不担心此类批评实际上已经失去了批评的意义，放弃了对社会和受众的基本责任。

第二，任意拔高，扬长抑短。此类批评大多受有关部门、企业、媒体或个人之托，不顾对象的实际水平，刻意做出过誉之词。有的作品本来质量平平，却任意拔高，将其夸大到令人汗颜的程度；本来还有一些亮点，却过度渲染，直到令人反感尚不肯罢休；对客观存在的弱点，则

---

① 本节主要内容已于 2013 年 2 月 20 日《文艺报》刊载。

百般掩饰，极力消解人们的不良印象。此类批评有的是在某种权势的压力之下做出的违背客观事实的臆说，有的是在市场竞争背景下屈从于物质利益的诱使所做的被动式评述，与其说是批评，不如说是广告更为准确。有时该类评论还以培植新生力量为理由，希望人们能以大度的心态予以宽容和理解，但其结果则是对年轻文艺工作者的误导。此种文风或许能够得到一些人的青睐，换来不菲的报酬，但对文艺建设毫无益处。

第三，虚张声势，空洞无物。主要体现为以某种话语权威身份或是以官方为背景所从事的文艺批评。此类批评通常不进行深入的分析与研究，而是借用某种权威的表述为理论支撑，以一般文艺政策、领导人阐述作为基本依据，使之获得不容置疑的天然正确的地位，似乎在其背后隐喻着某种特殊的身份象征和权威性符号，于是也就难免在批评文本中时常出现以权势压人，以大而空泛的套话空话、貌似理直气壮实则文不对题的话语吓人。他们有时或采取大而化之的方式，将具有独特意义的命题遮蔽在一般性的理论模式之中；有时则继续沿用庸俗社会学的思维方式，以简单的类比、对应代替复杂的个性化研究，导致论述中的逻辑混乱和以偏概全。

第四，食洋不化，借以蒙人。一些看似颇具理论素养但是大而空的批评，通常会较多引用西方当代理论家的某种观点，加以嫁接和移植，转化为对中国文艺界某种现象或作品的批评。这种批评通常并未深入洞悉外国文艺理论的实质，以及生成的语境和适应性，而是采取简单对号的方式，使之成为评述批评对象的法宝。有人感到，如果不是引用一些西方的话语，似乎就不够深刻，不够先锋。甚至搬来连他们本人也未必弄懂的理论，实在无异于蒙人。此类批评者或急于建立自己在学术界的影响，或深受学术竞争与科研指标的压力，表现出较强的急功近利的特点。如此借他人大旗，遮掩自身学养的不足，其批评当然不会真正触及对象的深层内涵，也不会为学术界乃至更多受众所接受。

第五，相互攻讦，咄咄逼人。在当下，有时也存在相互攻讦的现象。这种批评，或者双方有着较深的思想与观念的隔阂，或者在具体艺术见解上有着较大的分歧，因此在对其作品评论时失却公正、客观与科学的态度，或是攻其一点，不及其余，或是言辞苛刻，不给情面，甚至将话说绝，不留余地。这种批评常常超越学术研讨的范畴，具有人身攻击或揭其隐私的意味。也有人面对某些批评难以接受，予以反批评，同样以攻讦的姿态出现，或是无理争三分，或是得理不饶人，置斯文、雅量、体面、风度全然不顾，以致将一些不够分量的争议对簿公堂，大有穷追猛打、置对方于死地之气势。这样的批评，热衷于斗争哲学，将文艺批评看作是敌对的战场，认为只有充分的犀利、尖刻与不依不饶，方显得自身正确与不可战胜。

出现文风的弊端，有着深刻的社会原因和历史原因，同时也是当代文化建设中难以避免的现象。诸如作家艺术家提升自身作品及个人声望的欲求；批评者对自我生存景况的焦灼和急于改善的愿望；文化艺术生产企业及个人对获得市场与产业成就的企盼；政府文化艺术管理者对创造文化艺术实绩的追求等，都成为影响文艺批评走向科学与规范的重要因素。过度的功利性追求，过分的政绩化追求，实为困扰人们进行科学的文艺批评的羁绊。批评文风不正，严重干扰着文化建设与艺术创新。

改善和优化批评文风，形成科学和规范的批评态势，促进批评的繁荣，应当注重从几个方面加强批评者及其批评精神的建设。

第一，强化批评者的主体意识。由于各种因素的存在，使得很多人并未将文艺批评者视作一个独立的具有充分主体意义的群体和个体，甚至不少人至今还将批评者看作是作家艺术家的附庸，或者是政府和国家意识形态的工具，抑或是文化与艺术市场的吹鼓手。正是基于此，许多批评家难以在批评活动中以强烈的主体意识主导自身的批评活动，甚至滑向以他人意志为转移的泥潭，失却批评者存在的意义。

同作家、艺术家一样，批评活动是社会文化艺术活动的重要环节，是文化建设的重要一翼，具有不可替代的作用，批评家也应当具有鲜明的浓烈的主体意识，以强烈的社会责任感和历史使命感主导自身的批评活动，将批评活动看作是不依附于他人的具有独立意义的研究和探索；同时，还要将其视作一项充满了创新意义的活动，即在批评中超越作家艺术家及其作品所呈现的高度，生成自身的价值判断和理论成果，唯此才能实现批评者自身的价值。

批评者主体意识的确立，对改变和优化批评文风具有本质性意义。文艺批评者应当将其是否具备主体意识作为最重要的素质来看待，在批评实践中促使批评者主体性的不断确立、成熟与高扬。在强烈的主体意识制导下，批评者当以充满激情和使命感的姿态出现于批评界，克服各种不良因素带来的影响，不依附于任何权势的重压和物欲的利诱，以自己的良知面对纷繁复杂的文化艺术活动，以宏阔的视野面对当代文化发展的重要课题，以严谨的和实事求是的态度对待任何一位作家艺术家及其作品，从而促使自己端正文风，不断奉献出优秀的批评成果。

第二，促使批评伦理的形成。批评伦理，即在社会化的文化艺术批评活动中，人们相互间应当具有和遵循的一般道德的尺度。批评家应以一定的道德意识参与批评活动，以符合社会一般行为准则的伦理关系和尺度作为规范来评价文艺家及其作品，以基本的道德规范来约定和处理批评者与被批评者之间的关系。

文艺批评的各方，应当形成批评伦理的共识。在当代文艺活动中，批评者与被批评者是建设文化的两个方面，理应共同承担起社会文化建设的重任。他们既是理论对话的两端，又是共同建设社会文化的战友，理应在此基础上达成共识，以积极的和健康的态度对待批评，以有利于文化发展作为共同的目标，携手承担起建设与发展文化的重任。在批评活动中，应以人格平等为基础，建立起人与人相互尊重的局面；应以共同发展为愿景，创建与人为善和强化责任的批评氛围；应以公正、公平和实事求是为准则，实施科学的文艺批评。

作为批评者一方，应自觉肩负起社会文化建设的责任，以推进文艺创新为目标，在批评活动中坚持说真话、真诚地说话，善意地、严谨地对待所有批评对象，坚持与文艺家进行科学的研讨与切磋，不将学术层面的问题随意放大，也不在涉及更广阔领域的问题上失语。既不作无原则的吹吹拍拍，也不作伤及他人尊严的恶语相向。

而作为批评的另一方，文艺产品的创作者、传播者、经营者等，也须深刻理解批评的意义，批评绝不是简单的歌功颂德，不是无价值的吹捧，以及浮光掠影的美誉，而是科学的评判与深刻的分析，因此应当以积极的热忱的态度面对来自各方的批评，哪怕是比较尖刻的犀利的批评，也应当容忍和理解。

第三，建设职业化的批评家队伍。改善与转变文艺批评的文风，与是否拥有宏大的批评家群体特别是能否建立起职业化的批评队伍密切相关。在当下，我国不仅没有一支以文艺批评作为自身生活主要保障与来源的群体，即使大量兼职性的批评家也由于社会保障不足、酬金过于菲薄，影响了文艺批评家的基本权益，同时也成为批评文风不正的重要根源。

职业性的批评家，将参与社会文艺批评活动作为自己的基本职业，这就要求他们更应当具有批评家的职业操守，具有更高的职业化批评素养。首先，他们以文艺批评为职业，势必具有更强的使命感和事业心，以及参与文艺活动的稳定性、持续性，在参与社会文艺批评活动中，更重视道德操守和职业信誉，更看重自身的批评作品是否符合大众需求；其次，他们懂得，只有具备科学的理念和严谨的态度，方可使他们在批评生涯中获得更好的社会声誉，赢来更多受众的信赖与追捧，从而得以生存和持续发展；最后，他们更渴望与众多文艺家建立和谐的严谨的关系，促使他们以科学的和实事求是的态度，形成与批评对象的交流与互动，产生更为良性的批评效应。

而作为兼职性的批评者，在批评理论及批评规律的研究上难免付出不足，又因各种因素缠绕，其批评的使命感和责任心也难免弱化，这将直接影响到批评活动中优良文风的形成以及批评质量的提升。建立人数众多的职业化和业余型并举的批评家队伍，是我国文艺批评得以繁荣和发展的重要基础。政府应采取积极措施，优化文艺政策，推进文艺批评职业化的进程，社会各界及媒体也应充分尊重批评家的社会地位和贡献，使他们获得与其贡献相适应的声誉和报酬，保障批评家生活的必需以及批评创新活动的持续展开。

第四，加强批评的法规建设和舆论监督。文艺批评法规的确立和坚守，是保障文艺批评正常运行的重要基石。批评法规从属于文艺法规。没有完善的法规和政策，没有以媒体为主要代表的舆论监督，便不能有效保护批评家的基本权益。只有在获得充分保障的条件下，批评家方能畅所欲言，说真话，以真正科学的态度面对文艺活动及其产品。

健全与完善的法规，是保障批评家基本权利和言论自由的基础。批评家在恪守国家法规的基础上，拥有充分的言论自由。法规应当保护人们批评与言论的权利，同时也要保障被批评者进行反批评的权利。只有在积极研讨和深入对话的基础上，才能够出现热烈和生动的局面，促使文风的转变与优化。批评与被批评者之间的对话是交流与商榷的过程，其间既有亲切和谐的交融，也可能出现激烈的交锋，法规应当充分保证对话的正常进行，杜绝对他人带有个人攻击式的批评，以及对个人隐私不负责任的张扬。对那些试图借文艺批评的平台，达到人身攻击甚或其他非善意目的的行为，应以法律的威严加以揭露和制止。

舆论监督同样重要的。批评家基本权益的保障，批评与被批评者之间的某些冲突与争议，均需要一定的社会机制加以约束与监督，而在社会监督的整体系统中，舆论监督是最为行之有效的。充分运用舆论的力量，能够保护批评家的基本权利，调适文艺批评的氛围，鼓励和推进积极与健康的批评，约束和制止某些不正常与不和谐的批评。其间，既要倡导批评的充分展开与科学运行，又要监督文艺批评的各方，共同遵循公正、公平的规则；既要鼓励批评的严肃与深刻，又要防止出现人身攻击和人格伤害；既要推进批评活动的拓展，又要坚持文责自负，要求批评者承担起应有的责任和义务。

促进批评文风的转变与优化，不单纯是批评家群体的问题，也不局限于文艺界自身，而与社会文化建设各方面密切相关，更与国家文艺政策的不断调整与完善有重要的关联。只有促进批评文风的转化，方能推进批评的繁荣，进而实现文化艺术活动及其产品的大幅增长和质量的提升。

第三节　媒体批评与艺术家[①]

媒体批评，即指作为媒体对文学艺术活动、艺术现象及艺术家的批评行为。现代媒体最为重要的是报纸、电视与网络。在我国，报纸新闻与电视均属于国有，代表着国家、政府主流意识形态的意志和声音。网络则既有国有性质，也有民营性质的，在其传播方式与功能上更具有现代文化传播的意义。作为媒体的批评，通常也有两种样式，既可以是代表媒体的批评，如评论员、记者或编辑的文章，也可以是批评家的批评，但通常也要获得媒体认同，有时则可以在媒体允许下代表个人。

媒体批评与艺术家是社会文化链的关系，是承接社会文化建设各个方面的两个重要环节，在本质上体现为一种价值链。作为文化链，其一，双方上下承接，互相不能离开；其二，双方相互激励和促动；其三，双方相互依存，其间和谐与否，事关事业的发展与兴旺。在当代，媒体与艺术家表现出越来越密切的关系，同时也显现出诸多矛盾，显得

---

① 本节主要内容已于 2010 年 11 月 15 日《文艺报》刊载。

敏感且引人注目。

媒体批评具有突出的特点：论题的敏感，亦即批评的论题往往对当下事态反应敏锐、与大众的关注息息相关；传播的迅捷，由于借助现代媒体的巨大功能，形成批评信息的迅速延展；形式的多样，媒体批评的样式从传统的论文式批评拓展到对话式批评、专栏式批评、跟踪与调研式批评等多种多样的方式；影响的广泛，媒体批评已由传统的单纯文人之间的批评活动扩展到大众化批评，具有十分广泛的影响力；反馈的及时，媒体批评具有十分便捷的反馈方式与通道，甚至可以形成与批评或反批评的直接对话。正是这诸多功能，体现出媒体批评的极大优势，同时也形成了艺术家对媒体批评的关注与倚重。

媒体批评与艺术家是一种共存的关系，具有共同的使命、共同的利益。首先，面对着共同的社会使命，亦即社会赋予媒体和艺术家共同的社会文化发展的重任，两者均要在社会文化发展中展现自身，不仅为社会精神文化建设履行应尽的责任和义务，而且为社会文化产业及经济发展的增长做出贡献。包括提升经济文化的品位、经济文化的科技含量、经济文化的社会化因素等；其次，无论是媒体或艺术家、艺术实体，自身也需在社会大潮中获得发展，既要造就文化建设的重要实体或个人，也要努力在经济利益与市场的层面获得良好的效益，以增进自身的实力。

媒体与艺术家在其发展中还是共生的关系，互为动力结构。由于艺术信息及其成果需要得到传播，因而艺术家离不开传媒；也由于传媒需要扩大其影响力，需要通过对艺术家及其成果的传播，而获得更大的效应。其间，两者既是相互借重的关系，也是相互依赖、水乳交融的关系，同时互为发展的动力，形成相互促动的态势。

媒体批评对艺术家的促动，通常表现为通过对艺术家或艺术作品的推介与评论，形成人们对艺术家及其作品价值、特色、水准等方面的共识，艺术家一方面获得一定的社会声誉，另一方面也得到继续提升艺术水准的启示和动力。媒体人对艺术家及其艺术活动与创制的评价，关涉到对大众艺术欣赏和审美文化普及的引导，以致影响到文化艺术活动的价值与方向。正是由于媒体的努力，使得一些艺术家或艺术实体的活动得到迅速传播与拓展，可能会在一夜之间成为世人皆知的明星。媒体对艺术家，由于通常居于主体的一方，因而对艺术家有着褒贬与价值高下的把握、宣传规模与时间的控制等权力。无论是褒扬，或是指斥，还是客观介绍，均体现着媒体对社会文化艺术的调控与促动。

艺术家对媒体也具有重要的驱动作用。当艺术活动、艺术家及其作品影响力迅速增强，媒体也会表现出强烈的渴求。一方面，可以通过大量传播艺术信息，评介艺术产品，迅速扩大媒体的社会影响力，另一方面，可以获得更大的收视率、发行量，获得更大的经济利益，具有文化产业的重大效益。

作为批评，媒体与艺术家有时意见一致，有时意见相左，都是正常的。如果处处一致，恰恰失去了批评的意义。在一般情况下，媒体所持有的批评标准，均与社会具有共识的艺术评价尺度相一致。但是，有时某些方面的批评也会与少数人的利益相关联，滑向某些人的利益需要。其中主要是商业利益的驱使、人情利益的纠缠以及权贵利益的制约。由于这些方面利益的驱动，形成了无形的大网，既困扰媒体，也困扰了艺术家。媒体对艺术家、艺术现象的批评活动，在本原意义上是中性的，既有褒扬，也有指斥。如果出于利益的需要，对艺术家和艺术产品做出不符合实际的吹捧或打压，将对艺术活动及其艺术家带来负面的影响，造成不应有的损失。

在 21 世纪文化建设大潮中，媒体批评与艺术家应通过科学的批评活动形成良性竞争与求同存异的关系，在和而不同的基础上获得共同发展。和而不同，即在方向与愿景相一致的情况下，追求和谐的共同发展的局面，建设双赢的平台。而这种"和"的局面，不是消除一切差异的和，只有在承认差异，承认矛盾的基础上，追求和谐共处的氛围，方能获得共同发展的机遇。

无论是媒体还是艺术家，均应以高度的文化自觉，担当起社会的责任。文化自觉，就要恪守作为传媒人与艺术家的文化职责与历史使命，在文化发展的方向、文化评判的标准、文化价值的判定、文化的社会效应、文化的大众接受等方面，予以清醒的认知与科学的把握。媒体与艺术家均应以社会文化发展和人民利益为重，遵循社会发展规律与艺术发展的规律，形成对社会的文化建设的合力。

一方面，应在共同的文化建设与发展的方向与愿望一致的基础之上，提倡媒体批评的多样化。媒体对社会文化的担当使得媒体人应当审慎地恪守自身的职责和权利，在高雅艺术与通俗艺术、精英艺术与大众艺术、各门类艺术、各民族艺术之间，高扬积极的健康的艺术活动及其创造，排斥与抨击消极的与低俗的艺术活动及其作品。其间，既应充分表现出艺术活动的多姿多彩及其审美观念的差异，又应准确把握批评的客观标准与尺度。同时，媒体还应尊重艺术家，包括充分尊重艺术家的创作自由、人格尊严及其审美意趣。无论是正面的还是负面的批评，无论是褒扬还是指斥，均应以促进艺术家的创造性劳动、服务于社会文化建设与保障人民大众文化利益为旨归。积极的艺术批评有利于媒体与艺术家形象的确立，以及自身社会信誉度的增强和影响力的扩大。

另一方面，媒体代表着国家、政府与公众的意志，有着社会公正与道义的光环，因而对社会文化建设与艺术起到重要的制约与规范作用。特别是在我国，媒体大多具有国家所有的性质，因而就更加拥有权威性，甚至具有排他性。当面对一种文化现象到来的时候，媒体因其所具有的巨大的影响力和辐射力，所做出的评判及其影响就会大大超过社会其他方面所发出的声音，因此，在一定意义上说，媒体批评又代表着正义、科学与进步的精神。作为媒体人，应当在法制的基础上，在社会道德和公义旗帜的指引下，宣传与推介优秀的艺术家与产品、阐释与揭示艺术活动的当代规律与特性，批评与劝诫艺术界时常出现的不和谐的低俗的倾向，引导艺术家在建设社会主义艺术的轨道上健康发展。而作为艺术家，也应在接受社会规范、媒体促动的基础上，充分发挥自身艺术创造的自由和智慧，创造无愧于时代的艺术作品。

后　记

经由较长时间的磨砺，《当代文化建设的理论与实践》一书终于付梓，它是笔者承担的国家社会科学基金艺术学项目"改革开放以来我国文化建设指导思想研究"的最终成果，也是多年来从事相关研究的重要收获，以求得到学界与业界人士关注。

本书主要针对我国当代文化建设的诸多课题展开研究，旨在探索建设中国特色社会主义文化的基本思想与路径。显然，这是一个艰难的命题。面对当代丰富和复杂的文化活动，笔者侧重对以艺术活动为主要内容的社会文化活动加以考察和思考，而对其他方面的文化现象则未加涉及，即使这样，也难以对其做到全面与科学的把握。这是一个宏大的具有突出国情特色的领域，其新颖、多彩和具有浓郁本土底蕴的命题，充分展现了中国文化的深厚博大与当代特性；这是一个具有广泛国际联系的领域，在改革开放背景下，我国文化建设势必融入国际化特色，在更广阔的平台上实现与世界文化的多元链接与融合，展现中国文化的巨大影响与潜力；这是一个动态发展中的领域，纷至沓来的与时代同步的文化现象和艺术活动，呈现出前沿的和充满活力的景观；这是一个跨越多个学科的领域，既从属于文化学、艺术学，又从属于经济学管理学，还与人类学、社会学有着密切的联系；这还是一个充满争议的领域，具有各种意识形态色彩和体现了不同层次社会诉求的理论表述时常出现碰撞与论争，既激活了研究的氛围，也增添了辨析的难度。因此，这一课题研究既具有挑战性，也充盈着激励与鞭策。笔者以己所能，做了应尽的工作，但认知局限及舛误在所难免，期待得到各方教正。

该书的撰写过程，也是持续研究和思考的过程，其间得到了众多高等教育、文化艺术、学术研究、编辑出版界朋友们的热忱相助，特别是得到中国社会科学出版社卢小生先生的全力扶持，在此谨致以诚挚的感谢！

田川流

2017 年 5 月